Heike Saviera Wagner

Die Integration der 12 Herzensqualitäten

von 2015 bis 2026

Smaragd Verlag

Rechtlicher Hinweis

Ich möchte dich auf Folgendes hinweisen:

Die Übungen, Durchsagen, Informationen und Meditationen dienen als spirituelle Unterstützung im Wachstumsprozess, die Umsetzung erfolgt in Eigenverantwortung. Da zum Teil starke Energien fließen können, solltest du körperlich und psychisch gesund sein.

Das Eintreten des Erfolgs/Erreichen des Ziels ist von deinen persönlichen Möglichkeiten abhängig. Je mehr du hineingibst, desto mehr wirst du auch herausbekommen.

Wenn das Wort Heilung benutzt wird, ist immer nur Heilung im spirituellen Sinn gemeint. Das Buch, die Energien und alle Inhalte liegen außerhalb der Heilkunde und ersetzen keinen Arzt oder Heilpraktiker, die Wirkung ist wissenschaftlich nicht nachweisbar.

Inhalt

8

11

Herzlich willkommen

Ich freue mich, dass du diese Zeilen liest, denn es bedeutet, dass du bereit bist, dich bewusst für die Energien der kommenden Jahre zu öffnen und sie für dich und andere zu nutzen.

Was gibt es Schöneres, als mit dem, was du tust, bewusst zu SEIN?

Dieses Buch darf als Wegweiser verstanden werden, der dir hilft, dich und andere Menschen besser zu verstehen.

Die Geistige Welt hat mir diese wundervolle Aufgabe gegeben, die ich mit Freude erfülle.

FREUDE ist der Weg.

Die Geistige Welt sprach zu mir:

„Bevor „Die Integration der 12 Herzensqualitäten 2015 bis 2026" geschrieben werden kann, bedarf es eines Kunstwerks, in dem die Energien dieser Herzensqualitäten auf besondere Art und Weise verankert sind.

Sobald das Werk vollendet ist und der Ausdruck des Göttlichen darin Einzug gehalten hat, wird dir das Buch von den Engeln und Meistern der jeweiligen Qualitäten durchgegeben werden. Und wir sagen dir: Dieses Buch wird eine ebenso wertvolle Unterstützung sein für den Weg in die allumfassende Liebe wie dein Buch „Energieanrufungen im goldenen Zeitalter", das dem Leser seine Macht wieder zurückgibt, die er einst an Gurus und Lehrer abgegeben hat, um sich selbst zu ermächtigen, mit diesen wundervollen hoch schwingenden Energien zu arbeiten. Ja, und so wird auch dein neues Werk viele Menschen in den nächsten zwölf Jahren unterstützen.

Es kommt aus der Liebe und ist geschrieben in Liebe, denn es IST bereits.

Der Segen der 12 göttlichen Strahlen leuchtet in dir und durch dich."

Diese Worte erfüllen mich immer noch mit großer Dankbarkeit.

Doch worum geht es hier genau?

Inhalt ist die Entwicklung der zwölf Herzensqualitäten in den Jahren 2015 bis 2026. Ent-Wicklung, denn es werden für dich die zwölf Tore zum allumfassenden Bewusstsein geöffnet. Lass dich bei deiner spirituellen Ent-Wicklung in den nächsten zwölf Jahren von den Engeln und Meistern liebevoll begleiten.

Alle zwölf Qualitäten zusammen ergeben das volle Potenzial des spirituellen Bewusstseinsprozesses der Menschheit in den Jahren 2015 bis 2026.

Du kannst und wirst dieses Buch in den nächsten zwölf Jahren immer wieder zur Hand nehmen, denn jedes Jahr trägt eine andere Herzensqualität, die du mit Hilfe der Energien, Botschaften und Übungen mit Leichtigkeit und Freude integrieren kannst.

Weiterhin trägt auch jeder Monat seine ganz eigene Energie in sich, die dir helfen wird, dein Leben – im wahrsten Sinne des Wortes – zu MEISTERN.

Die Farbschwingungen des Titelbilds tragen ihren Teil dazu bei, und so kannst du die Bilder, die den einzelnen Herzensqualitäten zugeordnet sind, nutzen, um sie zu integrieren.

Bedenke bitte, dass dies kein starres Konzept ist, denn die Energien der Jahre und auch der einzelnen Monate schwingen durchaus auch schon vor und nach der jeweiligen Qualität.

Alles fließt, und so wirst du, auch wenn du diese Zeilen erst im Jahr 2022 liest, alle Energien bewusst integrieren können. Also ein Wegweiser weit über das Jahr 2026 hinaus, denn Mitgefühl, Mut und Weisheit werden sicher auch im Jahr 2050 benötigt, und es wird Menschen geben, die deine Unterstützung brauchen.

Beschrieben sind die allgemeinen Qualitäten, die sich für dich individuell auswirken können, gerne kannst du auch eine persönliche Botschaft erhalten.

„Die Integration der Herzensqualitäten ist die Voraussetzung für den Weg in die Einheit.
Erzengel Metatron"

Ich danke dir für dein SEIN und wünsche dir viel Freude beim bewussten Lesen.

Heike Saviera

Eine wichtige Übung vorab

Eine liebe Freundin von mir sagte einmal:

„Es gibt keine 5D-Denkmuster, weil Denken immer etwas mit Planen zu tun hat, und das wird es nicht mehr geben, wenn wir „umgeswitcht" sind. Warum soll ich mir Gedanken machen, wenn sich die Dinge wie Puzzleteile aneinanderreihen?"

Und das geschieht immer deutlicher. Wir brauchen uns nur dem Fluss des Lebens hinzugeben und zu vertrauen...

Solange wir kopfgesteuert sind, sind wir in der Dualität und befinden uns in eher niedrigeren Schwingungsbereichen, denn Denken ist TUN und kann nicht im SEIN stattfinden.

Natürlich ist es wichtig, ab und zu mal zu denken, wir leben ja schließlich auf der Erde, aber mal ehrlich: Es würde doch ausreichen, halb so viel zu denken, oder? Wie oft bewegen wir unser Gedankenkarussell vor und zurück und im Kreis, und es kommt nichts dabei heraus.

Erst wenn wir still werden, sind wir auf Empfang und können die Impulse unserer Seele, unseres Höheren Selbst und der Geistigen Welt wahrnehmen.

Bewusstes SEIN bedeutet, im JETZT zu sein. Darüber sind schon viele Bücher geschrieben worden, und doch vergessen wir es allzu schnell wieder.

Deshalb möchte ich dir gleich zu Beginn schon eine Übung ans Herz legen, im wahrsten Sinne des Wortes ans Herz, denn es geht um das SEIN, und da spielen die Impulse des Herzens, über die sich deine Seele bemerkbar macht, eine zentrale Rolle.

Versuche einmal, nicht zu denken, immer mal wieder für einige Momente.

Klappt super, oder?

Ja, weil du ja schon denkst, wenn du darüber nachdenkst, dass du denkst.

Deshalb schreibe dir auf einige Zettel das Wort SEIN und klebe sie an verschiedene Stellen in deiner Wohnung, zum Beispiel an den Badezimmerspiegel, den Kühlschrank usw.

Das Wort SEIN spricht direkt deine Seele an.

Spüre einmal in dein Herz, während du das Wort aussprichst. Wenn du möchtest, beobachte dabei deinen Atem oder einen Körperteil, zum Beispiel deine Füße, einen Finger oder auch deinen Herzschlag ganz bewusst.

So – schwuppdiwupp – du bist im Sein.

Natürlich kommt man schnell wieder raus, aber was glaubst du, welch ein Segen es für deine Seele ist, wenn du ihr mehrmals am Tag für einige Augenblicke solch einen Moment schenkst. „Ja", wird sie rufen (ich kann es förmlich hören), „ja, jetzt kann ich Impulse senden, und er/sie hört mich."

Auch wenn du die Impulse nicht bewusst wahrnimmst, sei dir sicher, du wirst plötzlich viel mehr Freude in deinem Leben empfinden, weil du diesen Impulsen zumindest unbewusst folgst.

Und dann lebe ganz normal dein Leben, und immer wenn du einen dieser Zettel liest, erinnere dich kurz ans SEIN, beobachte, was gerade in dir vorgeht, und stoppe kurz deine Gedanken, indem du deine Macht annimmst und entscheidest: „Stopp, ich bin jetzt im SEIN."

Das Tolle ist: Im Sein gibt es keine Sorgen, Herausforderungen, Schmerzen oder Ängste. Alles ist, wie es ist, und es ist gut.

Dieser Zustand wird zunächst nur für kurze Momente möglich sein, doch diese werden sich immer mehr ausdehnen. Und das Geniale ist: Du musst nichts TUN.

Du wirst immer aufnahmefähiger werden, und die Geistige Welt und das universelle Wissen dringen ganz leicht zu dir durch – und das beim Nichtstun. Super, oder?

Wenn du im SEIN bist, befindest du dich in der Position des Beobachters, die dich viele Dinge ganz anders wahrnehmen lässt, und du bist deinem Höheren Selbst, das von Natur aus den Überblick in deinem Leben hat, sehr nah.

Warum ich dir diese Übung gleich zu Beginn gebe?

Weil ich dich bitte, dieses Buch im SEIN zu lesen, einfach wahrzunehmen, ohne zu analysieren usw., denn so wirst du am meisten davon profitieren können und das gesamte energetische Potenzial, das es in sich trägt, für dich und andere nutzen können.

Lichtkörpersymptome

Im Laufe des spirituellen Entwicklungsprozesses kommt es immer wieder zu Lichtkörpersymptomen verschiedener Art. Was genau das ist, kann die Geistige Welt, genauer gesagt, Erzengel Haniel, am besten erklären:

„Liebe Lichter, im Lichtkörperprozess werden immer mehr Licht- und Liebesenergien in euren physischen Körper, heruntergeladen', und das führt zu den Lichtkörpersymptomen. Euer Lichtkörper ist die Manifestation des göttlichen Lichts auf Erden. Euer Aufstieg ist in Wirklichkeit der Abstieg eures Lichtkörpers in den physischen Körper. Lichtkörpersymptome sind die körperlich spürbaren Auswirkungen der Durchlichtung.

Diese können sich wie folgt bemerkbar machen:
Schwindel, Lebensmittelunverträglichkeiten, Schlafstörungen, Traurigkeit, Schmerzen jeglicher Art, Müdigkeit und Erschöpfung, Infektanfälligkeit, Störungen der Sinnesorgane, Hitze, Kälte, Brennen, Denk- und Sprachstörungen, Stimmungsschwankungen, Ängste, Gefühl der Leere, um nur einige zu nennen.

Das sind natürlich nicht immer Lichtkörpersymptome, und sie sollten zunächst medizinisch abgeklärt werden. Sind jedoch im psychischen sowie im physischen Bereich keine Ursachen zu erkennen, ist das ein untrügliches Zeichen dafür, dass du es mit Lichtkörpersymptomen zu tun hast.
Es ist der Anpassungsprozess an die höheren Energien, der in eurem Körper allerlei körperliche und seelische Blockaden zutage fördert und dazu dient, eure Schwingung zu erhöhen und euren Körper der neuen lichtvollen Struktur anzupassen.

Das Wichtigste für euch ist, diese Symptome nicht unter den Teppich zu kehren, sondern hinzusehen. Sie dürfen da sein, nehmt sie an und schaut, welche Gefühle dahinterstehen. Gönnt euch Ruhe, nehmt mit allen Sinnen wahr und öffnet euren Kanal, so werden sich die Symptome transformieren.

Geht in direkten Kontakt mit dem jeweiligen Symptom, sprecht mit ihm, es hat ganz sicher eine Botschaft für euch.

In Liebe, Erzengel Haniel."

Der Kontakt mit dem Symptom

- Lokalisiere das Symptom in dir (Körperteil).
- Fühle dort hinein.
- Gib dem Symptom einen Namen, schau es dir an, wie sieht es aus?
- Erkenne die Emotion, die dahintersteckt.
- Fühle die Emotion tief in dir (das kann heftig sein, aber sehr befreiend).
- Fühle so lange, bis die Emotion abebbt.
- Lass die gelöste Energie zu dir zurückfließen.
- Umarme dich selbst und gratuliere dir, denn du hast vieles gelöst.
- Wiederhole das sooft, bis sich das Symptom transformiert hat.

Wie du Emotionen transformieren kannst? Letztlich brauchst du „nur" im Herzen zu bleiben und alles zu FÜHLEN, was da ist, bis es von alleine abebbt.

Gerne kannst du eine gesprochene Meditation erhalten, sie heißt „Emotionen transformieren mit Jesus".

Wenn du möchtest, kann ich dir eine Botschaft deines Symptoms zukommen lassen, damit du es besser verstehst.

Eine kostenlose Meditation zur Erdung im Lichtkörperprozess findest du auf meiner Website. Das ist eine Erdung, die alle Ebenen mit einschließt: die körperliche, die emotionale, die mentale und die spirituelle Ebene.

Beachte bitte, dass ich hier immer nur von spirituellen Lichtkörpersymptomen spreche, und diese liegen außerhalb der Heilkunde. Wenn du krank bist, suche bitte einen Arzt auf, denn nur dieser kann eine qualifizierte Diagnose stellen.

Ich selbst gehe schon lange nicht mehr zum Arzt (höchstens zum Zahnarzt und in Notfällen, wobei diese bisher nicht vorgekommen sind), sondern heile mich selbst, indem ich in tiefem Kontakt mit meiner Seele bin und auf die Signale meines Körpers höre, ihm die Ruhe schenke, die er braucht, usw. Gegebenenfalls unterstütze ich den Heilungsprozess mit natürlichen Mitteln. Ich erhalte hierzu auch meistens klare Informationen von der Geistigen Welt, sodass ich jederzeit weiß, was sich gerade bei mir abspielt.

Natürlich erlebe auch ich immer wieder Phasen der körperlichen Schwäche und der starken Emotionen – jeder Mensch durchläuft solche Phasen –, und ich darf wie jeder andere alle Transformationsprozesse durchlaufen. Durch die Informationen, die ich erhalte, werden solche Prozesse verständlicher und klarer, weil ich dann genau weiß, was geschieht.

Übrigens kannst du das auch lernen. Beginne mit der Übung SEIN, dann wird dir deine Seele den richtigen Weg zeigen.

Wie kannst du dieses Buch für dich nutzen?

Jede Herzensqualität besteht aus folgenden Komponenten:

- Energiebild,
- Themen,
- Engel und Meister dieser Energiequalität,
- Farbqualität,
- Botschaft / Übung / Meditation / Beschreibung.

Energiebild

Zu jeder Herzensqualität gehört ein Energiebild, in dem die Energiequalität des entsprechenden Jahres verankert ist.

Über das Bild bekommst du, auch wenn du noch keine Erfahrung mit Energiearbeit hast, leichten Zugang zu dieser Herzensqualität. Die einzige Voraussetzung ist der Seinszustand (wie oben beschrieben). Dann hast du ein offenes Herz, und die Energie kann mit, in dir und durch dich wirken.

Diese Energiebilder sind also eine Art Vermittler zwischen dir und der Herzensqualität.

Gehe ins SEIN, öffne dein Herz und schaue das Bild an – lass die Energie zu dir, in und durch dich fließen.

Natürlich fließen die Energien grundsätzlich durch alle Menschen, auch wenn sie nicht gerufen werden, doch du hast dich dazu entschieden, die Energien für dich und andere bewusst zu nutzen, sonst würdest du dieses Buch nicht in Händen halten.

Vor dem bewussten Kontakt mit der Energie ist es sinnvoll,

sich zu erden. Das Erden hilft dir, mit den Füßen fest auf dem Boden zu bleiben und lässt die Energien gleichmäßig durch dich hindurchfließen, ohne dass es dich gleich „umhaut". Fehlende Erdung zeigt sich oft in Schwindel, das Gefühl, nicht ganz hier zu sein, Kopfschmerzen usw.

Zum Erden kannst du in der Natur spazieren gehen, bewusst die Wald-/Meerluft einatmen oder Gartenarbeit machen. Du kannst dir auch vorstellen, wie dir Wurzeln aus den Füßen wachsen.

Beginnt die Energie zu fließen, nimm wahr, was IST. Dazu kannst du die Hände mit den Handflächen nach oben halten, als ob du die Energien auffangen willst. Du kannst die Hände auch auf eine bestimmte Körperstelle legen. Vertraue hier deiner Intuition.

Eventuell spürst du ein Kribbeln, Wärme, Kälte, Strömen oder Ähnliches, oder du spürst nichts, das ist auch in Ordnung. Alle Energien wirken schwingungserhöhend, aber nur in dem Maße, wie du es verträgst. Die Energien passen sich automatisch an.

Du kannst die Energie auch gezielt nutzen, zum Beispiel um einen anderen Menschen zu unterstützen (bitte nie ungefragt) oder ein Thema von dir zu heilen.

Dann sage der Energie, was du von ihr möchtest, wobei du Hilfe brauchst, und sie wird dorthin fließen. Achte bitte auf deine positive Formulierung, lass die Worte *kein, nicht, nie* usw. weg und lege den Fokus auf das, was du erreichen möchtest, und zwar so, als ob es schon eingetreten ist.

Hier noch einmal die Kurzform:

- Erdung,
- Seinszustand,
- sich für die Energie öffnen / Energie zu sich bitten,
- bei Bedarf Ziel/Anliegen mitteilen,
- Hände auf die Körperstelle legen oder an das Thema denken,
- bewusst wahrnehmen und fühlen, was IST,
- bedanken.

Du kannst mit den Energiebildern auch Wasser energetisieren (einfach das Glas auf das Bild stellen), das Bild bei dir tragen oder es an die Wand hängen, um den Raum zu energetisieren.

Genaueres über den Umgang mit Bildern für Energieanrufung und 12 weitere Energien, die du auch ohne Einweihung nutzen kannst, findest du in meinem Buch „Energieanrufungen im Goldenen Zeitalter".

Themen

Nach dem Bild folgen stichwortartig die Themen der jeweiligen Herzensqualität. Manche Themen wirst du auch in anderen Jahren finden, andere nicht. Die Themen geben dir vorab einen Überblick über die Energiequalitäten des Jahres.

Weiterhin kannst du mit den Energien der 12 Herzensqualitäten auch unabhängig von der Jahreszahl arbeiten, das heißt, wenn wir das Jahr 2030 haben, kannst du trotzdem mit der Herzensqualität Mitgefühl arbeiten und die Energie für dich und andere nutzen. Hierbei ist es dann hilfreich, nach den Themen zu schauen, damit du die passende Energie für dein Vorhaben nutzen kannst.

Dieses Buch kann dich also weit über das Jahr 2026 hinaus begleiten, denn Mitgefühl, Mut und Weisheit werden sicher auch im Jahr 2050 ein wertvolles Gut sein.

Engel und Meister der Energiequalität

Hier sind die Engel und Meister aufgezählt, deren Energien in dem jeweiligen Jahr vorherrschend sind, was nicht bedeutet, dass alle anderen nicht da sind.

Jeder Mensch hat seine persönlichen Begleiter, bei mir ist es zum Beispiel Metatron, er ist wie ein Vater für mich und immer an meiner Seite, auch wenn die Energien des Jahres nicht exakt seiner Energie entsprechen. Deshalb wundere dich bitte nicht, dass Metatron sich häufiger zu Wort meldet, er ist eben immer bei mir und als mein kosmischer Vater oft der Erste, der mir Botschaften übermittelt.

Auch mit den Energien der Meister und Engel kannst du dich bewusst verbinden, hier kannst du das jeweilige Energiebild nutzen und das Wesen rufen, denn es ist bei Energien genauso wie bei den Engeln und Meistern: Wir dürfen sie einladen, damit sie mit uns zusammenarbeiten.

Die Botschaften stammen von den Engeln und Meistern der zwölf göttlichen Strahlen, die gemeinsam das göttliche Licht der Schöpfung repräsentieren.

Farbe

Schwingungen drücken sich auch in Farben aus, und so hat jede Herzensqualität auch ein bestimmtes Farbspektrum. Die Farben entsprechen den zwölf göttlichen Strahlen.

Du kannst die Farbinformationen dazu nutzen, dich auf die Energie einzuschwingen, indem du sie zum Beispiel am Körper trägst: als Stein, als Kleidung..., aber bitte nur, wenn du dich auch mit der Farbe wohlfühlst.

Weiterhin kannst du Blumen in dieser Farbe hinstellen oder den entsprechenden Duft als Raumspray oder Parfum benutzen – ich bevorzuge natürliche ätherische Öle, davon bekommt man keine Kopfschmerzen, und die Schwingungen sind reiner und höher als bei künstlichen Düften.

Deiner Fantasie sind beim Ausdruck der Herzensqualität in Farbe keine Grenzen gesetzt.

Botschaft / Übung / Meditation / Selbsterfahrungstexte

Hier wird die Herzensqualität konkret beschrieben.

Je nachdem, was die Geistige Welt mir übermittelt, gibt es zu der jeweiligen Herzensqualität Botschaften, Übungen, Meditationen und/oder Texte, die auf meinen persönlichen Erfahrungen basieren. Jede Qualität trägt verschiedene Themen und Aspekte in sich, angesprochen werden die, die für alle Menschen wichtig sind.

Für dich persönlich können weitere Aspekte hinzukommen, also scheue dich nicht, mit mir in Kontakt zu treten, um eine persönliche Botschaft zu erhalten.

Die Meditationen und Durchsagen sind nicht immer von dem Engel oder Meister, den man bei der Energie erwartet, jedoch arbeiten die zwölf göttlichen Strahlen alle zusammen, und so ist es immer passend. Die Engel wissen schon, was sie tun.

Manche wichtige Themen wiederholen sich, damit sie auf andere Art und Weise betrachtet werden können und die Zusammenhänge verstanden werden. Etwaige Wiederholungen sind also von der Geistigen Welt zufällig beabsichtigt. ☺

Grundsätzlich ist es für dich wichtig zu wissen, dass es immer nur eine Wahrheit für dich gibt, nämlich DEINE, das heißt: Ich gebe dir hier Anregungen, damit du deine Wahrheit finden kannst.

Beachte bitte:

Je mehr Emotionen eine Botschaft in dir hervorruft, desto mehr gehst du damit in Resonanz, was bedeutet, dass hier vieles der Heilung bedarf.

Es braucht ein wenig Übung, gleichzeitig zu lesen und zu meditieren, aus diesem Grund habe ich die Meditationen verkürzt aufgeschrieben, damit es leichter für dich ist. Du kannst dir den Text durchlesen und die Meditation aus dem Gedächtnis heraus durchführen, oder du sprichst dir den Ablauf auf ein Diktiergerät.

Alternativ kannst du über meine Website www.die-seeleninsel.de die meisten Meditationen auch als Download oder auf CD erhalten.

Die Kombination macht es

Um ein klares Gefühl für die jeweils vorherrschende Energiequalität zu erhalten, brauchst du nur die Herzensqualität des Jahres mit der Qualität des jeweiligen Monats zu kombinieren, und schon weißt du, was energetisch auf dich zukommt. Nach der Beschreibung der 12 Herzensqualitäten folgen die energetischen Qualitäten der einzelnen Monate.

Beispiel 1: Jahr 2015, Monat Mai.

Das heißt, es geht um Mitgefühl und Fruchtbarkeit, Wachstum, aber auch Geduld, denn Gras wächst ja bekanntlich nicht schneller, wenn man daran zieht. Aus dem Mai geht auch deutlich hervor, dass die alte Schwere zunächst abgetragen werden muss, damit Neues entstehen kann.

So kann es im Mai 2015 für dich gut sein, Mitgefühl für die alte Schwere zu haben, die sich zeigt, und Mitgefühl mit dir zu haben, wenn du gerade keine Geduld hast, usw.

Beispiel 2: Jahr 2022, Monat Februar.

Hier geht es um die Herzensqualität Vertrauen und die Masken zu erkennen, die du trägst. Weiterhin geht es um die Befreiung von diesen Masken und die Erkenntnis, was du wirklich brauchst im Leben, wo du dich ein- oder ausgrenzt.

So kann es im Februar 2022 für dich sinnvoll sein, darauf zu vertrauen, dass sich die Masken, Grenzen usw. zeigen werden, wenn der richtige Zeitpunkt gekommen ist und du diese klar erkennen wirst.

Wenn du all das dann mit deinen persönlichen, gerade vorherrschenden Lebensthemen verbindest, hast du einen wunderbaren Wegweiser und stets hilfreiche Energien und Worte bei dir, die dich in jeder Lebenslage unterstützen.

Erzengel Metatron:
Es ist alles eine Frage der Ebene

„Meine lieben Seelen, die ihr diese meine Worte jetzt vernehmt: Lest mit dem Herzen und fühlt eure Wahrheit.

Ich bin Metatron und möchte mit euch über die Bewusstseinsebenen sprechen.

Bedenkt immer: Es ist alles eine Frage der Ebene, bei euch auf der Erde in einem Körper ist Gott, die Schöpfung, die Quelle, oder wie auch immer ihr es nennt, nur als äußere Instanz wahrnehmbar.

Auf einer höheren Ebene, der Ebene des Höheren Selbst, könnt ihr euch durchaus auch als einen Teil der Schöpfung wahrnehmen, als eine Vielzahl an Schöpfergöttern, und auf der höchsten Ebene seid ihr die Schöpfung selbst, jedoch ist das nicht mit dem menschlichen Bewusstsein zu erfassen, auch wenn manche Menschen etwas anderes behaupten.

Ihr könnt in etwa eine Ahnung davon haben, ein Gefühl dafür bekommen, doch da ihr immer nur einen kleinen Ausschnitt wahrnehmen könnt, könnt ihr in eurem menschlichen Bewusstsein nicht auf höchster Schöpferebene agieren. Da heißt es, abgeben und auf die Schöpfung vertrauen, was letztlich bedeutet: vertrauen in euch selbst auf höchster Ebene. Die Ausschnitte fügen sich wie Puzzleteile zusammen, wenn ihr euch im SEIN befindet.

Ihr seid bereits ALLES, ihr seid in der Fünften Dimension, ihr seid überall vertreten, nur euer menschliches Bewusstsein lässt euch, solange ihr in einem Körper seid, nur einen Teil wahrnehmen.

Auf eurer menschlichen Ebene nehmt ihr getrennt wahr und könnt nicht erkennen, dass diese äußerlich wahrnehmbaren

Wesen – die Erzengel Michael, Chamuel, Raphael oder die Meister Hilarion, Sanat Kumara, Lady Nada oder wer auch immer – ein Teil eures Selbst sind. Das ist aus menschlicher Ebene nicht erkennbar, da sich in der Dualität die Trennung nicht aufheben lässt. Alles ist Teil von euch, weil ihr ALLES seid. Wenn ihr diesen Teil im Außen wahrnehmt – scheinbar getrennt –, könnt ihr leichter mit ihm kommunizieren. Deshalb zeigen sich Engel als außenstehende Gestalten, in Wahrheit sind sie jedoch ein Teil eurer höheren Anteile, nicht jedoch ein Teil der Rolle, die ihr auf der Erde spielt.

Wenn ihr nicht sehen könnt, dass ihr euch in einer Rolle befindet, könnt ihr euch auch nicht daraus befreien und euer wahres Selbst erkennen. Es ist an der Zeit, dass ihr eure Macht annehmt und euch nicht von außen führen lasst. Viele Menschen geben in der heutigen Zeit ihre Macht ab, wenn sie eine gechannelte Botschaft lesen, sie verlassen sich darauf und/oder konsumieren nur, ohne die Inhalte wirklich zu integrieren, zu fühlen und zu leben.

So ist es uns geistigen Wesen ein großes Anliegen, euch unter anderem aufzuzeigen, wie ihr euer höheres Wissen freilegen und lernen könnt, euren Wahrnehmungen zu vertrauen. Macht euch nicht abhängig von äußeren Dingen, die einzige Abhängigkeit, die in eurem Sein immer vorhanden sein wird, ist die Abhängigkeit von der Schöpfung, denn ihr seid die Schöpfung und könnt euch nicht unabhängig von ihr entwickeln oder euch herauslösen, aber das wollt ihr ja sicher auch nicht, oder?

Deshalb fragt euch einmal, warum Channelings so hilfreich sein können...

Da ihr letztlich Alles-was-ist seid, channelt ihr euch selbst in den höchsten Formen, die für euch erreichbar sind. So will ich euch offenbaren, dass ihr nicht zwingend den Weg über die

Engelebene gehen müsst, um hilfreiche Informationen zu erhalten. Nutzt einfach eure höhere Weisheit, eure göttliche Weisheit über die Ebene eures Höheren Selbst, um euch mit den entsprechenden Bewusstseinsfeldern eures Seins zu verbinden. Das bedarf natürlich einiges an Übung, doch lasst es fließen, die Absicht wird euch eines Tages dorthin führen, vorausgesetzt, ihr geht durch die Schatten hindurch und integriert die Herzensqualitäten, denn sonst werdet ihr merken, dass ein Zugang nicht möglich ist.

Der Weg geht hindurch und nicht drum herum. Also verbindet euch mit eurem Höheren Selbst, indem ihr euch einen Lichtkanal vorstellt, der euch eins werden lässt, und nehmt Kontakt auf zur höchsten, für euch erreichbaren Weisheit. Das ist alles, was ihr benötigt, denn letztendlich seid ihr Schöpfergott, der/die alles erschuf, so auch mich, Erzengel Metatron, und die anderen geistigen Wesen. Werdet euch dessen gewahr und nutzt eure höchstmögliche Weisheit, um zu schreiben, was geschrieben werden will, und um zu sagen, was gesagt werden will.

Genau aus diesen Gründen gab ich meiner Tochter, die sich hier als Medium zur Verfügung stellt, die Aufgabe, anderen Menschen den Kontakt zur Geistigen Welt zu zeigen, und so entstand vor vielen Jahren ihr Fernstudium zum Channelmedium der Neuzeit, mit individueller Begleitung, denn jede Seele geht ihren eigenen Weg. Bei der Kontaktaufnahme legen wir größten Wert darauf, dass sich kein Mensch abhängig fühlt, sondern lernt, seiner eigenen Weisheit und Wahrnehmung zu vertrauen.

Dieser Weg führt immer auch über den Kontakt mit der eigenen Seele, dem Höheren Selbst und den Engeln. Letztlich sind die Engel ein Teil von euch, ihr habt uns von höchster Ebene aus gesehen, erschaffen, denn es existiert nichts außerhalb von euch, da ihr die Quelle selbst seid. Ihr channelt die höheren Ebe-

nen eures Selbst, um jedoch in dieses Bewusstsein zu gelangen, dürfen alle vorherigen Ebenen durchlaufen werden.

Wir wollen noch einmal zur Trennung zurückkommen. Die Trennung ist es unter anderem, die euch vermeintlich frühere Leben als Vergangenheit wahrnehmen lässt. Da es in Wahrheit die Zeit nur in der Dualität gibt, sind es genau genommen Parallel-Leben. Teile von euch, genauer gesagt, von eurer Seele befinden sich in parallelen Leben, ja, sogar Parallelwelten, doch ihr nehmt mit eurem Bewusstsein nur euer menschliches Leben wahr, könnt jedoch in bestimmen Zuständen Zugang zu den anderen Ebenen erhalten. Dazu bedarf es keiner Substanzen, diese schaden mehr, als dass sie wirken, auch wenn sich mancher anderes einredet, sondern es ist die natürliche Entwicklung eines jeden Menschen, wenn er sich dem für ihn vorgesehenen Entwicklungsprozess vertrauensvoll hingibt.

Alles existiert parallel, es gibt keine Zeit, keine Zukunft, keine Vergangenheit, deshalb seid ihr bereits aufgestiegen, ihr befindet euch in der Fünften Dimension und weit darüber hinaus, aber auch darunter in anderen Ebenen, in anderen Inkarnationen, und all das gleichzeitig. Ihr als Menschen nehmt es nur anders wahr.

Es ist alles eine Frage des Bewusstseins und der Wahrnehmung. Die Fünfte Dimension ist die nächste Ebene, die ihr in der Lage seid, wahrzunehmen, jedoch nicht, ohne durch die Vierte Dimension gewandert zu sein und Freundschaft mit der Dunkelheit, mit Emotionen, Schattenanteilen usw. geschlossen zu haben. Das ist nur eine andere Sichtweise der Schöpfung, ohne die ihr euch nicht aus der Dualität lösen könnt. Es gibt keine Abkürzung, auch wenn euch viele Menschen das immer wieder weismachen wollen.

Spürt in euer Herz, wenn jemand sagt: „Ich mache dir das weg" oder „Es reicht, sich auf Licht und Liebe auszurichten." Euer Herz wird euch sagen, dass dies die Verführung ist, die im Mantel des Lichts zu euch kommt.

So glaubt ihr Menschen an die freie Wahl, doch wie frei ist diese Wahl wirklich, wenn ihr die vorangegangenen Worte in eurem Herzen tragt?

Alles-was-ist existiert bereits und ist nicht erst in der Entstehung. Wie kann es also eine Wahl geben, wenn alles schon IST?

Das mag euch zunächst erschrecken, doch denkt weiter, denn es bedeutet für euch Menschen auch, dass es nicht möglich ist, eine falsche Entscheidung zu treffen, denn wäre sie nicht im Schöpfungsplan enthalten, würdet ihr den Weg nicht gehen.

Ja, ihr habt eine – vermeintlich für euch gefühlte – freie Wahl innerhalb eurer Rolle als menschliches Wesen, doch begebt ihr euch auf die Ebene eures Höheren Selbst, bekommt ihr sofort die Gewissheit, dass alles schon IST.

So ist dieses Buch auch im Schöpfungsplan enthalten, sonst würdet ihr es nicht in Händen halten.

Ohne die Integration der Herzensqualitäten kann niemand aus der Dualität aussteigen. Ja, ihr habt richtig gelesen: Die Integration der Herzensqualitäten ist die Voraussetzung für den Weg in die Einheit.

Nun will ich, Erzengel Metatron, euch einige Beispiele geben, die euch die Frage der Ebenen begreifbarer machen. Denn erkennt, dass alle diese Perspektiven Wahrheiten verschiedener Ebenen und auf ihre Weise wahr sind.

Krieg und Frieden

Auf der Ebene, auf der ihr euch befindet, in der Dualität, ist Krieg das Gegenteil von Frieden, die andere Seite der Medaille. Auf der Ebene der Vierten Dimension der Emotionen ist Krieg Angst und Frieden Liebe. Krieg bedeutet die Verneinung des Friedens.

Auf der Ebene der Fünften Dimension, außerhalb der Dualität, sind die beiden Pole verschmolzen und Krieg hat aus sich heraus keine Existenz, es ist nur noch ein Wort ohne Energie.

Ab hier gibt es keine Pole mehr, denn das, was allumfassend ist, kann kein Gegenteil haben. Frieden ist umfassend, absolut.

Ihr erkennt also, dass die Pole Angst und Liebe, auf die man alles zurückführen kann, ab der fünften Ebene eins sind. Um jedoch diesen allumfassenden Frieden zu erreichen, dürfen zunächst die inneren Kriege geheilt werden, sonst ist es kein wahrhaftiger Frieden, im Herzen gefühlt, sondern ein Frieden, der nur im Kopf stattfindet. Um das Allumfassende annähernd erreichen zu können, dürft ihr durch den Sumpf der Emotionen gehen. Ihr lebt in der Dualität und könnt das eine nur wahrnehmen, wenn ihr das andere erfahren haben. Erst wenn ihr beide Seiten erfahren und integriert habt, könnt ihr „aufsteigen".

Des Weiteren möchte ich euch die Ebenen anhand der Person erklären, die ihr meistens Jesus nennt:

Es ist so, dass bei euch auf Erden zur Identifikation Namen genutzt werden, um euch voneinander zu unterscheiden. Doch das ist nicht alles, denn ein Name ist vor allem eins: Schwingung.

Jeder Name trägt eine bestimmte Schwingung in sich. In unserer Welt gibt es keine Namen wie im irdischen Sinn, sondern wir unterscheiden uns durch unsere unterschiedlichen Schwingungen. Wir erkennen uns an unserer Schwingung, und da unsere Kommunikation telepathisch ist, benötigen wir zur Identifikation keine Namen.

Also schaut euch die verschiedenen Schwingungen von Jesus an:

Jesus *– lateinisch für Yeshua, Mensch, Menschensohn, Gottes Sohn auf Erden.*

Meister Jesus *– Aufgestiegener Meister, Weltenlehrer, der den Inkarnationszyklus durchlaufen hat und aufgestiegen ist. Diese Energie ist in der Fünften Dimension anzutreffen.*

Yesuha ben Joseph *– Der Geburtsname Yeshua bedeutet: Gott hilft/rettet.*

Christus *– ein Titel „Der Gesalbte", „Der Messias", ein Bewusstseinszustand. Es ist die in Jesus inkarnierte Energie des Christusbewusstseins, ab der Fünften Dimension anzutreffen, Schwingung der bedingungslosen Liebe.*

Jesus, der Christus *– Jesus, der Mensch, der die Christusenergie verkörpert.*

Sananda *– Höheres Selbst des Christusbewusstseins und Höheres Selbst des Meister Jesus, Schwingungsname der Weiterentwicklung von Jesus Christus, Aufgestiegener Meister in der Christusenergie. Diese Energie ist ab der Siebten Dimension anzutreffen.*

36

*Letztlich könnt ihr Jesus nennen, wie es sich für euch gut an-
fühlt, er erscheint immer so, wie er gebraucht wird. Die Schwingung, der Name auf den verschiedenen Bewusstseinsebenen,
klingt unterschiedlich und ist doch immer Wahrheit.*

*Doch nun möchte ich, Erzengel Metatron, euch nicht länger
auf die Folter spannen und euch durch die zwölf Herzensqualitäten führen.*

*Lest mit offenem Herzen im SEIN, und die Energien werden
sich allumfassend in eurem Leben zum Besten aller entfalten.*

Mein Segen, umhüllt mit göttlicher Liebe, ist mit euch.

Erzengel Metatron."

2015

Herzensqualität MITGEFÜHL

(Erzengel Chamuel und Lady Rowena)

Qualitäten

Die Energiequalität des Jahres 2015 entspricht in etwa dem dritten göttlichen Strahl.

Anerkennung, Annahme, Barmherzigkeit, Bedingungslosigkeit, bedingungslose Liebe, Bewusstheit, Einsicht, Einheit, Einfühlsamkeit, Empfänglichkeit, Empathie, Erwartungsfreiheit, Erkenntnis, Freundschaft, Freiheit, Freude, Fluss des Lebens, Fürsorge, Geborgenheit, Gemeinschaft, Gnade, göttliche Liebe, Güte, Gelassenheit, Großzügigkeit, Harmonie, Hingabe, Herzensöffnung, Herzensweg, Herzenskommunikation, Loslassen, Lösung, Mitgefühl, Menschlichkeit, Nähe, Nächstenliebe, Selbstliebe, Selbstvertrauen, Selbstlosigkeit, Selbstsicherheit, Stille, Trost, Urvertrauen, Urteilsfreiheit, Vergebung, Verbundenheit, Verbindlichkeit, Verständnis, Wertschätzung, Warmherzigkeit.

Engel und Meister dieser Energiequalität

Erzengel Chamuel – Engel der göttlichen Liebe
Lady Rowena – Meisterin der Selbstliebe
Erzengel Haniel – Engel der Sanftmut
Kwan Yin – Meisterin des Mitgefühls

Farbe

Rosa, Rosé, Pink, Altrosa, Rosa-weiß, Rosa-gold,
Rosa-grün (Herzchakra)

Kwan Yin und Erzengel Chamuel: Der Schlüssel zum Herzen

„Liebe Seelen, unser Gruß und unser Segen sind mit euch.

Ich bin Meisterin Kwan Yin, die Meisterin des Mitgefühls, und ich bin Erzengel Chamuel, der Engel der Liebe.

Der erste Schlüssel, die erste Herzensqualität, die die Menschheit wieder integrieren darf, ist das göttliche Mitgefühl, denn nur das Mitgefühl öffnet das Portal zur vollständigen Hilfe, die kein ABER kennt.

Spürt einmal in euch, ob ihr schon einmal unbewusst einem anderen Wesen Schmerzen zugefügt habt, ohne es gleich zu erkennen.

Ja, hier dürft ihr Mitgefühl mit euch selbst haben, denn ihr habt nicht vorsätzlich gehandelt, und selbst wenn, spürt hinein...

Würdet ihr es wieder tun? Nein, da ihr Bewusstsein dafür erlangt habt.

Und ist es nicht so, dass ihr selbst Ähnliches erlebt habt wie das, was ihr anderen Wesen einmal zugefügt habt? Manches Mal ist es so, dass ihr erst etwas am eigenen Leib erfahren dürft, um wahres Verständnis dafür zu entwickeln.

So urteilt nicht über euch oder das andere Wesen, sondern seid dankbar für das Geschenk des Verstehens. Eure Seele ist daran wieder ein Stück gereift.

Auch durch kollektive Unglücksfälle wird Mitgefühl erzeugt, was eine kollektive Schwingungserhöhung bewirkt. Die Menschen und Tiere, die sich dafür zur Verfügung stellen, haben das auf höchster Seelenebene so vereinbart und erweisen euch damit einen großen Dienst.

So dürft ihr erst einmal Bilanz ziehen.

Schaut euch eure empathischen Fähigkeiten an. Seht sie euch nur an, ohne sie verändern zu wollen, denn die Geistige Welt wird euch energetisch mit der Herzensqualität Mitgefühl begleiten, wenn ihr es erlaubt.

Das Mitgefühl, auf göttliche Weise angewendet, ist ein Allheilmittel, denn wenn ihr alles, womit ihr noch in Resonanz geht, was euch schmerzt oder stört, in einen Mantel aus Mitgefühl legt, werdet ihr die Freiheit für eure Aufgaben auf Erden bewusst wahrnehmen und ausführen können.

Nutzt meine Energien dazu, ihr Lieben, ruft Kwan Yin, bittet um den Mantel des Mitgefühls, und ich werde euch in Situationen führen, die euch helfen, wahrhaft göttliches Mitgefühl zu empfinden.

In den nächsten Jahren geht es immer um eure Herzensschwingung. Alles ist Schwingung. Alles ist Energie. Ihr erhaltet immer mehr Zugang zu den Herzensschwingungen anderer Wesen, auch zu Wesen, die nicht mehr oder noch nicht in einem Körper weilen oder die sich in Form von Bäumen, Blumen, Wolken, eurem Auto, eurem Computer oder eurer Kaffeemaschine zeigen. Denn alles schwingt, und alle Schwingungen sind wahrnehmbar.

Wenn ihr genau nachspürt, werdet ihr die Schwingung eurer Kaffeemaschine genauso wahrnehmen können wie die einer Blume. Alle Energie schwingt. Die unterschiedlichen Frequenzen lehren euch, eure eigenen Frequenzen zu justieren.

- *Spürt die Schwingungen mit und in eurem Herzen.*

- *Lernt, die Schwingungen zu unterscheiden, ohne sie zu bewerten.*

- *Nehmt die Menschen mit ihrem gesamten Schwingungsfeld wahr und spürt, dass alles lebt, alles schwingt und alles miteinander verbunden ist, wie auch wir miteinander verbunden sind.*

  Das ist die Voraussetzung für die Herzensqualität Mitgefühl.

  In Verbundenheit,
  Kwan Yin und Erzengel Chamuel."

♥♥

Das Fühlen und die innere Leere

Nun kommen wir zu einem wichtigen Schlüssel, denn Fühlen ist der Schlüssel zu allem. Viele können das schon sehr gut, doch ich kenne auch Menschen, denen es sehr schwerfällt. Diesen Menschen möchte ich sagen, dass es viel schwieriger ist und mehr Energie kostet, NICHT zu fühlen, als einfach wahrzunehmen, was ist.

Ich höre immer wieder: „Ich fühle nichts. Nichts, außer große innere Leere, ein tiefes schwarzes Loch."

Doch das große NICHTS ist auch etwas. Wenn du also nichts fühlst, dann nimm bitte einmal das Nichts, die Leere, in dir wahr. Du wirst überrascht sein, wie viel in dir los ist.

„Ich fühle nichts", meint eine tiefsitzende Angst vor dem Schmerz, aufgrund dessen man vor langer Zeit sein Herz verschlossen hat. Doch Leere ist auch eine Empfindung – das Gefühl von Nichts, das Gefühl eines Lochs oder was auch immer –, du kannst es also wahrnehmen.

Hast du die Leere durchfühlt, wird eine andere Empfindung kommen, vielleicht Schmerz oder Angst, und ein Stück dahinter liegen dann die schönen Gefühle.

Es ist kein leichter Weg, aber wenn du den Weg der Bewusstheit gewählt hast, wenn die Bewusstheit auf deinem Seelenweg liegt, und das tut sie, sonst würdest du diese Zeilen nicht lesen, dann führt an der Wahrnehmung dieser Dinge kein Weg vorbei.

Ich kann gut nachfühlen, wie das ist, denn mein Herz war auch verschlossen, und es lag eine ganze Menge „Schutt" darauf. Da waren so viel Schmerz und Ängste, dass ich oft lieber wieder in die Leere flüchtete. Aber was ist diese Leere, wenn nicht die tiefe Sehnsucht nach Erfüllung und gleichzeitig die Angst vor dieser Erfüllung?

Wer die Erfüllung schon einmal gefühlt hat, zum Beispiel, wenn er/sie verliebt war, dann weiß er/sie auch, wie furchtbar die Leere und der Schmerz sind, die nach der Enttäuschung spürbar werden.

Es gibt Menschen, denen das Fühlen schwerfällt, weil ihr Herz verschlossen ist – das war bei mir früher nicht anders. Ich konnte überhaupt nichts fühlen, und wenn, dann waren da nur Trauer und Schmerz.

Eines Tages begegnete ich einem Menschen, der mir erst das Herz öffnete und mich dann arg verletzte. Das war insofern heilsam, weil ich nicht mehr vor meinen Emotionen davonlaufen konnte, denn sie waren so stark, dass ich sie nicht mehr einsperren konnte. So begann meine Herzensöffnung, schmerzhaft, aber heilsam, denn ich war endlich bereit, alles zu fühlen, was da war.

So wurde mir viele Jahre später bewusst, dass ich nicht nur Angst hatte, zu lieben, sondern auch davor, geliebt zu werden. Das war eine wichtige Erkenntnis für mich, und ich durfte dieses Thema gemeinsam mit meinem Inneren Kind heilen, das glaubte, Liebe würde immer wehtun.

Und hinter all den schmerzhaften Emotionen waren die schönen, da war das Paradies, und ich wurde reichlich belohnt.

Ich kann heute sagen, dass ich vollkommen im Einklang mit meinem Herzen und meiner Seele bin, weil ich alle Schichten abgetragen habe. Das kann einem niemand abnehmen, aber man kann sich Unterstützung suchen, wenn man es alleine nicht schafft.

Heute bin ich immer noch jeden Tag aufs Neue glücklich, überrascht und erfüllt von der Vielfalt der Gefühle, die ich fühlen kann.

Ich will nicht sagen, dass es leicht ist mit dem Fühlen, doch wenn man einmal dabei ist und wirklich hineinfühlt, merkt man, dass man daran nicht stirbt und jedes Durchleben einer tiefsitzenden Emotion unendlich befreiend ist.

Fühlen ist einfach nur Wahrnehmen, was IST – mehr nicht.

Wenn wir aus dem Karussell des Leidens aussteigen wollen, beginnen wir, dieses Leid tief in uns zu fühlen. Der Körper speichert alle nicht gefühlten Emotionen ab, und was zu viel ist, zeigt sich in Krankheiten.

Die Menschen würden keine Kriege führen, wenn sie fühlen würden, denn Kriege mit integriertem Mitgefühl und Nächstenliebe sind unmöglich umzusetzen. DU kannst einen Beitrag zu einer besseren Welt leisten, indem du anfängst zu lieben – und zwar zuerst dich selbst. Und um uns lieben zu können, dürfen wir zunächst mit uns fühlen.

Doch womit fühlst du eigentlich?
Mit dem Herzen, dem Bauch oder dem Kopf?
Fühle einmal und nimm wahr, mit welchem Körperteil du fühlst. Das klingt vielleicht seltsam, ist aber essentiell wichtig.

Ich denke, wir sind uns einig, dass Fühlen mit dem Kopf schwierig und leicht zu unterscheiden ist von Herz oder Bauch. Doch Herz- und Bauchgefühl unterscheiden sich sehr stark. Man könnte sagen, das Herz fühlt in Echtzeit und der Bauch die Erinnerung an eine ähnliche Situation. Wenn eine Emotion hochkommt, sind wir nicht im Herzgefühl, denn Emotionen sind wertend, Gefühle nicht.

Unser Herz fühlt völlig wertfrei, im Gegensatz zu unserem Bauch. Das Herz fühlt das, was da ist, und ist deshalb in der heutigen Zeit das einzige „Instrument", auf das wir uns wirklich verlassen können, denn es spricht immer die Wahrheit.

Ich hätte gerne eine „leichtere" Nachricht für dich, aber unser Herz ist der Zugang zur Neuen Zeit.

Manche Menschen können auch andere Wesen fühlen, sie sind sehr empathisch, aber selbst können sie sich nicht wahrnehmen. Doch jeder kann lernen, sich selbst wahrzunehmen. Dazu brauchst du nur deinen Körper zu beobachten.

Man kann sich an frühere schöne Ereignisse erinnern, zum Beispiel an die Kindheit, als deine Eltern einmal richtig stolz auf dich waren, du ein besonders Lob bekommen hast oder, falls du Kinder hast, als du ein Kind direkt nach der Geburt in den Armen gehalten hast usw. Hier gibt es viele Möglichkeiten.

Lässt du diese wieder an dich heran, erinnert sich dein Herz, wie es geht, sich selbst zu fühlen. Beginne also mit dem Erinnern an positive Ereignisse.

Zum Fühlen gehört auch die Körperwahrnehmung. Fühle einmal deinen Herzschlag. Wenn es ganz ruhig ist, kannst du ihn hören und auch wahrnehmen, wie das Herz schlägt – das ist ein ungewohntes Gefühl und sehr beruhigend. Mein Kater legt sich gerade deshalb immer auf meine Brust (seine Liebe kann manchmal etwas erdrücken), weil er mein Herz fühlt und hört.

Können wir unseren Körper wahrnehmen, können wir auch das Herz – zumindest erst einmal körperlich – wahrnehmen und bekommen so Zugang zu unseren Gefühlen.

Und nun spüre in dein Herz und bitte die Geistige Welt, dich beim Fühlen zu unterstützen. Das tut sie sehr gerne, du brauchst sie nur darum bitten.

Denk daran, du bist nicht allein, deine Engel stehen hinter dir – JETZT.

♥♥

Erzengel Chamuel und Lady Rowena: Das Jahr 2015 – Die Integration der Herzensqualitäten

„Geliebte Seelen, die ihr hier auf Erden wandelt, seid ge-grüßt vom dritten göttlichen Strahl, der euch nun mit der Farbe Rosa einhüllt und durchdringt, sofern ihr es erlaubt.

Erzengel Chamuel und Lady Rowena werden wir genannt, und wir haben die Ehre, euch einen Einblick in das Jahr 2015 zu verschaffen.

Im Jahr 2015 beginnt ein 12-jähriger Zyklus, der die Integra-tion der Herzensqualitäten auf Erden manifestiert.

Zwölf Jahre sind dafür angedacht, diese Qualitäten in euch so zum Klingen zu bringen, dass ihr sie bedingungslos leben könnt. Alle Qualitäten vereint ergeben die wahrhaft göttliche, allumfassende Liebe. In jedem Jahr dürft ihr alles Geschehen aus einer anderen Qualität heraus betrachten.

Dieser 12-jährige Zyklus beginnt im Jahr 2015 mit der Herzensqualität Mitgefühl, die, unabhängig von den Ereignissen im Außen, eine große Freude mit sich bringt, je mehr ihr sie in euch entwickelt.

Ihr könntet das Jahr auch ,Das große Fühlen' nennen, denn was ihr nicht selbst gefühlt habt, könnt ihr nicht bei anderen mitfühlen. Hättet ihr nie Unfrieden oder gar Krieg in eurem Leben erfahren, hättet ihr keine Sehnsucht nach dem Frieden, denn ihr wüsstet nichts von ihm. So verhält es sich auch mit dem Mitgefühl, es wird erst erfahrbar durch die andere Seite der Pole.

Ihr werdet erkennen, was bei euch noch gefühlt werden will, sodass ihr zunächst Mitgefühl mit euch selbst erfahrt, ja, dass ihr lernt, euch und andere mit eurem Herzen zu fühlen.

Mitfühlen heißt nicht mitleiden, denn das Leiden zeugt von einem Opferbewusstsein, das ihr noch in euch tragt. Übernehmt die Verantwortung für eure Emotionen, und aus dem Mitleiden wird ein Mitfühlen werden.

Das Leid der anderen tragen nur die Menschen mit, deren eigene Themen noch nicht geheilt sind. Das liegt daran, dass sie durch tiefes Mitleiden ihre eigenen Emotionen verdrängen und/ oder nichts mehr fühlen oder glauben, nichts fühlen zu können. Doch auch Leere ist fühlbar.

Im Jahr 2015 zeigt sich sehr deutlich, was nicht gefühlt wurde, was ihr ausgeklammert habt, denn dieses bäumt sich besonders stark auf, und zwar so lange, bis ihr es mit einem Gefühl der Freude annehmen könnt, und das werden viele im privaten

Bereich als auch im Weltgeschehen beobachten können.

Das System wackelt beträchtlich, es steht auf einer Stelze und nährt sich nur noch von den restlichen Ängsten der Menschen. Während die Transformation an der Stelze sägt, versucht das System mit aller Kraft, sich an alten Ängsten festzusaugen, doch je mehr Ängste transformiert werden, desto mehr gerät die Stelze ins Wanken, denn der Holzwurm der Transformation lässt sich nicht aufhalten. Und so werden die vermeintlich Mächtigen mit Regulierungen und Gesetzen versuchen, eure Ängste zu schüren.

Eure einzige Aufgabe ist es, euren inneren Bewusstseinswandel nach außen zu tragen und ihn mit den Menschen zu teilen. Informiert, doch missioniert nicht. Auch hier wird Mitgefühl eure höchste Herzensqualität sein, auf die ihr im Jahr 2015 immer wieder geprüft werdet.

Viele kollektive Themen kommen zum Vorschein, und diese könnt ihr nicht hinter verschlossenen Türen in sicheren Kreisen heilen. Geht hinaus in die Welt, es ist an der Zeit, die Bewusstheit auf die Straßen zu tragen.

So zeigt sich das Jahr 2015 unter einem Glücksstern, wenn ihr bereit seid, das wahre Glück in eurem Inneren zu erkennen, das da heißt: Mitgefühl – vor allem mit euch selbst.

Ihr könnt mit dem Mitgefühl euren eigenen Horizont immens erweitern und auch andere daran teilhaben lassen, also bewahrt eure Menschlichkeit und lasst sie wachsen.

Es ist ein Jahr des Wachstums, doch nicht alles, was wächst, trägt auch süße Früchte, und so beobachtet gut, was dort im Schatten heranwächst, denn es kann euch auch erdrücken und einwickeln. Ständiges Wachstum ist unnatürlich, das spiegelt euch die Natur zur Genüge, also achtet darauf, dass ihr euch nicht auf Illusionen einlasst und eure inneren Grenzen wahrt.

Das waren unsere Worte zum Jahr 2015. Vieles würde es hier noch zu sagen geben, doch ihr könnt nun sehen, was euer Fokus sein darf. Gerne geben wir euch auch Auskünfte über eure persönlichen Belange, denn es wird für viele ein umwälzendes Jahr sein.

Wir verabschieden uns nun und möchten euch nochmals ans Herz legen, dass ihr euch jederzeit mit den Energien der genannten Engel und Meister verbinden könnt, um energetische Unterstützung zu erfahren.

> *Gesegnet sei euer Jahr 2015.*
> *Lady Rowena und Erzengel Chamuel."*

Erzengel Chamuel und Lady Rowena: Integration der Herzensqualität Mitgefühl

„Geliebte Seelen, seid von Herzen gegrüßt vom dritten göttlichen Strahl, der nun in eurem Herzen erstrahlt.

Wir sind Erzengel Chamuel und Lady Rowena und möchten euch nun die Herzensqualität göttliches Mitgefühl noch ein wenig näherbringen.

Es beginnt in dieser Zeit „das große Fühlen", denn was ihr nicht selbst gefühlt habt, könnt ihr nicht bei anderen mitfühlen.

Könnt ihr euch vorstellen, dass die Kriege schlagartig aufhören würden, wenn alle Menschen auf Erden nur einen der vielen Gottesaspekte leben würden, der da göttliches Mitgefühl heißt? Hätten alle Menschen tief in ihrem Herzen das göttliche Mitgefühl entwickelt, wären keine Kriege mehr möglich.

So gilt es in dieser Zeit vor allem, euch eure persönlichen Kriege anzuschauen. Mitgefühl bedeutet, mit den Gefühlen mitzugehen, sie zu fühlen, ohne darunter zu leiden, sondern sie so anzunehmen, wie sie sind.

So ist also die Voraussetzung für wahrhaftes Mitgefühl die Annahme dessen, was gerade da ist, ohne zu werten, ohne zu verurteilen und ohne es eliminieren zu wollen. Annahme ist die Bereitschaft, die Dinge so sein zu lassen, wie sie sind, denn aus dieser Warte heraus geschieht wahrhafte Veränderung.

Doch es gibt große Unterschiede und einige Fallstricke, die aus dem Mitgefühl etwas anderes entstehen lassen.

Um euch näherzubringen, was Mitgefühl wahrhaft bedeutet, haben wir es in drei Stufen unterteilt:

1. Mitleid,
2. menschliches Mitgefühl,
3. göttliches Mitgefühl.

Das Mitleid nimmt dem anderen das Leid ab und legt es sich selbst auf die Schultern, um es für den anderen zu tragen. Viele von euch haben große Rucksäcke auf ihrem Rücken, beladen mit dem Leid von anderen.

Der Schritt vom Mitleid zum Mitgefühl heißt: Verantwortung übernehmen.

Mitfühlen heißt nicht mitleiden, denn das Leiden zeugt von einem Opferbewusstsein, das ihr noch in euch tragt.

Übernehmt die Verantwortung für eure Emotionen, und aus dem Mitleiden wird ein Mitfühlen.

Das Leid der anderen tragen nur die Menschen mit, deren eigene Themen noch nicht geheilt sind. Die Ursache ist, dass sie durch tiefes Mitleiden ihre eigenen Emotionen verdrängen, nichts mehr fühlen oder glauben, nichts fühlen zu können.

Fühlen wird erfahrbar durch die Erfahrung des Nicht-Fühlens. Also habt Mitgefühl – vor allem mit euch selbst. So werdet ihr zum menschlichen Mitgefühl gelangen.

Das menschliche Mitgefühl hebt das Leid ein wenig an, trägt es eine Weile mit, aber macht es sich nicht zu eigen. Menschliches Mitgefühl strengt sich an, damit es dem anderen gut geht, und kennt dabei sein wahres Motiv noch nicht, das euch oft mitfühlen und helfen lässt, damit ihr euch nicht schlecht fühlt.

Der Weg vom menschlichen zum göttlichen Mitgefühl ist gepflastert mit vielerlei Erkenntnis und der Frage: „Was ist mein wahres Motiv?"

Mitgefühl ist ein Ausdruck von Liebe. Wie bedingungslos dieser Ausdruck ist, hängt stark von den Beweggründen des Mitfühlenden ab, bedenkt das bitte immer und fragt nach dem wahren Motiv. Was ist euer Motiv, wenn ihr tiefes Mitgefühl für jemanden empfindet? Ist es euer ‚Helfersyndrom' oder der Wunsch nach Anerkennung und Gesehen-Werden?

Nur wenn euer Mitgefühl wahrhaft frei von Motiven ist, aus reiner Liebe zu eurem Nächsten besteht und aus dem Bewusstsein der Einheit heraus entsteht, wird es keine Abhängigkeiten erzeugen und als göttliches Mitgefühl erkennbar. Solange ein Motiv dahinter steht, ist es ein Überdecken eurer eigenen Themen.

Mitgefühl schenkt dem anderen für eine gewisse Zeit Aufmerksamkeit, Zuwendung, in der Hoffnung, dass es ihm/ihr schnell besser geht, weil ihr euren eigenen Schmerz und eure eigene Trauer nicht aushalten könnt. So dürft ihr euch unter anderem euer Inneres Kind genau ansehen, denn eure Außenwelt ist eurer Spiegel und zeigt gerade bei diesem Thema, dass es euer Inneres Kind ist, das euer Mitgefühl braucht.

Ist es nicht so, dass manche Menschen, die Mitgefühl haben, den anderen wie ein Kind behandeln oder als jemanden, der geringer ist als sie? Sagt nicht gleich Nein, sondern beobachtet das nächste Mal, wenn ihr Mitgefühl empfindet, ob ihr euch möglicherweise sogar über den anderen stellt oder ihn beschützen wollt.

Mitgefühl macht andere Menschen schnell zum Opfer, spätestens dann, wenn nach einem vermeintlich Schuldigen gesucht wird. Ja, möglicherweise geht es euch auch besser oder ihr wertet euch auf, wenn ihr Mitgefühl mit jemandem habt und ihm helft. Damit ernährt ihr euch vom Leid des anderen und erhebt euch über ihn. Macht euch das bitte bewusst, doch verurteilt euch nicht dafür.

So kann Mitgefühl schnell zur Verurteilung führen, unbewusst abwertend sein und den anderen im Mangel sehen, doch bedenkt: Ihr seid immer göttlich und auserwählt, jeder von euch ist etwas Besonderes.

All das darf sein, denn es gehört zu eurem Wachstum, doch kann Mitgefühl auf diese Art und Weise schnell auch zu spirituellem Hochmut führen anstatt zum göttlichen Mitgefühl. Das sind alte innere Programme, und so ist jede Begegnung immer wieder ein großes Geschenk und führt euch letztlich zur Herzensqualität göttliches Mitgefühl.

Das göttliche Mitgefühl zeigt dem göttlichen Erdenwesen den Weg aus seinem Leid heraus, in dem Wissen, dass ein göttliches Wesen nur an eigenen Erfahrungen wachsen kann. Es sieht in jedem Wesen die Vollkommenheit und begleitet es *dabei, den Weg aus dem Leid selbst herauszufinden. Und so geschieht Heilung in der Neuen Zeit.*

Versteht, dass jeder Mensch alle diese Stufen durchlaufen darf, um das wahrhaft göttliche Mitgefühl zu erfahren. Und jede dieser Stufen hat viele Zwischenstufen.

Die Erkenntnisse wachsen, und mit dem Erkennen der Motive und dem Transformieren der dahinterstehenden Emotionen werdet ihr immer ein Stück weiter wachsen und eines Tages das göttliche Mitgefühl auf allen Ebenen eures Seins integriert haben.

Gottes Mitgefühl schließt nichts aus. Er nimmt euch an in eurem Schmerz und hält ihn mit euch aus, weil er weiß, dass das zu eurem Reifeprozess gehört. Unter dem größten Druck werden die schönsten Diamanten geboren. Die Schöpfung ist sich dessen vollkommen bewusst und unterstützt euch dabei, dass es euch auch bewusst wird. Solange hält Gott euch und wiegt euch in eurem Schmerz.

Es gibt nichts zu tun, es ist ausreichend, wenn ihr beobachtet, welche die wahren Motive eures Mitgefühls sind.

Wenn ihr beobachtet, habt ihr Abstand und könnt sehr viel besser erkennen, als wenn ihr kämpft oder versucht, etwas zu verändern.

Veränderung entsteht aus sich selbst heraus – sobald ihr Allem-was-ist Raum gebt, nehmt ihr die Spannung heraus, und Heilung kann geschehen.

So erkennt, welche komplexen Themen dieses Mit-Fühlen in sich trägt, und fühlt mit Allem-was-ist, denn ihr seid Alles-was-ist.

Ihr seid VOLLKOMMEN.

Gesegnet seid ihr.
Lady Rowena und Erzengel Chamuel."

2016

Herzensqualität MUT

(Erzengel Michael und Meister El Morya)

Qualitäten

Die Energiequalität des Jahres 2016 entspricht in etwa dem ersten göttlichen Strahl.

Ausstieg aus dem Täter/Opferspiel, Aktivität, Autorität, Antriebskraft, Aktion, Aufrichtigkeit, Befreiung von Fremdenergien, Besonnenheit, Beständigkeit, Disziplin, Durchhaltevermögen, Entscheidung, Erdung, Gelassenheit, Gerechtigkeit, Geradlinigkeit, göttliche Ordnung und Willen, Handlung, Impulsen folgen, Jetzt, Kehlkopfchakra, Klarheit, Konzentration, Macht, Mut, Motivation, Raumharmonisierung, Reinigung, Präsenz, Schutz, Stabilität, Stärke, Selbstausdruck, Tatkraft, Treue, Unterscheidungsvermögen, Umsetzung, Vertrauen, Verantwortung, Verwurzelung, Verwirklichung, Wahrheit, Wahrhaftigkeit, Willenskraft, Ziel.

Engel und Meister dieser Energiequalität

Erzengel Michael – Engel des Schutzes
Meister El Morya – Meister des göttlichen Willens
Erzengel Raguel – Engel der Authentizität

Farbe / Energiequalität

Blau, Hellblau, Himmelblau, Dunkelblau, Indigo, Königsblau

El Morya:
Die Integration der Herzensqualität Mut

„Meine lieben Freunde des Lichts, ich grüße euch von Herzen, mit Freude und tiefem Frieden als allumfassende Energie, denn dieses werdet ihr im Jahr 2016 sehr gut gebrauchen können.

Man nennt mich El Morya, und ich werde euch zusammen mit Erzengel Michael und Erzengel Raguel durchs Jahr geleiten, sodass ihr immer geführt seid und euch gut behütet fühlt.

Behütet?

Ja, denn manches Mal wird es vorkommen, dass ihr euch lieber eine Tarnkappe über euer Haupt ziehen und wie ein kleines Kind Verstecken spielen wollt, um nicht entdeckt, ertappt, erkannt oder gesehen zu werden.

Das Jahr 2016 stellt die Qualität Mut in den Mittelpunkt. So betrachtet alles, was ihr erlebt, aus diesem Aspekt heraus.

Im Jahr 2016 heißt es, Stellung zu beziehen, im wahrsten Sinne des Wortes. Sei der/die, der/die du bist – etwas anderes ist nicht mehr möglich.

Lange Zeiten war es euch möglich, euer wahres Licht unter einen Deckmantel der Angst zu hüllen, ohne dass ihr dieser Angst direkt ins Antlitz blicken musstet.

Machen euch diese Worte Angst? Dann habt ihr noch Resonanzräume in euch, die nachklingen, und der Hall erzeugt die Angst.

Nehmt diese Ängste wahr, denn es ist ein wirklich gutes Jahr, um alle eure Ängste zu transformieren. Und dazu bedarf es der Integration der Herzensqualität MUT. Je mehr göttlichen Mut ihr integriert habt, desto leichter wird es euch fallen, eure Ängste anzusehen, zu fühlen und loszulassen.

Vielleicht hilft euch dabei eine Liste, auf die ihr alle eure Ängste aufschreibt. Dadurch habt ihr einen Überblick und werdet möglicherweise auch schnell Zusammenhänge erkennen.

Das Jahr 2016 fordert von euch den Mut, auszusteigen und hinzusehen. Es wird sich zeigen, wie sehr ihr bereits im Vertrauen seid, das zu einem späteren Zeitpunkt, in einigen Jahren, noch einmal gesondert integriert werden wird.

Zum Mut kommt noch das Thema Macht zum Vorschein, was sowohl das Täter- und Opferspiel beinhaltet, wie auch die Verantwortung für die eigene Macht, das eigene Leben und die eigenen Gefühle zu übernehmen.

Hier wird euch noch einmal vor Augen geführt, je nachdem, wie weit ihr noch im 3D-Bewusstsein verhaftet seid, wie sehr eure Außenwelt euch spiegelt.

Erzengel Michael wird euch zu den Themen Schutz und Sicherheit begleiten, denn je höher euer Bedürfnis nach Sicherheit ist, desto geringer ist der göttliche Mut ausgeprägt, desto mehr begebt ihr euch in nicht-göttliche Abhängigkeiten, und desto mehr Ängste werden euch plagen, die wiederum zu einem erhöhten Schutzbedürfnis führen.

Ein Beispiel sind eure VerSICHERungen. Ihr Menschen glaubt, euch gegen alles absichern zu können, doch die meisten von euch tun es aus der Energiequalität der Angst und nicht aus dem Bewusstsein heraus, dass ihr in einen Pool einzahlt, den ihr nicht benötigt, mit dem ihr jedoch andere Menschen unterstützt, denen es nicht so gut geht wie euch.

Das hat eine ganz andere Energie, nicht wahr? Legt ihr den Fokus anders, gebt ihr aus der Freude heraus und nicht aus der Angst. Tut ihr es aus Angst, ist es meistens verlorene Energie, und im extremen Fall zieht ihr gerade dadurch Schadensfälle in euer Leben, weil ihr so viel Angstenergien, verbunden mit Geld-energien, in diesem Themen stecken habt.

Auch das erfordert Mut – einfach mal hinzusehen, aus welchem Grund ihr die Versicherung zahlt. Wechselt mutig den Fokus, dann fließt auch die Geldenergie mit Freude und Leichtigkeit, was sich auf euer gesamtes Bewusstseinsfeld auswirkt.

Versteht, dass nichts von euch erwartet wird, diese Themen werden von allein auf euch zukommen, und wenn das der Fall ist, verbindet euch über das Bild der Herzensqualität Mut und blickt der Situation ins Antlitz.

Es wird nichts geschehen, was nicht Liebe ist. Auch wenn es für euch nach einem schwierigen Jahr klingen mag, erkennt die Freiheit, die daraus entsteht. Ihr werdet liebevoll die Reste der alten Fesseln lösen können, und das wird mit Leichtigkeit geschehen, weil es JETZT an der Zeit ist.

2016 wird ein Jahr sein, in dem ihr viel umsetzen könnt, das lange in der Schublade lag, als Ideen in euren Köpfen herumschwirrte und auf Verwirklichung wartete.

JETZT ist die Zeit der Umsetzung, so wird es ein kraftvolles Jahr, in dem ihr endlich das in die Tat umsetzen könnt, was so lange auf sich warten ließ.

JETZT sind die Impulse eurer Seelen laut und deutlich, so zeigt euch, geht nach außen und verkündet mit innerer Stärke und göttlichem Mut eure Wahrheit.

Vertraut, ihr werdet authentisch sein, klar und in eurer Mitte, sodass ihr dort gehört werdet, wo eure Seelen euch hinstellen.

Spürt den göttlichen Willen in euch.

Spürt ihr die Energie, die in diesen Worten fließt?

Spürt ihr die unendlichen Möglichkeiten, die dieses Jahr in sich trägt?
Nehmt sie in euch auf und integriert den göttlichen Mut –
JETZT.

In Liebe und Verehrung,
El Morya."

Sei mutig und bekenne dich – DU hast die Wahl

Täter oder Opfer – Macht oder Ohnmacht

Zunächst eine Botschaft von meinem Höheren Selbst:

„Bist du ein Zirkuselefant oder ein Schmetterling?
Hast du die freie Wahl?
Bist du Opfer?
Bist du Täter?
Bist du Schöpfer?
Wer glaubt, keine Wahl zu haben, der hat sie auch nicht.
Wer glaubt, bestimmte Dinge tun zu müssen, – der muss sie tun.
Wer glaubt, von bestimmten Dingen abhängig zu sein, – der ist abhängig.
Wer glaubt, gefangen zu sein im System, – der ist gefangen.
Wer glaubt, seine Stimme abgeben zu müssen, - der hat keine mehr.

Welchen Glauben trägst du in dir, der dich im Opferbewusstsein verharren lässt?

Erinnerst du dich an die Zirkuselefanten, die, angebunden an einer Kette, ihr Leben fristen, obwohl sie jederzeit mit einem Ruck, mit einer Entscheidung die Freiheit erlangen könnten?

Erinnerst du dich an den Schmetterling, der als Raupe ein beengtes Leben fristet, eingesperrt in einen Kokon?

Nach einer Zeit der Reife schält er sich aus dem Kokon heraus, aus eigener Kraft, denn würde man ihm helfen, wären seine Flügel zu schwach, um fliegen zu können. Doch auch dieser Schmetterling hat Helfer, die ihn bei der Transformation unterstützen.

So scheue auch du dich nicht, um Rat zu fragen. Du hast immer die Wahl, und dir geschieht nach deinem Glauben.

Doch wisse auch, dass du außerhalb deiner Rolle, die du zurzeit im Menschenspiel spielst, ein göttliches Wesen und auf einer noch höheren Ebene der Schöpfer allen Seins bist.

In der Rolle, in der du dich jetzt befindest, hast du einen gewissen Spielraum der freien Wahl, doch auf höchster Ebene hat der Schöpfer allen Seins bereits alles erschaffen, denn es IST und entsteht nicht erst.

Das heißt: Lass die Last los, die du trägst, denn es ist für dich gesorgt, oder traust du dem Schöpfer nicht zu, dass er alles zum Besten aller bereits erschaffen hat?

Vertrauen ist der Schlüssel.

Sei gesegnet und erkenne die Wahlmöglichkeiten."

Das Täter- und Opferspiel hat auch immer etwas mit Macht und Ohnmacht zu tun. Willst du also aus diesem Spiel aussteigen und endlich ins Schöpferbewusstsein eintreten, dann geht das nur, wenn du dir die Themen Macht und Ohnmacht angesehen hast. Hast du diese transformiert, hat das Täter-Opferspiel keine Möglichkeiten mehr anzudocken, es findet keine Haftung mehr. Hierzu ist es hilfreich, dich zu beobachten und die Engel zu bitten, dir diese Themen deutlich zu zeigen, damit du sie ansehen, fühlen und loslassen kannst.

Voraussetzung ist Ehrlichkeit uns selbst gegenüber. Sobald wir vor uns zugeben, dass wir uns ab und zu doch noch als Opfer fühlen, kann sich dieses Opferbewusstsein verabschieden. Damit übernehmen wir dann ehrliche Verantwortung, und das ist ein wichtiger Schritt. Verantwortung, ohne zu urteilen, und bitte, ohne einen Schuldigen zu suchen.

Ja, ich weiß, alle reden davon, dass wir Schöpfer sind, aber solange wir verleugnen, dass in uns noch irgendwo ein klitzekleines Opfer sitzt und auf Erlösung wartet, kann dieses Opfer nicht gehen.

Warum nicht?
Weil wir es noch nicht gesehen haben.
Logisch, oder?

Versuche nun nicht, das kleine Opfer aus seinem Verlies rauszuwerfen, es reicht völlig anzuerkennen, dass es unter gewissen Umständen sein könnte, dass da noch ein Opfer in dir schlummert. Das wird dich schneller in die Veränderung führen, als wenn du es verleugnest oder weghaben willst. Also nimm einfach wahr, was in dir geschieht, während du das Opfer in dir entdeckst. Nimm wahr, wie du dein Herz vor ihm verschlossen hast. Irgendwann hast du dich als Opfer gefühlt, das ist in Ordnung. Werde dir der Wahl und der damit zusammenhängenden Emotionen bewusst. Wenn du magst, dann nimm das Opfer in den Arm. Sieh hin, fühle und lass los, erkenne, welche Wahl du vielleicht einmal getroffen hast und wie unglücklich es dich gemacht hat.

Und weißt du was?
Du kannst jederzeit eine andere Wahl treffen. Sage das dem kleinen, verängstigten Opfer in dir und danke ihm dafür, dass es dich daran erinnert, dass du die Wahl hast. Tust du das ganz bewusst und in Liebe, dann wird diese Wunde heilen, dann wird dein Opferbewusstsein heilen, weil du verstehst und bereitwillig fühlst. Opfer sein ist eine Rolle, und eine Rolle ist niemals dein wahres Selbst.

Du kannst ebenfalls hineinspüren, ob du auch einen Täter in dir hast, dieser wird sich bestimmt in dir finden lassen. Gehe mit ihm genauso liebevoll und mitfühlend um wie mit deinem Opfer.

Ein Opfer zu sein heißt, schwach und ausgeliefert zu sein, abhängig zu sein von anderen und die Macht abgegeben zu haben.

Ein Täter zu sein heißt, die Macht an sich zu reißen, das Ego regieren zu lassen, kein Mitgefühl zu haben usw.

Es ist deine Entscheidung, wie du die Dinge siehst: als Lektion, als Geschenk oder als Problem.

Und es ist deine Entscheidung, ob du eine Wertung hineingibst oder nicht.

Es ist eine Entscheidung zwischen Opfer-, Täter- und Schöpferbewusstsein.

Wir sind die Schöpfer unserer Wirklichkeit. Die meisten von uns können das gut annehmen. Doch es gibt auch viele Menschen, die noch im Schuldkarussell stecken und nicht bereit sind zu erkennen, dass sie sich diese Situation selbst kreiert haben. Da sind wir wieder bei der Verantwortung oder, besser ausgedrückt, bei der Zuständigkeit. Manche Menschen glauben, wenn sie nicht mehr Opfer sind, sondern Schöpfer, dann würden sie schuldig und damit zum Täter. So ist das natürlich nicht, denn in Wahrheit gibt es keine Schuld.

Ein Schöpferdasein hat einen entscheidenden Vorteil: Angenommen, wir kreieren uns alles selbst und haben uns gerade in eine ausweglose Situation hineinmanövriert, dann ist es doch ein wahrhaft wundervolles Geschenk zu erkennen, dass wir als Schöpfer es auch selbst in der Hand haben, uns dort wieder herauszuholen.

Letztlich IST alles schon, und es ist nur für unser menschliches Bewusstsein, für unsere Entwicklung wichtig, das Gefühl zu haben, wir könnten etwas verändern. In Wahrheit können wir das nicht, denn die Schöpfung hat ja alles schon fertig, aber die Schöpfung hat auch mit eingeplant, dass wir die Stufe der Verantwortung und des Schöpferbewusstseins durchlaufen dürfen, um immer mehr Wahrheit erfassen zu können.

Hast du jetzt einen Knoten im Kopf?
Dann lies noch einmal die Übung auf Seite 16, komm wieder ins SEIN, und du kannst die Essenz dieser Worte FÜHLEN.

Metatron:
DU bist auserwählt – nimm deine Macht an

„Aus den Reichen des Lichts kommend, grüße ich euch, die Energie der All-Verbundenheit für euch mit im Gepäck.

Metatron ist mein Name, und ich will dir von der göttlichen Macht berichten, die in dir wohnt.

Und so sage ich DIR: DU bist auserwählt.

Einst aus der Quelle kommend, auf verschiedenen Zwischenebenen Halt machend, wurdest DU auserwählt, zu dieser wichtigen Zeit auf der Erde zu inkarnieren.

Dieses Auserwählt-Sein ist ein existenzielles Thema.

DU bist auserwählt!

Fühle diese Worte – fühle die göttliche Macht, die sie beinhalten. Fühlst du All-Verbundenheit? So fühlst du die göttliche Macht. Oder streicheln sie dein Ego? Erhebst du dich über andere Wesen? Dann fühlst du die andere Seite der Macht. Verurteile dich nicht dafür, lass zu, dass du erkennst, was diese Worte mit dir tun.

Sei ehrlich zu dir – Selbstlüge wird deinen Weg nicht verkürzen. Dein Ego mag nun denken, du wärst etwas Besonderes, und das bist du auch. Du bist genauso besonders wie dein Nachbar, die Frau von gegenüber, die Frau an der Supermarktkasse und der Mann, der regelmäßig deinen Müll entsorgt. Ihr seid ALLE Auserwählte. Fühle nun noch einmal.

Was fühlst du jetzt? Kannst du die All-Verbundenheit in deinem Herzen wahrnehmen?

Betrachte ab jetzt jeden Menschen, dem du begegnest, als Auserwählten. Geh einkaufen, sieh dir die anderen einkaufenden Menschen an und sende an jeden den Gedanken aus deinem Herzen heraus: „DU bist auserwählt."

Wir wollen euch ans Herz legen, dieses zu tun, denn es wird mehr in euch bewegen, als ihr es für möglich haltet. Mit jedem Aussenden: „Du bist auserwählt", wird euer Gefühl der All-Verbundenheit mit der göttlichen Macht wachsen und wachsen und wachsen.

*Stets an euer Seite, in tiefer Verbundenheit,
Metatron."*

♥♥

Erzengel Michael: Lösen von Urängsten durch Erkennen von Abhängigkeiten

„Wir grüßen euch. Ich bin Erzengel Michael und helfe euch beim Erkennen in dieser Zeit, um sogleich auch die alten Fesseln zu erlösen.

Wir weisen darauf hin, dass die Energien im Jahr 2016 noch einmal stark angeschoben werden, doch ihre Auswirkungen könnt ihr auch noch in späteren Zeiten bemerken.

Bei manchen Menschen sind die Erkenntnisse früher an der Zeit und bei anderen später. Ihr werdet erkennen, wann es so weit ist.

In dieser Zeit werden vermehrt eigene, aber vor allem kollektive Ängste angesprochen, denn sie rufen nach Befreiung.

So sind es nicht immer eure Ängste, die hier zutage gefördert werden. Tretet einen Schritt zurück, um zu erkennen, ob es vom Kollektiv gespeiste Ängste sind oder ob sie von Seelenerinnerungen herrühren. Spürt euren Mut und erkennt die Zusammenhänge der vom System gespeisten Ängste und der ver-

meintlichen Abhängigkeiten, die ihr noch in euch tragt.

Wir möchten euch zeigen, dass nur dort noch Ängste vom System genährt werden können, wo ihr noch glaubt, abhängig zu sein, sofern ihr eure Seelenerinnerungen bereits geheilt habt.

Um es noch einmal zu verdeutlichen: Transformiert ganz bewusst alle eure Ängste aus Seelenerinnerungen aus eurem heutigen und aus früheren Leben, es ist eine gute Zeit dafür.

Ihr werdet den Wert erkennen, wenn ihr euch ihnen stellt. Tut ihr es nicht, wird es sich eines nahen Tages hochschaukeln, sodass ihr nicht mehr anders könnt als hinzusehen.

Sind die Ängste aus euren Seelenerinnerungen geheilt, könnt ihr nur noch dort von Ängsten „befallen" werden, wo ihr noch mit dem System verbunden seid, denn das System wirkt stark manipulierend auf das Kollektivbewusstsein, mit dem ihr noch so lange verbunden seid, bis die Abhängigkeiten transformiert sind.

Erkennt, es kann keinen Bewusstseinssprung geben, ihr könnt nicht das Tor durchschreiten, wenn ihr noch in alten Emotionen festhängt und durch Abhängigkeiten ans System gebunden seid. Das Tor der nächsthöheren Schwingungsstufe können nur diejenigen durchschreiten, die aus ihrer Seelenweisheit heraus die Freiheit erkennen und leben.

Die Tore lassen sich nicht überlisten, denn sie öffnen sich nur dem, der seine Seelenfrequenz auf die Stufe des Tores angehoben hat, das ist der nicht manipulierbare Schlüssel zum Tor.

So bitten wir euch, euch in dieser Zeitqualität selbst eine Frage zu stellen: „Wo bin ich noch mit dem System verbunden, und wovon habe ich das Gefühl, abhängig zu sein?"

Lasst ihr euch darauf ein, werden Erkenntnisse und Ereignisse zu euch kommen, die es euch zeigen werden.

Es gilt zu erkennen und zu fühlen, dass diese Abhängigkeit ein Trugschluss ist, denn in Wahrheit hält sie euch nur in existenziellen Ängsten gefangen, die nach Transformation auf tiefster Ebene rufen.

Die existenziellen Ängste, die auch mit Todesangst einhergehen können, sind Urängste der Menschheit, beruhend auf der Annahme, dass ihr sterblich und machtlos seid. Diese zu transformieren ist für alle von euch in höchstem Maße wichtig, denn sie sind es, mit denen ihr das System nährt und die euch in dieser Ebene halten.

Die Dinge werden auf euch zukommen, und dann wisst ihr, was zu tun ist. Bei einigen wird es bald so weit sein, bei anderen wurde es schon vollzogen. Stützt euch gegenseitig und klärt auf.

Verbreitet diese Nachricht, damit alle wissen, wie ihnen geschieht. So will ich euch nun verbinden mit dem Gefühl des Lichts der Quelle, damit ihr euch an die Wahrheit von Allem-was-ist erinnert und euer Herz nach dem Durchleben und Durchfühlen eurer tiefen Ängste mit den leichten Schwingungen der heilsamen Liebe der Quelle erfüllt.

Nehmt den Segen und die heilsame Energie entgegen, die in diese Nachricht enthalten sind.

Mit der Erinnerung an eure Herkunft und in höchster Achtung vor euch,

Erzengel Michael.“

Schutz, Sicherheit, Angst und Bewusstheit

Schutz ist ein wichtiges Thema, doch es wird manches Mal falsch verstanden.

So sagte Erzengel Michael einmal dazu:

„Bewusstheit ist euer größter Schutz.
Meine Lieben, man nennt mich Erzengel Michael, und ich möchte euch darauf hinweisen, dass Schutz nur dort notwendig ist, wo es an Bewusstsein fehlt. Das ist keine Wertung, denn jeder geht den Weg in seinem Tempo. Doch je klarer ihr in euch werdet, je bewusster ihr euch der Machenschaften des Systems werdet, desto weniger können diese Machenschaften bei euch greifen. Und so beobachtet achtsam, was euch bewusst ist und was nicht.

In Liebe, Erzengel Michael.“

Viele Menschen haben gelernt, sich und alles andere in Licht und Liebe zu hüllen, in dem Glauben, dass man dann geschützt ist und keine Angst zu haben braucht. Aber so einfach ist das meistens nicht.

Tut mir leid, ich gehöre nicht zu den Anhängern der Licht- und Liebe-Gesellschaft, die einfach alles „weglieben" wollen, anstatt sich den Dingen zustellen.

Wenn wir uns aus Angst vor dunklen Energien schützen, dann können wir nicht in der Liebe sein, und wir brauchen uns nicht zu wundern, dass wir sie gerade dann anziehen. Wir verstärken damit die dunkle Seite beziehungsweise die Angst, weil wir unsere Aufmerksamkeit darauf richten. Außerdem schotten wir uns meistens auch vor schönen Dingen ab, die wir dann nicht mehr wahrnehmen können.

Es geht darum, durch die Angst zu gehen, um letztendlich zu erkennen, dass hinter der Dunkelheit das Licht ist.

Angst ist die Abwesenheit von Liebe.
Dunkelheit ist die Abwesenheit von Licht.

Es gibt viele unbewusste Ängste, auch wenn wir glauben, in der Liebe zu sein. Wenn wir vollständig in der Liebe sind, kann uns das Dunkle nur insofern beeinflussen, als dass es uns Aspekte von uns aufzeigt, die gesehen und angenommen werden wollen. Wir können nur GANZ sein, wenn wir alles in uns kennen und annehmen.

Macht dir also dieses Thema Angst, heile zunächst deine Ängste, indem du sie ansiehst und fühlst. Heilung geschieht immer durch Bewusstheit, das, was du kennst, hat keine Macht mehr über dich.

Sind deine Resonanzräume nicht geheilt, ziehst du Fremdenergien an, die dich schwächen können, diese kannst du aber nur anziehen, weil du noch mit ihnen in Resonanz bist.

Das kennst du sicher: Du warst den ganzen Tag gut gelaunt, bis dir ein Mensch begegnet, der sich bei dir „andockt". Nach dieser Begegnung fühlst du dich unerklärlich matt, „ausgesaugt", und hast eventuell sogar schlechte Laune.

Ja, es gibt sie, die Energievampire. Doch es sind keine bösen Menschen (Gut und Böse ist ohnehin eine Wertung, die es nur auf der Erde gibt). Es sind Menschen, die dringend Energie brauchen, und sie zapfen dich an, weil deine Abgrenzung nicht stabil genug ist. Dabei übertragen sich auch die Emotionen der anderen. Wären diese Themen bei dir geheilt, würdest du nicht damit in Resonanz gehen beziehungsweise könntest sofort spüren, dass es nicht deins ist und dich abgrenzen.

Es begegnen uns auch Menschen, deren Aura so schwach ist, dass sie Opfer von Flüchen, Besetzungen oder Ähnlichem werden. Und es hat ja einen Grund, warum du diese Menschen triffst. Vielleicht spiegeln sie dir etwas?

Der Schutz in der Neuen Zeit verändert sich also.

Früher haben wir alles dicht gemacht, doch wissen wir inzwischen, dass uns unsere Angst auch den Weg zeigt. Und ich kann dir sagen, dass ich den Großteil meiner Ängste transformiert habe und mich so gut wie gar nicht mehr schütze, weil ich einfach keine Angst mehr habe. Und soll ich dir sagen, was passiert? Ich ziehe auch nichts mehr an, was mir Angst machen könnte, was dunkel ist, eben weil ich meine Ängste geheilt habe.

Je lichter wir sind, desto mehr sehen wir auch das Dunkle, denn es wird uns immer bewusster. Es war immer da, nur sehen wir es klarer, weil es stärker beleuchtet wird.

Noch einmal zum Schutz:

Schutz ja, aber nur solange, bis du durch den Großteil deiner Ängste hindurchgegangen bist, sonst hemmst du dich in deiner Entwicklung. Zum Schutz kannst du Erzengel Michael rufen, der dich gerne unterstützt.

Schützen wir uns, akzeptieren wir damit, dass wir Schutz benötigen. Warum? Weil wir dadurch die Angst in Form von verdichteter Energie ausdrücken, und damit ziehen wir die Gefahr an – das ist meine Wahrheit.

Mein Tipp:

Schütze dich so, wie es sich für dich richtig anfühlt.

Dazu möchte Erzengel Michael noch etwas sagen:

Erzengel Michael: Werdet wie die Lotosblüte

„ICH BIN Erzengel Michael, und ich möchte euch noch einmal an das Gesetz der Resonanz erinnern. Für alles, was sich in eurem Leben sichtbar oder fühlbar manifestiert, gibt es einen Nährboden. Diesen Nährboden nennen wir Resonanzraum. Ist kein Nährboden da, dann prallen die Themen/Situationen/Emotionen an euch ab. Sie können nicht haften. Es ist wie eine besondere Beschichtung in der Keramik, der sogenannte Lotuseffekt, und ihr Menschen beginnt sogar inzwischen damit, das auf eurer Kleidung anzuwenden. Ihr nehmt dem Untergrund den Nährboden, an dem Schmutz haften kann, und behebt somit die Ursache für jegliche Verschmutzung.

Genau das dürft ihr auch auf euch selbst übertragen. Nehmt alle Themen/Situationen/Emotionen, mit denen ihr in Resonanz geht, den Nährboden. Werdet zur schönen Lotosblüte, an der kein Schmutz mehr haften kann, weil kein Nährboden mehr vorhanden ist. Die Lotosblüte ist eine der reinsten, hoch schwingenden Pflanzenwesen, die auf eurem Planeten wohnen. Nicht ohne Grund, meine Lieben, werden auch eure Energiezentren, eure Chakren, den Lotosblüten in verschiedener Blattanzahl zugeordnet.

Werdet wie die Lotosblüte – lernt alle eure Anteile der dreidimensionalen Resonanzthemen kennen und heilt die Ursachen. Dann seid ihr rein und hoch schwingend wie sie.

*In Liebe und in Resonanz mit eurem Herzen,
Erzengel Michael."*

2017

Herzensqualität FREIHEIT

(Erzengel Zadkiel und Meister St. Germain)

Qualitäten

Die Energiequalität des Jahres 2017 entspricht in etwa dem siebten göttlichen Strahl.

Absicht, Alchemie, Aufrichtigkeit, Befreiung, Dienen, Eigenverantwortung, Erlösung, Entfaltung, Entgiftung, Egotransformation, Erneuerung, Entwicklung, Einweihung, Flexibilität, Freiheit, Gnade, Gelassenheit, Gerechtigkeit, göttliche Ordnung, Gleichgewicht, Hingabe, Innenschau, Integrität, Klarheit, Lebenszyklus, Lebenskraft, Loslassen, Leben und Tod, Meditation, Magie, Mitgefühl, mediale Fähigkeiten, Manifestation, Neubeginn, Reinigung, Reinkarnation, Rhythmus, Schattenintegration, Transformation, Übergang, Umwandlung, Unterscheidungsvermögen, Unabhängigkeit, Vergebung, Veränderung, Verwandlung, Vollendung, Vollständigkeit, Verbundenheit, Wertfreiheit.

Engel und Meister dieser Energiequalität

Erzengel Zadkiel – Engel der Freiheit
Meister St. Germain – Meister der Transformation
Lady Portia – Meisterin der Zyklen
Die Engel des Wandels
Erzengel Azrael – Engel des Übergangs

Farbe

Violett, Lila, Flieder, Pflaume, Lavendel

Lady Portia:
Das Jahr 2017 – Freiheit und Selbstbefreiung

„Die Meisterin der Zyklen grüßt euch und schenkt euch die Freiheit im Jahr 2017.

Wisst, alles hat seinen Zyklus, auch eure Freiheit. Dieses Jahr 2017 trägt eine besondere Energiequalität in sich, die euch wahrhafte göttliche Freiheit bringen kann, so ihr erkennt, wo ihr unfrei seid.

Ihr Lieben, wisst: Ihr könnt euch nur aus den Dingen befreien, die euch bewusst sind. Wenn ihr nicht wisst, woraus ihr euch befreien wollt, kann keine wahre göttliche Freiheit entstehen, denn die Bewusstheit fehlt.

Ladet die Herzensqualität „göttliche Freiheit" in euer Leben ein.

Und so möchten wir euch an die euch innewohnende Freiheit erinnern: die Freiheit des Seins.

Frei, zu SEIN – wie auch immer sich das bei euch ausdrückt.

Frei, zu TUN – was immer ihr wollt.

So nutzt das Jahr 2017, um euer Leben unter dem Aspekt der göttlichen Freiheit zu betrachten.

Spürt einmal in euch:
Wie fühlt ihr euch, wenn ihr an das Wort Freiheit denkt?
Dürft ihr frei sein?
Gesteht ihr euch selbst wahre göttliche Freiheit zu?
Wie viel wahre Freiheit lebt ihr tatsächlich?

Wo glaubt ihr, frei zu sein und seid in Wahrheit unfrei?
Folgt ihr frei eurem Herzen?
Wie fühlt sich Freiheit an?

Die göttliche Freiheit beinhaltet vor allem die selbst erschaffenen Grenzen, bis hin zu begrenzenden Ansichten, die euch so stark einengen und verspannen lassen, dass ihr sie nicht mehr loslassen wollt oder könnt.

So dürft ihr euch fragen, wo eure Grenzen überschritten werden, wo ihr Grenzen von anderen überschreitet und ob ihr es wagt, über eure Grenzen hinauszugehen, um eure Komfortzone zu verlassen, denn die wahre göttliche Freiheit liegt außerhalb dieser.

Gemütlich habt ihr es euch gemacht in eurer Komfortzone, doch bedenkt immer: Das wahre Leben, die wahre Entwicklung und der Bewusstwerdungsprozess finden außerhalb des Schmetterlingskokons, den wir hier Komfortzone nennen, statt. Kommt heraus und tretet ein in das bewusste Leben, denn hier könnt ihr euer wahres Wesen erkennen.

Die göttliche Freiheit beinhaltet auch die Freiheit von jeglichen Dogmen, Schuldgefühlen und Glaubenssätzen, Gelübden, die Kirchen und Religionen aller Art euch auferlegen. Wir wollen hier nicht generell gegen Religionen sprechen, gegen etwas zu sein widerspricht unserer Natur, jedoch möchten wir euer Bewusstsein schärfen, welche Systeme ihr hier in Wahrheit unterstützt. Wusstet ihr zum Beispiel, dass bei der Taufe rituell das Dritte Auge verschlossen wird?

Hier wird mit Manipulation gearbeitet, und das ist es, woraus ihr euch befreien dürft. Spürt ihr Liebe und Freude oder Macht und Angst, wenn ihr an Institutionen dieser Art denkt? Entscheidet selbst und geht euren Weg.

Für manchen mögen die Religion und die Zugehörigkeit zu einer Glaubensgemeinschaft eine große Stütze sein in dieser Zeit, doch beobachtet eure Emotionen und alle Vorgehensweisen unter dem Aspekt der göttlichen Freiheit.

Wir sehen betende Menschen, die jedoch die Macht an andere abgeben haben und nicht glauben, dass sie selbst befugt sind, auch die Antworten zu erhalten. Wir aber sagen: Channeln ist nichts anderes als Beten mit Antwort, und das kann jeder auf seine ganz persönliche Weise lernen.

Denkt immer daran:
Für Gott gibt es nur eine Religion, die da heißt: LIEBE

Seid euch bitte bewusst, dass kein Erlöser kommen wird, um euch zu befreien, der Erlöser wohnt in jedem von euch, also aktiviert ihn und befreit euch selbst.

Geht in die Selbstermächtigung und entscheidet euch, frei zu sein, sei es die Befreiung aus der Macht durch das Taufritual, Keuschheitsgelübden aus früheren Leben, Schuldgefühlen oder Ähnlichem. Ihr könnt das durch eure bewusste Entscheidung tun. Weiterhin geben wir dem Medium eine Übung namens „Loslösung", die ihr hierfür nutzen könnt.

Nun, ihr Lieben, wir wünschen euch ein Jahr der allumfassenden Freiheit. Möge euer wahres göttliches Wesen sich frei entfalten können.

Unser Segen zum Geleit für das Jahr 2017,
Lady Portia."

Übung: Loslösung

Befreiung aus Ritualen (Taufe, Hochzeit – bis dass der Tod euch scheidet), **Gelübden** (Schweigen, Keuschheit usw.), **Glaubenssätzen, Schuldgefühlen, karmischen Verbindungen zu anderen Menschen.**

Bevor, du diese Übung machst, schreibe eine Liste mit Themen, bei denen du dich unfrei fühlst.
Wo fühlst du dich abhängig, wo glaubst du, eine Verpflichtung zu haben? Mit diesem Überblick wird es dir viel leichterfallen, in die göttliche Freiheit zu kommen.

Falte einen Din-A4-Zettel in der Mitte und klappe ihn wieder auseinander. Auf die linke Seite malst du ein Strichmännchen/ Strichfrauchen, das dich selbst symbolisiert, deshalb schreibe am besten deinen Namen darüber.
Dann male und schreibe auf die andere Seite, wovon du dich lösen willst, zum Beispiel dem Taufritual.
Nun spüre in dein Herz und in deinen Solarplexus, nimm alle deine Emotionen wahr und fühle sie bis zum Ende.
Ziehe dort Striche zwischen dir und der anderen Seite, wo du das Gefühl hast, verbunden/festgebunden zu sein.
In diesem Beispiel führt von der rechten Loslösungs-Seite eine Verbindung zum Dritten Auge deines Strichmännchens/ Strichfrauchens auf der linken Seite.

Vielleicht findest du noch mehr Verbindungen. Wichtig ist das FÜHLEN. Erst wenn keine Emotionen mehr zu diesem Thema erscheinen, schließe die Loslösung ab und durchtrenne mit einer Schere die beiden Seiten ganz bewusst.

Danach verbrenne den Zettel und lass durch deine bewusste Aufmerksamkeit und Entscheidung die Energie zu dir zurückfließen.

Bedenke, dass meistens mehrere Schichten abgetragen werden dürfen, deshalb ist es sinnvoll, diesen Vorgang so lange zu wiederholen, bis du das Gefühl der göttlichen Freiheit in dir trägst. Die Loslösung kannst du zu allen Themen machen.

♥♥

Erzengel Zadkiel: Befreiung von Spannungen

„Meine geliebten Seelen im Licht der Liebe, viel Veränderung ist nun spürbar. Manches ist noch nicht ganz begreifbar, und doch spürt ihr, dass „es" näherrückt. Es ist nicht greifbar, nicht mit den Händen fassbar, und doch berührt es euch tief in eurem Herzen.

Es spricht zu euch Erzengel Zadkiel, der euch in diesem Jahr energetisch zu Seite steht und Antworten auf eure Fragen hat, also scheut euch nicht, diese zu stellen.

Das Jahr 2017 ist durchlichtet mit der Energie der Befreiung, die für manche von euch zunächst wie eine Trennung erscheinen mag. Doch Trennung ist immer nur die Illusion der Dualität.

In der Dualität ist es oft vonnöten, sich von etwas zu trennen, einen Strich unter Dinge zu ziehen, die nicht mehr zielführend sind, damit es sich auf höherer Ebenen wieder zusammenfinden kann. Bedenkt, auf höherer Ebene seid ihr immer mit allem verbunden, und alles ist göttlich. Doch ist es an der Zeit für euch, klar zu sehen, was wahrhaftig zu euch gehört. Und dazu gehören alle Lebensbereiche.

Es ist möglich, vieles zu ENT-spannen – das Ende der Spannung ist möglich, bevor der Bogen zerbricht. Bevor sich etwas endgültig löst, ist der Bogen bis zum Anschlag gespannt, und viele Bögen sind sehr stark gespannt, nicht nur in euch, sondern auch in künstlich erschaffenen Systemen, wie zum Beispiel der Finanz- und Wirtschaftswelt. Sie sind so gespannt, dass ein Lufthauch ausreichen würde, um den Pfeil abzuschießen. Doch worauf zielt dieser Pfeil?

Im Jahr 2017 besteht die wundervolle Gelegenheit, euch noch einmal neu zu entscheiden, was für euch wahre göttliche Freiheit bedeutet. Mit wem wollt ihr weitergehen, und von wem oder was wollt ihr euch verabschieden?

Seid ihr Pfeil oder Bogen?
Seid ihr beides?
Oder keins davon?

Alles, was nicht mit eurem Weg konform geht, sei es beruflich oder in der Partnerschaft, wird sich verabschieden, entweder indem ihr es freiwillig loslasst, oder indem es euch genommen wird.

Das, woran ihr festhaltet, hemmt euch in eurer Entwicklung, und es wird euch genommen, wenn ihr nicht freiwillig loslasst, damit euer Vertrauen in die Schöpfung ins Unendliche wachsen kann. Haltet ihr fest, können sich die Dinge ohnehin nicht weiterentwickeln.

Wer nicht freiwillig loslässt, wenn der Bogen bis zum Anschlag angespannt ist, dessen Bogen wird womöglich zerspringen, doch auch das verhilft euch zu tiefen Heilungseinsichten und ist für manchen sehr wertvoll, denn es beinhaltet die Chance, einen ganz neuen Bogen zu kreieren.

80

Spannung beenden bedeutet loslassen – denkt immer da-
ran, dieser Satz wird im Jahr 2017 noch wichtig für euch sein.
Bedenkt weiterhin: Eine ENT-Spannung in eurem Inneren
hat Auswirkungen auf das gesamte Feld und somit auf die Ent-
wicklungen der Geschehnisse auf der Erde.

In kraftvoller, transformatorischer Liebe,
euer Erzengel Zadkiel."

♥♥

St. Germain: Die Fesseln erkennen und sprengen

„Liebe Lichter, die ihr immer klarer eure Schatten erkennt, ja,
denn je lichter ihr werdet, desto deutlicher werden eure Schat-
ten sichtbar. Oh, meine Lieben, gebt hier keine Wertung hinein.
Eure Schatten sind ein Segen für euch, wahre Geschenke des
Himmels, denn in ihnen stecken viel Kraft und Energie, einge-
bunden in unentdeckten, unbeleuchteten Bereichen eures Seins.
Es ist der Keller, der in der hintersten Ecke noch nicht be-
leuchtet wurde. Es ist der Keller, in denen sich manche von euch
noch nicht hineintrauen. Doch bedenkt, dass sich das Licht nicht
täuschen lässt. Es kann nur das Licht werden, ER-LEUCHTET
werden, was angesehen wurde.
Ihr scheut euch sehr oft davor, doch es ist ein großer Segen
darin verborgen. Stellt euch nur vor, je mehr Schatten ihr euch
anseht, desto mehr kommt ihr in eure Kraft, in eure wahre Ge-
sundheit und Vollständigkeit. Und meistens ist der Schatten gar
nicht so groß. Ihr wisst doch, dass ein Schatten oft größer aus-

81

sieht als das, was in Wirklichkeit dahintersteckt.

Und so sind es eure Gedanken, die den Schatten wachsen lassen, dabei sitzt er ganz klein und unschuldig in der Kellerecke und wartet nur darauf, von euch umarmt zu werden.

Es ist eine gute Zeit, hinzusehen. Ihr kommt ohnehin nicht drumherum, denn wenn ihr nicht in den Keller geht, kommt der Keller hinauf.

Noch ist es bei den meisten von euch ganz gut steuerbar, doch irgendwann wird der Keller so voll sein, dass er überquillt, und dann wundert euch nicht über heftige emotionale Ausbrüche.

Sollte dies der Fall sein, sucht euch Unterstützung, wir sind immer für euch da, ihr müsst nicht alles alleine bewältigen.

Die Begrenzungen werden sich mehr und mehr lösen, denn es ist an der Zeit, die Fesseln zu erkennen, die euch im Keller gefangen halten.

Es sind Fesseln, die aus euren eigenen Gedanken und Emotionen bestehen.

In Liebe und Hochachtung vor dem Weg eurer Meisterschaft,

St. Germain."

Seelengespräch:
Befreiung aus Manipulationsmustern

Die Welt ist eine Illusion, und unser Weg der Bewusstheit führt über das Erkennen zu unserer individuellen Freiheit. Um diesen Weg gehen zu können, dürfen wir uns zunächst bewusst werden, was alles Illusion und Manipulation ist, um dann unser wahres Selbst erkennen zu können. Anhand des Beispiels „Streifen am Himmel" möchte ich hier zeigen, wie man sich aus Manipulationsmustern befreien kann.

„Ich sehe wieder diese extremen „Kondensstreifen" kreuz und quer am Himmel – ist das für mich gefährlich?"

„Nein für dich nicht. Nur für die Menschen, die nicht bewusst sind."

„Heißt das, durch das bewusste Hinsehen und Erkennen hat es keine Wirkung mehr auf mich?"

„Ja, ganz genau. Die Bewusstheit löst die Manipulation auf, und die Illusion zerfällt. Ist die Illusion zerfallen, hebt sich die Wirkung auf, auch wenn du sie noch immer sehen kannst."

„Warum sehe ich sie, wenn sie mich nicht mehr beeinflussen können?"

„Weil du dich in einer Ebene befindest, in der beide Welten sichtbar sind."

„Kann ich meinen Lichtfreunden etwas weitergeben, damit sie auch aus dem Einflussbereich herauskommen?"

„Die meisten sind schon mutig genug, um hinzusehen, da bedarf es nur noch des bewussten Energieentzugs, damit sie die Manipulation nicht weiterspeisen."

„Also hinsehen, erkennen und die eigenen Energie herausziehen? Nur noch beobachten, aber sich nicht identifizieren?"

„Ja, so ist es. Ihr werdet durchaus noch mit den Schadstoffen in Kontakt kommen, allein schon durch eure Ernährung, und sei sie noch so biologisch – es ist ja der gleiche Himmel. Bei dem einen oder anderen schlägt es auf die Atemwege oder auf das Gemüt, doch das ist nur dann der Fall, wenn das Resonanzfeld nicht vollständig geheilt ist."

„Wie kann ich das Resonanzfeld heilen?"

„Indem du hinschaust und erkennst, welche Emotionen und Seelenerinnerungen damit angesprochen werden, zum Beispiel Manipulationsmuster früherer Inkarnationen usw. Sind diese geheilt, ist es auch das Resonanzfeld. Fühlen und transformieren, mein liebes Sein."

„Danke, liebe Seele."

Erzengel Azrael: Heilen des Resonanzfelds

Ausstieg aus der Manipulation – Der Weg in die Freiheit

„Ich grüße euch, meine Lieben, mein Name ist Erzengel Azrael, und ich kenne mich gut in Belangen dieser Art aus, sodass ich euch gerne behilflich bin.

Manipulierbar seid ihr nur, wenn ihr ein Resonanzfeld dazu habt. Ihr könnt nur Dinge in euer Leben ziehen, von denen Entsprechungen in euch gespeichert sind. Ist der Resonanzraum nicht geheilt, das heißt, sind eure eigenen Themen nicht geheilt, dann helfen alle magischen Auflösungsrituale nicht.

Magie mit Magie zu bekämpfen hat noch nie zu einem guten Ergebnis geführt. Magie zieht Magie an, und Magie ist, mag sie auch noch so gut gemeint sein, IMMER eine Form von Manipulation, denn sobald ein Wesen Einfluss auf ein anderes Wesen nehmen will, ist das Manipulation. Ihr dreht euch im Kreis, denn die Energie wird dadurch immer wieder gegeben.

Dieses setzt Täter und Opferbewusstsein voraus – so erkennt, inwieweit ihr immer noch Opfer oder vielleicht doch Schöpfer seid. Schaut euch genau an, inwiefern ihr mit dem Thema Manipulation in Resonanz geht.

Was macht es mit euch?
Seid ihr wütend, habt ihr Angst, fühlt ihr euch ohnmächtig?

Das sind uralte Themen, und ihr könnt sie nur heilen, wenn ihr alles transformiert/fühlt, was in euch ist, das diese Dinge anzieht.

Schafft Frieden mit dem „Feind", der in Wirklichkeit euer Freund ist, weil er euch zu Heilung und Erkenntnis verhilft.

Manipulation und Macht über euch Menschen auszuüben ist nur möglich, wenn ihr zuvor eure Macht abgegeben habt. Also ist es an der Zeit, euch eure Macht zurückzuholen. Das tut ihr, indem ihr eure Themen heilt und eure Energie dort herauszieht. Geht in die Selbstermächtigung.

Es geht darum, die Situation anzunehmen und zu erkennen, dass euch damit ein Geschenk gemacht wurde, um Heilung herbeizuführen.

Habt ihr euer Resonanzfeld durch Fühlen der damit in Verbindung stehenden Emotionen geheilt, kann all das nicht mehr greifen.

Denkt immer daran: Ein Magnet hält nicht an einer glatten Wand ohne entsprechendes Gegenstück.

In Liebe,
Erzengel Azrael."

Die Engel des Wandels: Die Flügel der Freiheit

„Lasst euch beflügeln.

Das Stirb und Werde-Prinzip zeigt sich in jedem Jahr in der Natur. Schaut, wie im Herbst die Bäume ihre Energie zurückziehen und die Blätter freigeben, um im Frühjahr mit voller Kraft zu erstrahlen.

So ist es auch in euch. Zunächst darf etwas in euch sterben, um Platz für Neues zu schaffen. Es ist nicht möglich, etwas festzuhalten, denn alles hat Flügel und ist in Bewegung. Ihr habt die freie Wahl, wie ihr damit umgehen wollt, ihr könnt euch wehren und euch daran klammern, oder ihr gebt euch hin und lasst zu, dass das Leben Veränderung ist, und freut euch auf das Neue, das auf euch zugeflogen kommt.

Und das, was kommt, ist das, was ihr zuvor ausgesät habt.

Ihr habt die Wahl, das zu genießen, was da ist, die Leere zu genießen, die da ist, frei davon zu sein, wenn etwas davongeflogen ist, und auch zu genießen, wenn Neues auf euch zukommt. Oder aber ihr hadert damit.

Es ist eure Sichtweise, die eure Lebensumstände bestimmt, nicht die Lebensumstände sind es. Erkennt den Segen in jeder Situation. Und erkennt, dass ihr selbst es seid, die ständig im Wandel sind.

Ihr selbst habt Flügel.
Wir zeigen sie euch nun.
Gleich werdet ihr eure Flügel spüren.
Spürt in euren Rücken.

Wir werden euch jetzt kurz eure Flügel spürbar machen. Nehmt JETZT eure Flügel wahr. Die Energie in dieser Botschaft vermag es, euch eure eigenen Flügel bewusst zu machen.

Nehmt wahr, wie mit jedem Atemzug eure energetischen Flügel ein Stück zu wachsen beginnen.

In Liebe,
die Engel des Wandels.“

♥♥

St. Germain: Transformation –
Auflösung alter Vorstellungen

„Meine Lieben, ich grüße euch mit wichtigen Neuigkeiten. Das Jahr 2017 eignet sich sehr gut, um sich neu zu orientieren und sich von Altem zu lösen.

In dieser Zeit und darüber hinaus seid euch meiner Unterstützung gewiss, denn es geht nun verstärkt um die Auflösung alter Vorstellungen, damit ihr den Weg der göttlichen Freiheit beschreiten könnt, und das werde ich mit meinen Energien begleiten.

So wundert euch nicht, dass ihr plötzlich Dinge infrage stellt, die noch vor kurzem eurer Wahrheit entsprochen haben. Eure Wahrheiten werden sich neu sortieren, bei den einen mit Leichtigkeit, bei den anderen mit Schmerz, je nachdem, wie ihr bereit seid, euch dem Prozess hinzugeben.

Es wirkt sich auf verschiedene Lebensbereiche aus, vor allem auf Beziehungen aller Art. Das kann mit vielen Symptomen einhergehen, denn wenn sich alte Vorstellungen lösen, lösen sie sich auch aus eurem Energiesystem, was zu erheblichen Schwankungen führen kann.

Die energetischen Schwankungen können sich in Schwindel zeigen, denn die alte Vorstellung kommt euch nun vor wie ein Schwindel, und über ihn kann sie sich lösen. Die alten Vorstellungen suchen sich auch andere Wege, um sich lösen zu können, doch viele von euch werden es körperlich spüren. Je mehr ihr euch hingebt und bereitwillig loslasst, desto leichter wird es ablaufen.

Spürt in euch, ob ihr bereit seid, neue Vorstellungen hereinzulassen und den Weg der göttlichen Freiheit zu beschreiten und ob ihr offenbleibt für das, was kommt, ohne begrenzende, einschränkende Vorstellungen.

Besonders möchte ich euch ans Herz legen, die Möglich-keiten der energetischen Reinigung zu nutzen, denn das wird den Ablöseprozess immens erleichtern.

Ich habe eigens hierfür vor einiger Zeit dem Medium eine besondere Meditation übergeben, die ihr dazu nutzen könnt.

Weiterhin ist es hilfreich, in Kontakt mit eurer Seele zu tre-ten, um so genaue Informationen zu erhalten, was ihr zurzeit benötigt.

In Hochachtung und Liebe,
St. Germain."

♥♥

Reinigungsmeditation von St. Germain (Kurzanleitung)

Diese Meditation ist als geführte Meditation mit Energie-übertragung auf CD und als Download erhältlich. Es ist eine sehr intensive und tiefgehende Meditation.

Nach einer ausführlichen Erdung folgt mit Hilfe der vio-letten Flamme eine Reinigung deines Körpers, deiner Energie-körper und deiner Chakren (neben den Hauptchakren werden auch zum Beispiel das Seelenchakra, das Luinachakra, das Thy-muschakra und die Handchakren gereinigt), damit du dich von allem befreien kannst, was du nicht mehr benötigst, zum Bei-spiel Altlasten, Sorgen, Ängste, Nöte, Gelübde (Kirche), Glau-benssätze, Fremdenergien. Die Meditation sollte im Liegen durchgeführt werden, möglichst direkt auf dem Boden.

Anleitung

- Schließe die Augen und spüre in deinen Körper hinein.
- Spüre die Verbindungspunkte zur Erde, wo genau berührt dein physischer Körper den Boden?
- Lass die Erdenergie durch diese Verbindungspunkte in dich einfließen.
- Rufe die violette Flamme von St. Germain.
- Nimm wahr, wie die violette Flamme beginnt, durch deinen Körper zu wandern und deine Chakren zu reinigen. Atme dabei jeweils aus, was dich belastet.
- Lass die violette Flamme deine Aura reinigen.
- Genieße das Gefühl der vollkommenen Befreiung und hülle dich nun in ein goldenes Schutzei. Damit bekommst du eine zweite Haut, die dich vor Fremdeinflüssen schützt.
- Sinne noch einmal nach: Wovon hast du dich heute befreit? Sicher fühlst du dich nun um einiges leichter. Du kannst diese Übung jederzeit wiederholen, sei gewiss, dass immer nur so viel gehen kann, wie du bereit bist, gehen zu lassen.
- Bitte nun St. Germain, die entstanden Freiräume mit der Ur-Liebe aufzufüllen.
- Beende die Meditation und schreibe dir deine Erlebnisse auf.

2018

Herzensqualität GEDULD

(Erzengel Gabriel und Serapis Bey)

Qualitäten

Die Energiequalität des Jahres 2018 entspricht in etwa dem 4. göttlichen Strahl.

Annahme, Auferstehung, Ausrichtung, Ausgewogenheit, Abschied, Abwarten, Demut, Durchlichtung, Entscheidungen, Entschleunigung, Entspannung, Entgiftung, Erkenntnis, Fluss des Lebens, Frieden, Gleichmut, Gelassenheit, Gnade, Geburt, Geduld, göttlicher Nullpunkt, Neutralität, Heilung, Hingabe, Hoffnung, Harmonie, Inneres Kind, Innenschau, Meditation, Kreativität, Klärung, Klarheit, Lichtkörperprozess, Loslassen, Motivation, Neubeginn, Offenbarung, Offenheit, Ordnung, Reinheit, Regeneration, Resonanz, Schwangerschaft, Spiegelung, Selbstreflexion, Schutz, Schönheit, Sein, Trauer, Trost, Tod, Veränderung, Verkündung, Vollkommenheit, Werte, Zuversicht.

Engel und Meister dieser Energiequalität

Erzengel Gabriel – Engel der Offenbarung
Meister Serapis Bey – Meister der Klarheit
Erzengel Azrael – Engel des Übergangs

Farbe

Weiß, Kristallweiß, Altweiß, Schneeweiß, Wollweiß

Serapis Bey: Die Integration der göttlichen Herzensqualität Geduld

„Ihr universellen Lichtmenschen, seid ihr bereit, euch zu öff-
nen für das Jahr 2018 und die Herzensqualität der Geduld in
euer Leben zu integrieren?

So will ich, Meister Serapis Bey, euch nun den göttlichen
Nullpunkt näherbringen, denn er ist auch für euch erreichbar.
Dieses Jahr 2018 wird euch den Weg dorthin zeigen, denn von
hier aus ist alles möglich, von hier aus seid ihr in eurer Mitte,
Beobachter eures Lebens, und doch mitten im Leben.

Der Schlüssel zur Herzensqualität der göttlichen Geduld ist
die Entwicklung des Gleichmuts, der dem göttlichen Nullpunkt
am Nächsten kommt.

Doch was genau ist dieser Nullpunkt, von dem wir hier spre-
chen?

Es ist die Mitte von Allem-was-ist, das Auge des Sturms, der
Ort, an dem die Pole verschmolzen sind, fernab der Dualität.

Diesen Ort könnt ihr nicht außerhalb eures Selbst entdecken,
denn er liegt IN euch wie Alles-was-ist. Er ist auch erreichbar,
wenn ihr mit eurem physischen Körper noch in der Dualität ver-
weilt, denn der göttliche Nullpunkt ist ein Bewusstseinszustand,
den ihr gemeinsam mit eurer Seele erreichen könnt, ohne dabei
euren Körper zu verlassen. Dieser Punkt liegt außerhalb von In-
formationen und Emotionen, hier kommt alles zusammen, so-
dass es NICHTS ist.

Eine gute Basis, um die wahren Botschaften zu empfangen,
die zum Beispiel zu eurer oder der Heilung anderer Menschen
führen können. Hier sind keine Urteile, keine Emotionen, hier
herrscht pure Neutralität, und so ist vollkommene, reine Wahr-
nehmung möglich, frei von jeglichem Einfluss.

Ihr könnt euch auf diese Ebene begeben, um aus dem allumfassenden Bewusstsein heraus Situationen, Menschen, Themen, Krankheiten und vieles mehr zu verstehen und das Wissen, die Erkenntnis in euch und anderen zu aktivieren, sofern sie von sich aus eine Frage zu ihrem Thema formulieren können. Hier gibt es nichts zu tun, es ist ein Bereich vollkommener Wahrnehmung.

Die wahren Herzensgefühle sind ein wichtiger Teil dieser Wahrnehmungen, sie werden immer aktiv bleiben, denn sie sind immer im JETZT und aktuell, bezogen auf die Situation, sie sind nicht gespeist von alten Emotionen.

Doch wie ist dieser Zustand zu erreichen?

Überhaupt nicht, meine Lieben. Denn wenn ihr danach strebt, werdet ihr den Nullpunkt nicht erkennen, weil euch menschliche Wünsche und Emotionen im Weg stehen und das Bewusstseinsfeld verdecken.

Der göttliche Nullpunkt ist der Ort der Wunschlosigkeit, der Zielfreiheit, des absoluten Seins, und er ist auch nur durch dieses zu erreichen.

So will ich euch den Gleichmut näherbringen, da er dem Nullpunkt sehr nahekommt.

Stellt euch vor, ihr geht mit einem Thema, das euch zuvor stark belastet hat, nicht mehr in Resonanz, ihr habt alle Emotionen durch Fühlen geheilt, und somit ist kein Resonanzraum mehr vorhanden, womit ihr dieses Thema noch anziehen könntet. Was fühlt ihr dann zu diesem Thema?

Es fühlt sich neutral, frei von emotionaler Regung an, ihr seid im Frieden. Das ist keine Gleichgültigkeit, sondern GLEICHMUT – eine göttliche Eigenschaft, die ausdrückt: „Alles darf sein" und „alles ist richtig so, wie es ist." In diesem Zustand seid ihr dem göttlichen Nullpunkt bereits sehr nahe.

Habt ihr 51 Prozent eurer Emotionen transformiert, dann überwiegt das Licht, es sind 51 Prozent eurer Themen geheilt, und ihr hegt das Gefühl des Gleichmuts in euch. Ab hier ist die Wahrnehmung des göttlichen Nullpunkts möglich. Je mehr Gleichmut ihr in euch spürt, desto mehr spürt ihr auch die Präsenz in euch. Ihr braucht nicht zu suchen, es kommt zu euch.

Ich will noch einige Worte zu den Polen sagen, denn die Pole haben immer zwei Seiten, die letztlich eins sind, doch ihr könnt die Pole nur dann vereinen, wenn ihr beide Seiten gleichermaßen durchlebt und durchfühlt habt.

Ein Beispiel ist der Hass, der tiefe Abneigung gegen euch selbst beinhaltet. Warum gegen euch selbst? Weil alles euer Spiegel ist, und was ihr gegen andere hegt, hegt ihr in Wahrheit gegen euch selbst. Wenn ihr Menschen nicht eure tiefste Abneigung gefühlt habt, werdet ihr nicht die tiefste Zuneigung fühlen können, da eins das andere bedingt. Ihr könnt die eine Seite nur so intensiv erleben, wie ihr die andere Seite erlebt und gefühlt habt. Versteht ihr?

Habt ihr beide Seiten bis zum Anschlag durchfühlt und damit transformiert, können sich diese Pole vereinen.

Wenn sich der negative Pol neutral anfühlt, dann vereinen sich die beiden Pole, und ihr tretet in den göttlichen Nullpunkt ein, denn die Pole überwinden die Dualität und treten mit euch zusammen in die Einheit. Das erfolgt Pol für Pol, Thema für Thema, bis alles in der Einheit ist.

Meine Lieben, das mag euch wie ein weiter, fast unerreichbarer Weg vorkommen, doch das Jahr steht ja auch unter dem Stern der Herzensqualität GEDULD, und diese dürft ihr zunächst integrieren. Bedenkt, es bedarf nur 51 Prozent, um den göttlichen Nullpunkt wahrnehmen zu können, und von hier aus geht eure Entwicklung rasant.

Fast alle, die diese Zeilen lesen, sind bereits weit über diese 51 Prozent hinaus. Woran ihr das merken könnt? Die Dinge fügen sich immer mehr, ihr werdet immer bewusster, ihr könnt keine Dinge mehr tun, die nicht eurer Wahrheit entsprechen, ihr erkennt die Illusionen, ihr kommt immer mehr in Kontakt mit eurer Seele und eurem Höheren Selbst, ihr fühlt euch immer erfüllter, und ihr habt die Suche, die euch über viele Leben umtrieb, in euer Inneres verlegt.

Habt GEDULD, meine Lieben, es wird alles so geschehen, wie es die Schöpfung für euch vorgesehen hat.

Betrachtet die Herzensqualität der Geduld aus einer neuen Perspektive. Indem ihr loslasst, wird der Fluss des Lebens schneller fließen, als wenn ihr versucht, ihn zu lenken.

Euer Leitsatz für das Jahr 2018, der euch gut durch diese Zeit bringen wird, ist folgender:

Ich bin einverstanden mit ALLEM-was-ist.

Bedenkt: Die göttliche Geduld ist Gleichmut in Vollendung.

Gelassenheit, Loslassen und Entschleunigung sind weitere Themen des Jahres 2018. Also macht langsamer, je eiliger ihr es habt. Lasst geschehen und nutzt dieses Jahr für die Meditation, die Innenschau, die Kontemplation, und ihr werdet immer mehr im SEIN sein und die Impulse aus dem göttlichen Bewusstseinsfeld wahrnehmen und umsetzen können.

Vertraut, wie auch wir euch vertrauen.

Segensreiche Grüße aus den Reichen des Lichts, euer euch ergebener Meister Serapis Bey.“

Geduld –
Erstens kommt es anders, und zweitens...

Ich würde mich nicht gerade als geduldig bezeichnen, jedoch habe ich mit der Zeit erfahren, dass die Dinge dann geschehen, wenn sie reif dafür sind, und dass ich mit meiner Ungeduld die Entwicklung eher blockiere, weil ich festhalte, kontrollieren will oder unbedingt ein bestimmtes Ergebnis herauskommen soll.

Seitdem ich diese Dinge loslassen kann, ist es gar nicht mehr so schlimm mit der Ungeduld. Ich habe gelernt, dass sich alles viel schneller entwickelt, wenn ich vertraue und loslasse.

Und das Tolle ist, dass mir seitdem oft Dinge (im positiven Sinn) geschehen, die ich mir mit meiner wirklich großen Fantasie nicht hätte träumen lassen. Die Schöpfung hat erstaunlich gute Ideen. ☺

Ich lasse los, indem ich mich immer wieder daran erinnere, dass die Schöpfung schon weiß, was gut für mich ist, und wenn ich mich wieder beim Gedankenkreisen und bei Wunschträumen erwische, dann sage ich bewusst STOPP und begebe mich ins JETZT, ins SEIN (siehe Übung in der Einleitung).

Mir ist inzwischen bewusst, dass dahinter sehr oft mein bockiges, kleines Inneres Kind steckt, das unbedingt seinen Willen durchsetzen will. Dabei möchte es einfach nur in den Arm genommen werden, denn es hat manchmal noch Angst und glaubt, alles kontrollieren zu müssen.

Ich durfte hier schon sehr viel Heilung erfahren, denn je mehr Vertrauen ich entwickeln durfte, desto entspannter wurde auch mein Inneres Kind. Doch zum Vertrauen und auch zum Inneren Kind kommen gesonderte Kapitel.

Wie ist das, wenn du ungeduldig bist?
Was fühlst du dann?
Spürst du dieses innere Kribbeln, als wenn du zu viel Kaffee getrunken hättest?
Spürst du die Unruhe?
Spannung?
Vorfreude?
Angst vor dem Neuen und gleichzeitig der Wunsch nach Veränderung?

Wenn du ungeduldig bist, dann finde deine innere Mitte wieder. Gehe in einen meditativen Zustand, das ist dein natürlicher Seinszustand.

Die Mitte ist dort, wo der Sturm plötzlich still wird.
Die Mitte ist dort, wo dein HERZ ist.
Dein Herz ist dort, wo deine SEELE ist.

FÜHLE – Alles ist in göttlicher Ordnung.
Das Einzige, was beständig ist, ist die Veränderung – schmiede keine Pläne, sondern gib dich dem Fluss des Lebens hin.

Dann wirst du auch geduldiger werden...

Erzengel Gabriel: Durch Balance den Herzensweg in die Einheit gehen

„Wir grüßen euch aus den friedvollen Reichen der Liebe. Ich bin Erzengel Gabriel, und ich lade euch ein, Geduld und Balance in eurem Herzen zu spüren.

Wir lassen nun die Energie fließen. Atmet sie in euer Herz und spürt, wie sie sich, einer Sonne gleich, ausbreitet.

Voller Wärme, voller Kraft.

Nehmt das Glück wahr, den Funken in eurem Herzen, der freudvoll diese Energie entgegennimmt.

Spürt, wie dieser Funke weitere Funken entzündet und euer gesamter Lichtkörper beginnt, sich immer mehr auszugleichen, um das pure Glück zu spüren.

Nehmt wahr, wie ihr, verbunden zwischen Himmel und Erde, als Bindeglied verankert steht und ganz in eurer Mitte seid.

Diese innere Balance kann euch niemand nehmen.

Seid ihr in der Balance, seid ihr in eurer Mitte, und das ist die Voraussetzung für die göttliche Herzensqualität Geduld.

Stellt euch eine Waage vor, wie ihr sie zu früheren Zeiten benutzt habt. Auf der einen Seite der Waage ist das, was ihr als Licht seht, und auf der anderen Seite ist das, was ihr als Schatten wahrnehmt. Und doch sagen wir euch, dass diese beiden zusammengehören, denn ihr könnt nur in die Einheit finden, wenn beide Seiten der Waage ausgeglichen sind.

So kämpft nicht mehr gegen die Schatten an.

Ihr richtet euch so intensiv auf das Licht aus, dass ihr zum Teil vergessen habt, dass ihr nicht den wahren Weg in die Einheit gehen könnt, wenn ich nur nach dem Licht strebt. Es ist nicht der Lichtweg, der euch zum Ziel führt, sondern es ist der Herzensweg, der alle Pole vereint und euch zur Einheit geleitet.

99

Der Lichtweg kann auch ohne Herzensöffnung beschritten werden, doch er führt nicht zum Ziel, zur Einheit mit Allem-was-ist, denn der Lichtweg ist Trennung, ist Dualität, da er den Schatten ausschließt. Das bedeutet, dass ihr mit dem bloßen Lichtweg ohne Herzöffnung nun an eure Grenzen stoßt.

Die Einheit von Allem-was-ist findet ihr nicht, wenn ihr immer mehr Leichtigkeit auf die eine Seite der Waage legt, denn die andere Seite zieht euch immer tiefer hinunter.

Die Waage gleicht sich erst aus, wenn ihr die Trennung aufhebt, und macht den Weg in die Einheit frei, wenn beide Pole integriert worden sind. Der Herzensweg liegt in der Mitte, in der Verschmelzung der Pole.

Nichts ist gut oder schlecht, es IST einfach.

So seht euch immer beide Pole an, zum Beispiel die Geduld und die Ungeduld – nur wenn ihr beides gleichermaßen anerkennt, werdet ihr innere Ruhe finden und die Dinge geschehen lassen können.

Die Pole sind nur Ausdruck ein und derselben Qualität, und ihr könnt die wahre Einheit nur erfahren, indem ihr alles erfahrt.

Es geht nicht darum, euch tief hineinzubegeben, sondern beide Seiten bewusst wahrzunehmen. Dann ist die Waage ausgeglichen, und ihr befindet euch im Fluss des Lebens – alles fließt, alles fügt sich. Das ist der Herzensweg in die Einheit.

So erklärt euch einverstanden mit dem, was IST, denn alles andere kostet euch Energie, das Hin- und Herüberlegen, das Abwägen, das Verdrängen, das Wegsehen, die Unentschlossenheit...

Ein Morgen existiert nicht, warum also zerbrecht ihr euch den Kopf?

Nehmt das an, was IST, und vertraut darauf, dass die Schöpfung unfehlbar ist.

Wenn ihr das beherzigt, werdet ihr ein wundervolles, glück-
liches Jahr 2018 verbringen, denn ihr lasst das Leben durch euch
hindurchfließen und schreitet auf dem Herzensweg.
Nehmt alle Aspekte wahr und erkennt, dass ihr durch die
Verschmelzung der Pole die Einheit erkennen könnt.

So sprechen wir nun einen Segen aus, der euch in der Tiefe
eurer Seele berühren darf:

Möget ihr Licht und Schatten vereinen, sodass ihr den wahren Herzensweg in die Einheit erkennen könnt.

Namasté und danke für euer Sein,
Erzengel Gabriel."

Meditieren fällt dir schwer? Dann lies das hier...

Meditation... ja, davon hast du sicher schon gehört.

Gehörst du auch zu den Menschen, denen es schwerfällt,
sich einfach ruhig hinzusetzen und still zu sein? Dann haben wir
ja schon etwas gemeinsam.

Ich sage immer, dass es Sternzeichen bedingt ist, Wasser-
frauen zum Beispiel sind einfach zu hibbelig, sodass ich einfach
die Form von Still-hinsetzen-und-nichts-tun-Meditation nicht
wirklich gerne mache. Und wenn ich etwas nicht gerne mache,
also keine Freude dabei habe, dann kann es nicht mein Weg
sein.

Ich habe andere Wege für mich gefunden, von denen ich dir gleich mehr erzählen möchte, denn vielleicht ist auch etwas für dich dabei. Meditation ist SEIN, das habe ich bereits zu Beginn beschrieben, und für mich ist das immer noch die einfachste und effektivste Möglichkeit, ganz bei mir, in meiner Mitte zu SEIN, denn hier habe ich Kontakt zu meiner Seele, und es gibt keinen Grund für Unruhe und Ungeduld.

Alles IST, sonst nichts. Und deine Wahrnehmung verstärkt sich immens.

Aber zuerst eine wichtige Frage:
Wozu ist Meditation gut?
Worin liegt der Sinn?

Für mich bedeutet Meditation nichts anderes, als bewusste Aufmerksamkeit auf das, was gerade IST. Das heißt, wenn ich absolut im JETZT bin, ganz bewusst im Moment, nicht denke, sondern einfach nur BIN, dann ist das eine Form von Meditation. Dann ist das der Seinszustand, der eigentlich unser natürlicher Zustand ist.

Natürlich?

Ja, denn wir sind göttliche Wesen, vielleicht erinnerst du dich dunkel daran ☺..., und tun, denken, handeln usw., sind Phänomene der Dualität. Unser wahres Wesen ist im SEIN und handelt dann, wenn es den Impuls dazu erhält. Aber wir können diese Impulse eben nur wahrnehmen, wenn wir einen Raum erschaffen, aus dem das innere Plappermaul für einen Moment ausgesperrt wird, um die Botschaften der Quelle überhaupt empfangen zu können.

In der Meditation sind wir ganz wir selbst, es geht nicht darum, in ferne Welten abzuheben, sondern vielmehr darum, den „stillen See" in uns wahrzunehmen.

Sind wir uns einig, wenn ich sage, dass wir alle gerne mit Leichtigkeit auf unserem Seelenweg wandeln wollen und uns klare, deutliche Führung wünschen?

Du hast doch bestimmt auch schon einmal um ein deutliches Zeichen gebeten, und dann um ein noch deutlicheres, und um ein noch deutlicheres – aber hast du einen Raum erschaffen, in dem sich dieses deutliche Zeichen überhaupt bemerkbar machen konnte?

Deshalb kommen auch viele Informationen im Traum, weil unser Verstand dann keine Kontrolle hat über das, was geschieht.

Wer oder was ist diese Führung, und wo hat sie sich versteckt?

Du kannst es die Stimme Gottes, Quantenfeld, Schöpfung, Quelle, Nullpunktfeld, großes Bewusstsein oder Geistige Welt nennen. Das ist die Führung, die wir aber nicht irgendwo im Außen finden, also suche erst gar nicht, sondern nur IN uns wahrnehmen können. Und wenn ich wahrnehmen sage, dann meine ich nicht aktives Suchen, sondern bewusstes Sein.

Wenn wir suchen, dann legen wir so sehr den Fokus auf die Suche, dass wir daran vorbeilaufen. Begeben wir uns jedoch in einen meditativen Zustand, sind wir so aufnahmefähig, dass ES zu uns kommt – von ganz allein.

Was können wir tun, um diese Führung wahrzunehmen?

Eben nichts tun, sondern SEIN.

Vielleicht hast du ab und zu Wünsche ans Universum, eine Bitte an die Engel oder sprichst ein Gebet – all das geht in eine Richtung –, aber damit etwas zurückkommen kann, dürfen wir dafür Platz machen.

Wenn du auf eine Eingebung wartest, wird sie nicht kommen, sie kommt dann, wenn du sie nicht mehr festhältst. Überlege mal: Wie soll sich etwas bewegen, wenn du es festhältst?

Das ist übrigens auch ein Killer in Sachen Liebe: Wenn wir einen Menschen festhalten, kann er sich nicht weiterentwickeln, und wir schlagen ihn eher noch mehr in die Flucht, wenn wir ständig an ihn denken und ihn in unserem Gedankenkarussell mitfahren lassen. Das wiederum hat etwas mit Vertrauen zu tun, aber das ist ein Kapitel für sich.

Wenn die Führung dir etwas mitteilen möchte und dein Gedankenkarussell vor lauter Gedanken so laut quietscht, dass du nicht zuhören kannst, dann warten die Impulse so lange, bis du das Karussell angehalten oder zumindest geölt hast, damit sie einen Zugang zu dir bekommen.

Also was können wir tun?

Das Gedankenkarussell für einen Moment anhalten und auf Empfang gehen. Oder deine Aufmerksamkeit auf etwas IN dir, aber außerhalb des Gedankenkarussells richten.

Das ist schwer?

Dann hast du noch nicht die richtige Methode für dich gefunden, denn es darf leicht gehen, es sei denn, du schleppst noch alte Glaubenssätze mit dir herum, wie zu Beispiel: „Es braucht jahrelange Übung, ich kann so etwas nicht, ich bin nicht gut genug."

Es geht also darum, für dich einen Weg zu finden, das Gedankenkarussell entweder auszublenden oder, besser noch, anzuhalten, damit die Führung, die Quelle, Gott oder die Schöpfung zumindest eine kleinen Impuls hineinpflanzen kann, der dir vielleicht nicht zugleich bewusst ist, der jedoch in dir reift und eines Tages in dein Bewusstsein gelangt. Also erwarte nicht, dass du gleich die besten Eingebungen hast, denn diese dürfen reifen. Wenn man etwas Übung darin hat, kann folgendes passieren:

Ich wurde mitten am Tag plötzlich sehr müde, das passiert meistens dann, wenn ich mir irgendetwas angucken oder fühlen soll. Ich setzte mich aufs Sofa, schloss die Augen, ließ meine Gedanken ziehen und war bewusst im JETZT, indem ich meinem Atem folgte. Und schon rollten die Tränen, und es kamen Informationen und Erkenntnisse in mein Bewusstsein.

Inhaltlich ging es darum, dass ich plötzlich ganz klar einen Namen im Kopf hatte, und ich wusste, dass es mein verstorbener Sohn aus einer früheren Inkarnation war (in diesem Fall konnte ich Genaueres sogar im Internet recherchieren), und es war völlig klar, wer dieser Mensch im jetzigen Leben ist. Das erklärte für mich einiges, denn da war immer noch ein unerklärlich tiefer Schmerz, der sich durch diese Erkenntnis jetzt auf Seelenebene lösen durfte.

Erwarte jetzt nicht gleich solche Erlebnisse, aber wisse, dass auch du das kannst.

In der Stille, im Jetzt, sind wir offen für Eingebungen, Impulse unserer Seele und Botschaften. Gerade beim Channeln ist das der wichtigste Part, denn Channeln ohne bewussten Empfang ist unmöglich. Hierzu biete ich übrigens auch eine Ausbildung an.

Verschiedene Methoden, um auf Empfang zu gehen

Ich bin sicher, hier ist auch etwas für dich dabei.

Nein, ich sitze nicht im Schneidersitz, ich lehne mich bequem und mit möglichst geradem Rücken an die Rückenlehne meines Sofas.

Grundsätzlich meditiere ich immer im Sitzen, denn im Liegen bekommt der Körper „Schlafinformationen", und Schlafen ist etwas anderes als Meditieren.

Ich mache keinen großen „Hype" ums Meditieren, denn ich tue es ständig, unabhängig von Ort und Zeit. Die Supermarktkasse eignet sich genauso gut wie der Wald oder das Sofa.

Was ich dann mache?

Ich bin einfach bewusst im JETZT, und damit im SEIN. Ich beobachte, was IST, mehr nicht.

Nun aber zu den verschiedenen Methoden.

Geführte Meditation

Das ist eine wunderbare Variante, um bestimmte Themen anzugehen. Du findest auf meiner Website **www.die-seeleninsel.de** unter „Geschenke für die Seele" eine große Anzahl an kostenlosen geführten Meditationen, teilweise mit Energieübertragungen. Probiere es aus.

Stille Meditation

- Den Atem beobachten.
- Die Aufmerksamkeit auf einen Körperteil lenken.
- Auf eine brennende Kerze schauen.
- Mantra rezitieren oder ein gesungenes Mantra hören.
- Malen, zum Beispiel Zentangle (verschiedene Muster mit schwarzem Stift auf Papier malen).

Meditation im Alltag

- Bügeln,
- Abwaschen,
- bewusstes Gehen, zum Beispiel im Wald (das mache ich einmal im Monat, und ich fühle mich danach, als ob ich zwei Wochen Erholungsurlaub gehabt hätte),
- Supermarktkasse.

Also, lieber Mensch: Es gibt keine Ausreden mehr.

Ich höre nichts...
Ich nehme nichts wahr...
Ich bekomme keine Antwort...

Das alles hat nur einen Grund:
Du hörst nicht zu und erschaffst keinen Raum, in dem Empfangen möglich ist.

Was spricht dagegen, dir einmal am Tag ein Zentangle vorzunehmen oder bewusst im Jetzt zu sein? Das kostet keine Zeit, kein Geld, und du wirst dafür auch noch reichlich belohnt.

Nur bitte tu dir selbst den Gefallen und halte nicht fest, denn wenn du dich hinsetzt und darauf wartest, dass eine Information kommt, dann erzeugst du Druck, und wie reagierst du auf andere, die Erwartungen an dich haben oder dich unter Druck setzen? ☺

Einfach offen sein, ohne etwas zu wollen, das ist der Schlüssel, und wenn es nur zehn Sekunden am Stück sind, das sind zehn Sekunden, in denen ein Impuls Zugang zu dir findet, der dich vielleicht dahin führt, wo du schon immer hin wolltest. Klasse, oder?

Also fang gleich an und lies diesen Text noch einmal, und zwar ganz bewusst, Wort für Wort. Tue nichts anderes, sei jedes Wort, sei der Text und spüre, wie erholsam das sein kann. Das ist Seelennahrung pur, ein Geschenk von dir an deine Seele. Was glaubst du, wie sie sich freut, dass sie auch einmal entspannen kann.

Und welche wunderbaren Informationen kommen können, wenn man einen Bergkristall in die Hand nimmt, ihn bewusst wahrnimmt und ihm einige Fragen stellt, erfährst du jetzt.

Die Botschaft des Bergkristalls

„Lieber Bergkristall, du bist nun schon seit einem Jahr bei mir. Mir ist bewusst, dass du nicht ohne Grund zu mir gekommen bist, und doch klappte bisher die Kontaktaufnahme zu dir nicht. Vor ein paar Tagen hatte ich das Bedürfnis, dich unter fließendem Wasser zu reinigen und dich in die Sonne zu legen. Und heute liege ich in der Sonne, und da fällt mein Blick auf dich. Deshalb starte ich heute einen neuen Versuch und bitte dich um Kontakt. Sag mir doch bitte, warum bist du bei mir?"

Sofort hatte ich das Bedürfnis, den Kristall auf Höhe meines Herzchakras zu halten. Ich schloss die Augen und sah kristalline Energie in unbeschreiblichen Facetten glitzern.

„Ja, meine Liebe, ich musste erst einmal bei dir ankommen. Meine Energien durften sich setzen, und für uns Steine ist ein

Jahr eine kurze Zeit dafür. Dort, wo ich herkomme, war zu Hause, wir waren alle miteinander verschmolzen. Doch dann wurden wir getrennt, wir wussten, dass dies unsere Bestimmung ist, doch die Trennung schmerzte sehr. Alle, die ihr diese Zeilen lest, wisst, was ich meine, ihr kennt das selbst sehr gut. Wir wurden auseinandergerissen von lieblosen Menschenhänden, die vordergründig Profit mit uns witterten, doch das war ihre Bestimmung, sie erwiesen damit ihren Dienst an der Menschheit, deshalb urteilt nicht vorschnell über Dinge, deren Hintergründe ihr nicht erahnen könnt. Urteilt am besten überhaupt nicht, denn nichts geschieht ohne Sinn.

Wir wurden in alle Länder der Erde geschickt. Der Trennungsschmerz war groß, und lange schlief ich in den Regalen der Händler, bis der Weckruf kam. Ich wurde zu dir getragen, weil du Hüterin eines kristallinen Lichtpunkts bist. An allen kristallinen Lichtpunkten der Erde ist nun ein Mensch mit seinem Kristall verbunden. Es sind große Bergkristalle, wie ich es bin, und Menschen, denen teilweise noch nicht bewusst ist, welche Bedeutung ihr Kristall hat. Doch das wusstest du ja bis eben auch nicht. Deshalb ist es wichtig, diese Botschaft weiterzutragen, damit alle Lichtpunkte durch die Verbindung Mensch, Kristall und Sonne aktiviert werden können. Eine vollständige Aktivierung steht noch aus, weil es der Bewusstheit der Menschen bedarf. Die Menschen, die diese Botschaft lesen und einen Kristall meiner Art in ihren heiligen Räumen verwahren, werden nun aufhorchen und den Kontakt suchen. Sei ihnen behilflich, meine Liebe."

„Wow! Ich bin ganz sprachlos. Da dachte ich, ich meditiere ein bisschen mit dir in der schönen Sonne, und dann kommen solche Informationen. Der Kreis schließt sich. Ich beginne im-

mer mehr zu verstehen, was mein Ursprungsname „Saviera –
Botin der heilenden Kristalle" bedeutet. Unglaublich. Aber sag,
was hat es mit den kristallinen Lichtpunkten auf sich?"

*„Ja so ist es. Saviera, Botin der heilenden Kristalle. Trotz
der physischen Trennung von uns Kristallen sind wir energetisch
verbunden. Wir dienen mit unseren heilenden Energien dazu,
die Verbindung der Menschen zu Allem-was-ist herzustellen.
Es bedarf der Aktivierung durch Meditation, Sonne, Kristall und
Mensch. Diese Aspekte aktivieren die Verbindung, und der Kristall verbindet sich mit den anderen Kristallen. Ein heilendes Energiefeld der Verbundenheit zu Allem-was-ist entsteht. Doch es ist
keine Vernetzung, denn ein Netz hat Löcher, durch die die Energien entweichen können. Aus einem Netz könnt ihr fallen und
nicht erkennen, wen es wirklich nährt.*

*Durch die Verbindung der kristallinen Lichtpunkte entsteht
eine tragende Membran, die gleichmäßig alles umhüllt, ohne
einzuengen und ohne dass jemand hindurchfallen könnte. Diese Membran, dieses kristalline Energiefeld, wird bald die ganze
Erde umspannen, und jeder, der sich auf Seelenebene bereiter-
klärt, wird sich auf die kristalline Membran einschwingen und
damit auf Zellebene mit der allumfassenden Verbundenheit
schwingen.*

*Du als Botin der heilenden Kristalle kennst nun unsere Ver-
bindung, das ist der Grund meines Hierseins. Deine heilende kristalline Energie wird sich mit wachsender Fläche des kristallinen
Energiefelds intensivieren und neue Arten der Heilung möglich
machen.*

*Ich danke dir, dass du meinen Impulsen gefolgt bist, das
Sonnenlicht hat in unserer Meditation nun deinen kristallinen
Lichtpunkt aktiviert, und wenn du in mich hineinfühlst, kannst*

du die heilende kristalline Membran der Verbundenheit wahr-
nehmen. Trage die Botschaft hinaus, damit dadurch allumfas-
sende Verbundenheit bei allen Lichtwesen auf Gaia entstehen
kann."

„Ich bin überwältigt von dieser Energie, ja, ich fühle mich so verbunden wie noch nie und kann die Membran wahrnehmen. Danke, lieber Stein, und danke, liebe Mama, dass du ihn zu mir gebracht hast."

Vielleicht hast du auch einen Bergkristall zu Hause. Dann wirst du ihn jetzt wohl mit anderen Augen sehen – es hat einen Grund, warum er bei dir ist. Und ein Bergkristall kann uns Geduld lehren.

♥♥

Geschehen lassen – Meditation für göttliche Geduld und Gleichmut (Kurzanleitung)

Diese Meditation ist als geführte Meditation auf CD und als Download erhältlich.

In unserer heutigen Leistungsgesellschaft haben wir oft das Gefühl, etwas TUN zu müssen. Das führt zu Stress, Hektik, innerer Unruhe und Unausgeglichenheit. In der folgenden Meditation geht es ums Geschehen-Lassen, ums Beobachten und um die Erkenntnis, dass vieles geschieht, ohne dass wir etwas tun. Unser Herz schlägt, wir atmen ein und aus, Tag und Nacht wechseln sich ab.

111

Diese Meditation kann helfen, den stressigen Alltag loszulassen, um wieder mehr bei sich anzukommen. Alles, was auf unserem Weg liegt, wird geschehen – warum also nicht einfach mal LOSLASSEN?

Anleitung Meditation Geschehen lassen

- Schau, dass du bequem sitzt. Du musst nicht entspannt sein. Schließe nun die Augen und tue nichts.
- Werde zum Beobachter. Lass los.
- Du tust nichts, dein Herz schlägt, dein Atem fließt. Nimm es wahr. Du tust nichts –, und es geschieht.
- Der Mond löst die Sonne ab. Die Sternschnuppen fallen. All das geschieht einfach, ohne dass du daran etwas ändern kannst. Es IST einfach.
- Nun schau: Was lässt du in deinem Alltag nicht zu? Was versuchst du zu beeinflussen?
- Unsere Außenwelt ist der Spiegel unserer Innenwelt. Was stört dich an deiner Außenwelt? Welchen Spiegel hält dir deine Außenwelt vor?
- Der Schmetterling schlüpft aus seinem Kokon, wenn er bereit dazu ist. Lass geschehen.
- Sprich still für dich: „Ich bin Beobachter. Ich bin ganz bei mir und lausche den Impulsen meiner Seele und meines Herzens. Ich gebe mich dem Leben hin."
- Nimm das Gefühl des Geschehen-Lassens mit und komme langsam wieder zurück in den Raum.

2019

Herzensqualität FÜLLE

Erzengel Omniel und Sanat Kumara

Qualitäten

Die Energiequalität des Jahres 2019 entspricht in etwa dem 12. göttlichen Strahl.

Ausgleich der Dualität, Ausdehnung, Balance, Bewusstseinserhöhung, Einheit, Entfaltung, Erfüllung, Erneuerung, Fantasie, Fähigkeiten, Frieden, Fülle, Freiheit, göttliche Ordnung, Grenzenlosigkeit, Großzügigkeit, Heilung der Seele, Himmel auf Erden, Höheres Selbst, Inneres Kind, Ich-Bin-Gegenwart, Kommunikation, Kreativität, Meisterschaft, Resonanz, Reichtum, Schöpferbewusstsein, Sinn, Spiritualität, Spiegelung, Sanftmut, Seelenheilung, Träume, Transformation, Tatkraft, Unendlichkeit des Seins, Umwandlung, Verbindung, Vermittlung, Verbundenheit, Vollendung, Vollkommenheit, Verjüngung, Vertrauen, Vision, Wissen, Wiedergeburt, Zufriedenheit.

Engel und Meister dieser Energiequalität

Erzengel Omniel – Engel der Vollkommenheit
Meister Sanat Kumara – Meister der Schöpferkraft
Lady Venus Kumara – Meisterin der Schönheit
Die Engel der Fülle

Farben

Opal, Perlmutt, Bläulich schimmernd bis Grün-silber, durchscheinend, transparent, schimmernd, leuchtend, kristallin in verschiedene Farbschattierungen

Erzengel Omniel und Lady Venus Kumara: Die Integration der göttlichen Herzensqualität Fülle

„Ja, liebe Lichtseelen, reich beschenkt werdet ihr in diesem Jahr 2019, vorausgesetzt, ihr nehmt diese Geschenke auch wahr. Es grüßen euch Lady Venus Kumara und Erzengel Omniel.

Die Geschenke des Jahres 2019 findet ihr im Außen höchstens als Spiegel eures Selbst, denn bedenkt: Wer dankbar ist für das, was er/sie hat, dessen Dankbarkeit trägt weitere Früchte.

Dieser Mensch, der da für sich selbst Wertschätzung hegt und sich seines eigenen Wertes bewusst ist, den Wert in Allem-was-ist erkennt und mit Worten und Gesten auszudrücken vermag, wird Wertschätzung ernten.

Ja, ihr Lieben, es ist und bleibt immer so: Ihr erntet, was ihr sät, und die Aussaat findet immer IN euch statt.

Dankbarkeit und Wertschätzung sind der Schlüssel zur Fülle. Die Energie der Fülle lässt sich nicht manipulieren oder beeinflussen, sie wird euch immer im Außen spiegeln, was wahrhaft in euch vorgeht.

So zeigt das Jahr 2019 euch auch, wo ihr euch vielleicht noch selbst betrügt, ohne es bewusst zu bemerken, denn ihr Menschen könnt euch sehr gut Dinge einreden, die ihr dann eines Tages glaubt. Ihr werdet nicht in die göttliche Fülle finden, wenn ihr nicht in eure tiefsten Tiefen taucht und von Grund auf alles anerkennt, was euch in den Mangel geführt hat.

Ihr könnt nur das heilen und loslassen, was ihr kennt. So schaut immer wieder auf die Früchte, die ihr im Außen ernten könnt.

Wie ist euer Umfeld beschaffen?
Sind dort Menschen, die ihre Rechnungen nicht bei euch bezahlen?
Sind dort Menschen, die nehmen, ohne etwas dafür zurückzugeben?

Dann schaut in den Spiegel und erkennt, dass es die Wertschätzung euch selbst gegenüber ist, die euch hier gezeigt wird. Die anderen Menschen sind große Heiler für euch.

Seid ihr abhängig von Ämtern oder Arbeitgebern?
Wie fühlt sich das an? Seid ihr im Frieden damit, oder fühlt ihr euch unfrei und unter Druck?
Gönnt ihr anderen Menschen das Leben in der Fülle, oder spürt ihr tief in euch beißenden Neid?

Schaut euch die Emotionen an, es sind immer alte Themen, die hier angesehen werden wollen, und gerade beim Thema Wertschätzung, will euch euer Inneres Kind daran erinnern, dass es nur Liebe erfahren hat, die an Bedingungen geknüpft war.
Als Kinder habt ihr früh gelernt, dass ihr nur dann geliebt, beschenkt, belohnt werdet, wenn ihr das tut, was andere von euch verlangen. Bei vielen von euch geht es sogar so weit, dass sie spüren, nur eine Daseinsberechtigung zu haben, wenn sie dafür etwas leisten.

Geht ihr mit diesen Worten in Resonanz?

So sagen wir euch: All-Ein-SEIN ist euer wahres Selbst, und um dieses erfahren zu können, erinnert euch daran, wer ihr wirklich seid, und verbindet euch wieder mit eurer inneren Quelle.

Diese zu finden ist eine der möglichen Aufgaben im Jahr 2019, was ihr nun angehen könnt, ganz nach euren Impulsen.

Noch etwas Wichtiges sei hier gesagt:
Ihr liegt vollkommen im Zeitplan der Schöpfung, es kann gar nicht anders sein, und so möchte die Schöpfung, dass ihr euch jetzt mit dem Thema Fülle beschäftigt, denn sonst würdet ihr diese unsere Worte, die in Schrift ausgedrückte Energie von Lady Venus Kumara und Erzengel Omniel, jetzt nicht lesen.

Vollkommenheit – ja, es ist ein Jahr, in dem die Vollkommenheit in euch und auch in jedem anderen Wesen spürbar werden kann. Erkennt, dass alles vollkommen ist – doch anders, als ihr es je erträumen konntet.
So erkennt das Präsent in euch und im anderen, ja, seid für andere ein Präsent, indem ihr präsent seid. Seid da, seid vollkommen da, das ist Wertschätzung auf höchster Ebene.
Es geht um das Geben aus tiefstem Herzen. Es geht nicht darum, was ihr gebt, sondern um eure Absicht. Macht das, was ihr tut, aus Liebe und Freude, denn das ist wahre Fülle.
Habt ihr die Absicht, nur „die schnelle Mark" zu machen, ohne dabei Freude zu empfinden und ohne wahrhaft lichtvoll zu wirken, werden eure Absichten Früchte tragen, und diese werden sehr bitter schmecken.
Ihr, die dieses lest, seid bereits so weit entwickelt, dass ihr nicht mehr nach 3D-Mustern handeln könnt, auch nicht auf der Ebene des Geldes. Der Geldfluss hat sich verändert, und um hier mitzuschwimmen, bedarf es Bewusstheit, Reinheit und Freude, denn sonst werdet ihr in diesem Fluss der Geldenergie untergehen, auch wenn ihr zuvor noch so hohe Abzeichen errungen habt, die euch bescheinigen, wie gut ihr schwimmen könnt.

Die neuen Energien lassen sich nicht betrügen. Nur wer wahrhaft rein in seiner Absicht ist, wird die Herzensqualität der göttlichen Fülle integrieren und in der neuen Geldenergie schwimmen können.

Wir reichen euch Schwimmflügel, ihr Lieben, habt keine Sorge, wir zeigen euch den Weg, lauscht nur unseren Impulsen, niemand muss diesen Weg alleine gehen.

Doch noch einmal zurück zum präsenten Präsent.
Hinzu kommt ein weiter wesentlicher Bestandteil:
das Geben.

Das Geben erhält eine neue Qualität, und so gilt es, euch das bedingungslose Geben anzueignen, gerade dann, wenn ihr wenig zu geben habt. Egal, ob ihr in der Fülle oder im Mangel seid. Gebt ihr ohne das Gefühl der Liebe und der Freude, kommt das Präsent bei den Beschenkten nicht gut an, ihre Seelen spüren sofort, wenn darin keine wahre Herzensenergie fließt. Der Weg ist der Bewusstseinszustand des bedingungslosen Gebens, ohne etwas zurückzuerwarten. Wobei die Bedingungslosigkeit ein fernes Ziel ist, das ihr in voller Kraft auf Erden nicht leben könnt – also erwartet das nicht von euch.

Und hier sind wir, meine lieben Lichter, bei der ErWARTung, indem ihr bereits das Wort „warten" erkennen könnt. Gebt ihr und wartet dabei auf ein Dankeschön, auf eine Gegenleistung oder auf Anerkennung, schreit euer Inneres Kind nach Aufmerksamkeit und möchte geliebt werden. So nehmt dieses Kind in dem Arm, anstatt zu erwarten, dass ein anderer es tut.

Erwartungen jeglicher Art schüren die Ängste in euch, die euch im alten Geldfluss festhalten, der für euch nicht mehr funktionsfähig ist. Sie setzen den Beschenkten unter Druck.

Geben aus der Freude heraus, ohne jeden „Hintergedanken", ist keine leichte Lernaufgabe für euch Menschen, doch nur so kommt ihr in den neuen Energiefluss. Und wo das Geben ist, da gehört auch das Annehmen dazu.

Spürt einmal nach: Wie gut könnt ihr bereits bedingungslos annehmen, ohne das Gefühl zu haben, eine Gegenleistung erbringen zu müssen, obwohl diese nicht einmal gefordert ist?

Ja, 2019 wird ein spannendes Jahr für euch, doch wir begleiten euch gerne durch diese Zeit und zeigen euch den Weg zur Integration der Herzensqualität Fülle.

In Liebe,
Lady Venus Kumara und Erzengel Omniel

♥♥

Der spirituelle Konsument und das Leben in der Fülle

Mir begegnen immer wieder spirituell arbeitende Menschen, die traurig und enttäuscht darüber sind, dass viele ihre Angebote nur nutzen, wenn sie kostenlos sind. Ja, du wirst staunen, es gibt immer noch Menschen, die glauben, spirituelle Arbeit müsse grundsätzlich kostenlos sein. Sobald der spirituell Wirkende dafür eine Wertschätzung verlangt, bekommen er kein „Gefällt mir" mehr auf Facebook, keine Rückmeldungen auf Newsletter, geschweige denn Buchungen.

Ich war auch eine von diesen traurigen, enttäuschten spirituell Arbeitenden, und irgendwann kam das Ende der Täu-

119

schung. Ich nenne dieses Phänomen völlig wertfrei „spirituellen Konsum". Es wird alles mitgenommen, was geht, doch irgendwann merkt der Konsument, dass viel nicht immer viel hilft. Wenn man alles in sich hineinstopft und konsumiert, ohne viel zu hinterfragen, schneidet man sich letztlich ins eigene Fleisch, denn man wird kaum eine Wirkung oder Veränderung verspüren. Spirituelle Entwicklung kann nur durch Eigenarbeit und eigene Erkenntnis geschehen, und das ist nur möglich, wenn man die genutzten Angebote wertschätzt, genießt und wirklich mit ihnen arbeitet. Und der Fluss des Lebens verlangt immer das zurück, was wir ihm entnommen haben.

Ja, das ist ein sehr interessantes Klientel, und ich gebe ehrlich zu, dass es Zeiten gab, in denen ich mich darüber aufregte. Es machte mich traurig, wütend, und ich fühlte mich verletzt..., nein, eigentlich mein Inneres Kind.

Es hatte ja seinen Grund, warum ich damit so in Resonanz ging. Und so durfte ich mir meine nicht geheilten Dinge zum Thema Fülle ansehen. Nach und nach transformierte ich all meinen Mangel und kam immer mehr ins Vertrauen und damit in die Fülle.

Wichtig ist immer, dass wir ab und an unsere Motive überprüfen. Warum tue ich das, was ich tue, warum mache ich diese spirituelle Arbeit? Einfach aus der Freude heraus, oder weil ich Anerkennung suche oder glaube, dass ich dafür nichts nehmen darf, oder weil ich einfach nur Geld verdienen will? Im Übrigen gilt das auch, wenn du keinen spirituellen Beruf hast, sondern einen ganz normalen Job machst oder arbeitslos bist und dich im Mangel fühlst. Solange nicht die Liebe und die Freude im Vordergrund stehen, werden kaum Menschen kommen beziehungsweise wird Geld nicht gerne zu dir fließen.

Ich habe meine Motive vor langer Zeit geklärt und tue nur noch das, was mir FREUDE macht. Und wenn ich in der Freude bin, bin ich auch in der Fülle. Klar, es gibt immer noch „spirituelle Konsumenten", die meine kostenlosen Angebote nutzen, doch es macht mir nichts mehr aus, denn ich weiß, sie werden irgendwann erkennen, dass Konsum ohne Wertschätzung, die von Herzen kommt, sie nicht dorthin bringt, wo sie hinwollen. Und vielleicht durfte ich sie ein wenig auf dem Weg der Erkenntnis begleiten. Nichts geschieht ohne Grund. Der spirituelle Konsument hat hier genauso seine Lernaufgaben wie der spirituell Arbeitende.

Wie ist das nun mit dem Geld für spirituelle Arbeit?

Wenn man im Fluss des Lebens angekommen ist, gleicht sich alles irgendwann aus. Ich verbringe mindestens die Hälfte meiner Arbeitszeit, die durchaus nicht mit einer normalen 40 Stunden Woche zu vergleichen ist, mit kostenloser spiritueller Arbeit, und es ist alles im Fluss. Weil es MIR Freude macht, folge ich diesem Weg, und nur darum. Und der Fluss des Lebens bringt mir dann auch die Wertschätzung in Form von Geld durch die persönliche Arbeit mit Menschen, zum Beispiel Kurse, Channelings, Einweihungen.

Eins ist für mich klar:

Für meine Arbeit nehme ich gerne Geld, denn es ist das zurzeit gültige Zahlungsmittel. Mein Vermieter und der Supermarkt um die Ecke nehmen nun mal keinen anderen Ausgleich. Und Geld ist Energie und Wertschätzung.

Ich bin es mir wert, Geld anzunehmen, nicht zu vergessen ist, dass das Geld, das ich für spirituelle Arbeit bekomme, ein Ausgleich für die Zeit ist, die ich für die Kurse, Skripte usw. aufbringe. Würde ich dafür kein Geld bekommen, müsste ich einem anderen Beruf nachgehen und könnte niemanden mehr bei seiner spirituellen Entwicklung unterstützen. Heilung, Einweihungen, spirituelle Arbeit usw. sind nicht mit Geld aufzuwiegen, aber die Zeit, die man dafür verwendet, schon.

Ich denke, wer spirituell arbeitet und dafür kein Geld annimmt oder bekommt beziehungsweise wer für spirituelle Arbeit nichts bezahlen will, der hat die Fülle noch nicht für sich angenommen, und dann frage ich mich: Wie spirituell ist jemand, der nicht in der Fülle ist?

Ich möchte hier nicht werten und urteilen, es ist einfach nur eine Frage, die zu tiefen Erkenntnissen führen kann. Für mich jedenfalls drückt sich die spirituelle Entwicklung eines Menschen auch in der Fülle aus, in der er lebt. Und Fülle darf auch materiell sein, es geht nicht um überflüssigen Konsum, sondern Fülle ist, wenn ich mich im Fluss des Lebens befinde und alles, was ich benötige, zu mir fließt. Es ist immer genug von allem da, und es ist nicht notwendig, etwas zu bunkern, denn es fließt.

Seitdem ich nichts mehr festhalte, bringt der Fluss des Lebens mir wunderbare Geschenke. Ich lebe zwar nicht in großem materiellem Reichtum, aber doch so, dass für mich gesorgt ist.

Ich habe lange gebraucht, das überhaupt offen sagen zu können, weil mir ein Teil von mir ein schlechtes Gewissen einreden wollte: Ich könnte doch nicht von meiner inneren und äußeren Fülle erzählen, wenn andere Menschen im Mangel leben. Oh doch, ich kann, und zwar, um anderen Menschen zu zeigen, dass es möglich ist, vom Mangel in die allumfassende Fülle zu gelangen, und zwar ohne dass es falsch verstanden wird.

Ich fühle mich erfüllter als je zuvor, und ich weiß, dass Fülle auch dein Geburtsrecht ist. Entdecken dein göttliches Wesen!

Und nun bin ich ganz er-füllt von Freude über meinen Mut, diese Gedanken in Worte zu fassen.

Ich danke dir fürs LESEN. ♥

Die Engel der Fülle:
Die Fülle wahrnehmen in Allem-was-ist

„Die Engel der Fülle begleiten euch in diesen Tagen, denn wir wollen euch die Fülle eures Lebens zeigen. Viele von euch sind immer noch im Mangeldenken verhaftet und sehnen sich nach Dingen, die in der vermeintlichen Zukunft liegen.

Wenn... dann.

Doch das wird nicht eintreten. Die Zukunft existiert nicht, und so wundern sich viele, warum ihre Wünsche sich niemals erfüllen. Es gibt nichts, was euch daran hindert, JETZT, in diesem Moment, die Fülle zu fühlen, außer euren alte Mangel-Programme, die euch glauben machen wollen, dass ihr nie genug habt und immer nach mehr streben müsst.

JETZT ist alle Fülle da, ihr braucht sie nur zu fühlen, und die Freude darüber wird dann die materiell sichtbare Fülle in euer Leben ziehen. Schaut euch in der Natur um, seht die grenzenlose Fülle um euch herum. Dankt und wertschätzt das, was ihr habt.

Der Fluss der Fülle ist immer in Bewegung, denn Leben ist Veränderung, und Veränderung ist Bewegung. Nur wenn alles harmoniert, wenn Geben und Nehmen im Einklang sind, ist alles ausgeglichen und fließt.

Es ist immer für euch gesorgt. Bedenkt, dass irgendwann alles ausgeglichen wird. Gebt ihr nichts in den Fluss hinein, wird nichts zu euch zurückfließen. Deshalb gebt immer mindestens genauso viel in den Fluss hinein, wie ihr bekommt, sonst würde es eine Bereicherung auf Kosten anderer darstellen, und euer Fluss wird versiegen. Wenn ihr eure Fülle dem Fluss des Lebens übergebt ohne festzuhalten, wird die Fülle zu euch fließen können. Sobald ihr festhaltet, Depots anlegt und es in eurem Sparschein einsperrt, blockiert ihr den Lebensfluss.

Fülle könnt ihr nicht horten. Ihr könnt die Fülle so wenig einsperren wie die Liebe.

Gebt ihr Mangel, Angst usw. in den Fluss, führt das zu Blockaden im Lebensfluss, und das führt zu blockiertem Seelenkontakt, zu blockierten Lebenssituationen, bis hin zu blockiertem Körperfluss, was sich dann in Form von körperlichen Krankheiten ausdrücken kann. Also ist es wichtig, diesen Lebensfluss wieder zum Fließen zu bringen, damit wieder Harmonie und Ausgleich herrschen. Deshalb beachtet die kosmischen Gesetze und denkt und fühlt Fülle in jedem Moment. Geht nicht durch die Regale der Supermärkte und denkt: Das kann ich mir nicht leisten, sondern fühlt, dass ihr alles haben könntet, aber nicht alles braucht, um glücklich zu sein.

Schenkt einem Menschen etwas mit dem Gefühl der Fülle, und es wird zu euch zurückkehren.

Fülle ist ein Kreislauf, der nur dann zu euch zurückkehren kann, wenn ihr den Fluss nicht festhaltet, sondern vertrauensvoll loslasst, in dem Wissen, dass für euch gesorgt ist.

Unser Segen ist mit euch in dieser Zeit.
Die Engel der Fülle."

Der Weg in die Fülle –
Die Geschenke in Allem-was-ist erkennen

Wie man so schön sagt, liegt in der größten Dunkelheit die Geburtsstunde des Lichts. Und im tiefen Mangel liegt die Geburtsstunde deiner inneren und äußeren Fülle.

Mangel ist Dunkelheit, Fülle ist Licht. Es sind wieder zwei Seiten derselben Medaille, denn es sind die Pole von ein und demselben.

Dunkelheit ist ja an sich nichts Schlimmes, sie darf da sein, es ist eben die andere Seite, die wir alle in uns tragen. Und es ist nur die Abwesenheit von Licht. Wenn wir die Dunkelheit zulassen, sie wahrnehmen, ihr Aufmerksamkeit schenken, wird es auch wieder heller.

Genauso ist Mangel nichts Schlimmes, nur deine Wertung macht es zu etwas Negativem. Mangel kann auch gut sein, damit man sich wieder auf die wahren Werte besinnen kann. Es ist immer eine Frage der Sichtweise.

Ein kleines Licht der Fülle ist immer vorhanden, das kleine Licht beleuchtet dir den Bereich, den du dir ansehen darfst, damit das Licht der Fülle größer werden kann.

Auch in tiefer Dunkelheit, in tiefem Mangel wirst du dieses Licht finden, du brauchst dich nur dafür zu öffnen, dann wirst du schnell sehen, dass dort ein großes Geschenk verborgen liegt.

Wir wissen alle, dass eine Kerze einen ganzen Raum heller machen kann. Wenn wir also mit unserem inneren Licht in die dunklen Ecken leuchten, sie ansehen und vor allem fühlen, werden sie von alleine hell.

In der Dunkelheit an sich liegt nichts Bedrohliches, es ist nur die Angst vor dem Unbekannten, und wenn du deinen Mangel erkannt hast und ihn bewusst ansiehst, ist er auch weniger bedrohlich. Kämpfe nicht gegen etwas an, das schon da ist. Wenn du gegen den Mangel ankämpfst, wirst du ihn nur noch verstärken.

Solange du deine dunklen Seiten nicht kennst,
solange wirst du manipulierbar sein.

Das, was du kennst, hat deshalb keine Macht mehr über dich, weil du es durch dein Bewusstsein jederzeit verändern kannst. Solange der Mangel mit Emotionen der Angst oder anderem gefüttert wird, kann er nicht gehen. Hinter Mangel steckt meistens eine tiefe Existenzangst, die mit der Frage einhergeht, ob du überhaupt eine Daseinsberechtigung hast.

So beängstigend manche Dinge auch sein mögen, es ist notwendig hinzusehen, damit du bewusst deine Energien dort hinausziehen kannst, was wiederum nur geht, wenn du dir die Emotionen, die dadurch ausgelöst werden, anschaust und sie fühlst. Mache das Nicht-Annehmbare annehmbar, indem du es fühlst.

Wo sind denn nun die Geschenke?

Durch die Bewusstwerdung der eigenen Verhaltens- und Glaubensmuster, der eigenen Schattenthemen usw. führst du dich selbst aus dem Kreislauf des Mangels heraus. Indem du dich selbst zuständig fühlst und nicht mehr auf Rettung von außen hoffst, bist du nicht mehr länger Opfer, sondern wirst zum Schöpfer und kannst deine Wunden selbst heilen.

Das Geschenk ist die absolute Freiheit, unabhängig von Altlasten. Deshalb versuche einmal in nächster Zeit, ALLES, was dir begegnet, als Geschenk anzusehen, auch wenn es manchmal schmerzhaft ist. Dieser Schmerz ist alt und will angesehen werden, und das Geschenk erinnert dich daran.

Das Geschenk kann auch ein Mensch sein, der alle möglichen Knöpfe bei dir drückt und dich wütend, traurig oder sonst was macht. Eigentlich ist es ein Engel, der dir das große Geschenk der Selbsterkenntnis macht. Hier heißt es natürlich dran bleiben, denn es hat sich eine Menge angehäuft, und es braucht Zeit, diese Dinge zu lösen.

Also nimm deine Mangelgedanken wahr, nimm wahr, dass du vielleicht nur noch wenige Euro in der Tasche hast und beginne zu fühlen, was das in dir auslöst. Geh hindurch, und am Ende, wenn die heftigsten Emotionen abgeebbt sind, fühlst du dich geläutert und befreit. Dann hole dir deine Energie zurück, einfach mit deiner bewussten Entscheidung.

Nutze deine Schöpfermacht und fühle, wie die Energie, die zuvor in diesen alten Emotionen festgebunden war, zu dir zurückfließt. Sicher reicht das nicht, wenn du es ein oder zweimal machst (wenn du jeweils eine Null dranhängst, ist es realistischer), aber es geht mit jedem Mal leichter, und du kommst immer mehr in deine Kraft. Und je mehr Mangel transformiert ist, desto mehr Fülle kann in dir wohnen.

Die Liebesbeziehung mit der Geldenergie

Wenn du die alten Themen durch Fühlen gelöst hast, die alten Glaubensmuster, die dir erzählen wollen, dass du es nicht wert bist, du nicht mehr verdient hast, es dir nicht zusteht usw., dann sieh dir deine Beziehung zu Geld an.

Was fühlst du, wenn du Geld in der Hand hast? Fühlt es sich schmutzig, unangenehm an?

Wenn sich etwas nicht gut anfühlt, dann transformiere bitte wieder durch Fühlen. Optimal ist es, wenn sich das Geld zunächst für dich neutral anfühlt. Geld ist Energie, Geld ist Wertschätzung, Geld ist Dankbarkeit, Geld ist Liebe. Deshalb beginne eine Liebesbeziehung mit dem Geld. Lade es in dein Leben ein, heiße es willkommen, dann wird es auch gerne bei dir sein. Mit Geld ist es wie in Beziehungen: Halte es nicht fest, denn damit unterbrichst du den Fluss, und es kann nicht zu dir zurückkehren. Gehe also in Kontakt mit dem Wesen des Geldes und sieh es als Freund und Partner an.

Viele Menschen wollen, dass das Geld abgeschafft wird, ich persönlich finde es sehr praktisch, dass ich mich nicht mit Tauschgeschäften herumschlagen muss und meine Klienten nicht mit Hühnern bezahlen. ☺

Ich denke, die Menschen, die das Geld komplett abschaffen wollen, habe keine oder eine negative Beziehung zu Geld. Würden sie diese heilen, würden sie es vielleicht auch als brauchbares Mittel ansehen.

Für mich ist ein Aspekt beim Geld extrem wichtig, deshalb nenne ich meine Preise auch nicht Kosten, Energieausgleich, Honorar oder Ähnliches, sondern ich benenne es als das, was es für mich ist: Eine WERTSCHÄTZUNG für meine Zeit, meine Arbeit, und gleichzeitig eine Wertschätzung und ein Dankeschön an die Geistige Welt.

Hierzu habe ich ein recht interessantes Channeling erhalten:

♥♥

Die Engel und Meister der 12 göttlichen Strahlen: Der Fluss der Fülle

„Es begab sich zu einer Zeit, in der die Menschen nur noch konsumierten, alles mitnahmen, was sie bekommen konnten, ohne jedoch das Einzelne wahrhaft wertzuschätzen.

Ja, so könnte eine Geschichte beginnen, die vor Urzeiten stattfand, damals in der alten Energie, und doch ist sie immer noch aktuell.

Wir möchten mitteilen, dass es uns, der Geistigen Welt – euren Engeln und Meistern –, nicht entgeht, wenn konsumiert wird, nur um des Konsumieren willens. Die Belohnungsbereiche im Gehirn der Konsumenten laufen auf Hochtouren, und doch sind sie, wenn dieser Energieschub des Konsumierens abgeflaut ist, einsamer, unerfüllter und leerer als zuvor.

Konsumieren ist eine Ersatzhandlung, die für kurze Zeit eine Sehnsucht stillt, die immer lauter schreit. Es ist die Suche nach Sinn, die Suche nach Zuhause. Diese Menschen zeichnen sich dadurch aus, dass sie nach dem Erhalt nicht in der Lage sind, ihre Wertschätzung auszudrücken, weil sie den Wert nicht fühlen können.

Wir möchten hier die Bewusstheit fördern, denn auch ihr kennt vielleicht solche Menschen. Sie haben eins gemeinsam: Ihnen ist das Gefühl der Wertschätzung vollkommen abhandengekommen. Die fehlende Wertschätzung ist nichts anderes als fehlende Bewusstheit, gepaart mit verschlossenem Herzen. Und nach Bewusstheit strebt ihr alle, denn ihr wisst, dass es der Weg ist, und dieser Weg ist gepflastert mit wahrhaftigem Hinsehen.

So bitten wir nun jeden Einzelnen von euch, einmal tief in euch zu gehen, wann ihr euch das letzte Mal bedankt, eure Wertschätzung ausgedrückt habt.

Wie bereits erwähnt, ist fehlende Wertschätzung ein Ausdruck von fehlender Bewusstheit und eines verschlossenen Herzens, denn beim Konsumieren wird ausschließlich genommen und aufgesaugt, nicht jedoch verarbeitet und integriert, denn das ist ohne offenes Herz nicht möglich.
Was wir euch hier mitteilen möchten, ist von größerer Wichtigkeit, als es vielen zurzeit bewusst ist.
Erkennt: Das, was konsumiert wird, ohne es wertzuschätzen, ohne einen Herzensdank, möglicherweise auch ohne Ausgleich, wird kaum eine Wirkung in Form von Freude, Liebe oder Weiterentwicklung erzielen.

Viele Menschen wünschen sich eine Welt ohne Geld, doch wie wollen diese Menschen auf dieser Erde in Frieden leben, wenn bisher nur wenige bereit sind, den wahren Wert in Allem-was-ist zu erkennen, zu schätzen und auszudrücken?
Es beginnt bei jedem Einzelnen von euch. Gebt aus offenem Herzen, bedankt euch aus freiem Herzen, und ihr werdet die Fülle erleben, nach der ihr euch so sehr sehnt.

Fülle ist euer Geburtsrecht, vergesst das nicht, euer wahres Wesen ist FÜLLE – alles andere ist Illusion.

Wir danken euch, dass wir diese Worte an euch richten durften. So könnt ihr alle frei im Fluss der Fülle schwimmen, denn es ist genug für alle vorhanden.

Von Herzen Danke für eure Aufmerksamkeit.
Wir sind die Engel und Meister der 12 göttlichen Strahlen."

❤❤

Fülle-Meditation von Sanat Kumara

„Liebe Freunde des Lichts, um euch auf die Fülle einzustimmen, folgt nun eine kleine Meditation.

So schließt eure Augen und verbindet euch in Gedanken mit Sanat Kumara. Denkt einfach an meinen Namen und stellt euch vor, dass euch mein opalblauer Strahl einhüllt.
So ist es geschehen.
Ich, Sanat Kumara, möchte euch unterstützen auf dem Weg in eure Meisterschaft der göttlichen Fülle.
Seid ihr bereit, eure innere Fülle anzunehmen?
Wenn ihr bereit seid, dann sprecht in Gedanken:
„Ich nehme die FÜLLE an, ich lade sie ein in mein Leben – JETZT."

Seid mit allem einverstanden, was JETZT ist, und nehmt die Fülle wahr, die jetzt in euch aktiviert wird.

Nutzt die Energien, die ich euch jetzt sende, um das Goldene Zeitalter der Fülle in euch entstehen zu lassen.

Spürt nun das Potenzial der euch innewohnenden Fülle.

Schaut von oben auf euer Leben und erkennt, was ihr bereits alles verstanden, erkannt und erreicht habt, und, viel wichtiger: Schaut mit Dankbarkeit auf das, was euch das Leben geschenkt hat. Ihr habt ein Dach über dem Kopf, ihr habt genug zu essen... Zählt auf, wofür ihr dankbar seid.

Ihr als multidimensionale Wesen könnt mit Hilfe von mir, Sanat Kumara, auch das Thema Fülle in früheren Leben ansehen. Bittet mich darum, und ich werde es euch zeigen. Vielleicht darf hier noch etwas geheilt werden.

Visualisiert, wie die Lichtstrahlen von mir, Sanat Kumara, in jede einzelne Ebene aus Gegenwart, Zukunft Vergangenheit hineinreichen und das gesamte Potenzial der Fülle in euch erwecken und aktivieren.

Spürt, wie die Energie zu fließen beginnt.

Alles ist mit allem verbunden.

Fühlt die allumfassende Verbundenheit mit der Fülle in eurem Herzen.

Bleibt noch einen Moment in dieser Energie.

Dann kommt ganz langsam wieder in die Gegenwart zurück. Spürt den Boden unter euren Füßen.

Reckt und streckt euch und öffnet eure Augen.

Seid gesegnet mit Fülle und Freude, meine Lieben.

Ich BIN Meister Sanat Kumara."

2020

Herzensqualität HINGABE

Erzengel Uriel und Lady Nada

Qualitäten

Die Energiequalität des Jahres 2020 entspricht in etwa dem 6. göttlichen Strahl.

Ausdauer, Aufrichtigkeit, Annahme, Authentizität, Anziehungskraft, Ausgleich, Barmherzigkeit, Balance, Bejahung, Dankbarkeit, Dienen, Demut, Einverstandensein, Fürsorge, Frieden, Frausein, Vergebung, Gemeinschaft, Güte, Gnade, Gleichgewicht, Gleichmut, göttliche Ordnung, Hingabe, Harmonie, Heilung, innere Stimme, innere Mitte, Innenschau, Kraft, Kreativität, Lebendigkeit, Manifestation, Mitgefühl, Offenbarung, Potenzialentfaltung, Partnerschaft der Neuen Zeit, Reinheit, Selbstlosigkeit, Sinnlichkeit, Selbstvertrauen, Stärke, Selbstüberwindung, Selbstlosigkeit, Sensibilität, Sexualität, Sinnlichkeit, Selbstliebe, Selbstachtung, Seelenpartner, Verwirklichung, Vereinigung, Verschmelzung, Visionen, Vergebung, Weissagung, Weiblichkeit, Würde, Zentrierung, Zusammengehörigkeitsgefühl.

Engel und Meister dieser Energiequalität

Erzengel Uriel – Engel des göttlichen Feuers
Erzengel Ariel – Engel der Unschuld
Lady Nada – Meisterin der Weiblichkeit
Grace – Silberner Strahl der Gnade

Farbe:
Hellrot, Dunkelrot, Weinrot, Rubinrot, Purpur

Erzengel Uriel, Erzengel Ariel und Lady Nada: Die Integration der göttlichen Herzensqualität Hingabe

„Geliebte göttliche Wesen in menschliche Gefäße gehüllt, ich, Erzengel Uriel, möchte zunächst einige Worte an euch richten.

Die Hingabe an das Jahr 2020 ist das zentrale Thema dieser Energiequalität. Doch geht es einher mit weiteren Qualitäten, die integriert werden wollen, um die wahrhafte Herzensqualität der göttlichen Hingabe in eurem Leben wirken zu lassen.

Diese Qualitäten sind: Dienen, Demut, Vergebung, Verantwortung und Gnade.

Die menschlichen Wesen, die sich bereits mit diesen Themen beschäftigt haben, wissen, dass sie dabei die Themen Ego und Schuld nicht umgehen können. Aus diesem Anlass haben wir das Medium gebeten, Hilfestellung zu leisten, mit der ihr leichten Schrittes auf diesem Weg der Transformation zu wandeln vermögt.

Wir möchten euch hier auf einige wichtige Dinge hinweisen: Verteufelt nicht euer Ego und versteckt nicht eure Schuldgefühle unter dem Mantel des Satzes:„In Wahrheit gibt es keine Schuld." Natürlich nicht, ihr Lieben, doch in der Dualität sind diese Emotionen wahrnehmbar und gelten als ziemlich real. So lernt das kennen, was ihr loslassen wollt. Wer sein Ego nicht kennengelernt hat, wird es nicht loslassen können. Ihr dürft es zunächst in den Tiefen erkennen.

Und so, ihr Lieben, verhält es sich auch mit der Herzensqualität der göttlichen Hingabe. Um sich dem Göttlichen hingeben zu können, dürft ihr zunächst euch selbst näherkommen und er-

kennen, wer ihr seid. Dann erkennt ihr, wer oder was die Schöpfung ist.

So ist das Rollenspiel ein wichtiges Thema, das im Jahr 2020 an Bedeutung gewinnt, doch dazu werden wir dem Medium später gesonderte Informationen zukommen lassen.

Also halten wir fest:

Ihr könnt euch nur etwas hingeben, das ihr erkennen, fühlen, wahrnehmen könnt, wenn auch nur für Momente. Es ist genauso wie mit dem Loslassen: Ihr könnt nichts loslassen, was ihr vorher nicht bewusst festgehalten habt, denn ihr wüsstet nicht, was genau ihr in Händen haltet.

Ähnlich ist es mit der Hingabe, denn je mehr Vertrauen in euch entsteht, desto mehr Bewusstsein und Erkenntnis entsteht in euch und desto SELBSTverständlicher erfolgt die Hingabe. Und Hingabe, meine Lieben, hat nichts mit Selbstaufgabe zu tun, Hingabe ist LOSLASSEN und VERTRAUEN auf höchster Ebene.

Das Ego ist es, das kontrollieren will. Erst wenn das Ego, das zu großen Teilen mit eurem nicht geheilten Inneren Kind zusammenhängt, durch Dienen, Demut und Vergebung transformiert wird, kann es das Große Ganze immer mehr wahrnehmen, wird sich entspannen und braucht nichts mehr zu kontrollieren.

Da es sich in diesem Jahr 2020 um sehr weibliche Energiequalitäten handelt, gebe ich nun das Wort an Meisterin Lady Nada."

Lady Nada spricht:

„So, wie Erzengel Uriel spricht, soll es geschehen, und er spricht wahre Worte, denn Hingabe ist DIE weibliche Eigenschaft überhaupt. Nicht dass ein Mann sich nicht hingeben könnte, doch es ist nicht der männliche Teil des Mannes, der sich hingibt, sondern immer der weibliche.

136

Hingabe bedeutet zulassen, nachgeben, loslassen, sich einlassen und vertrauen. Doch auch Schuld, Vergebung und Verantwortung sind hier zentrale Themen, denn wie könntet ihr euch hingeben, wenn ihr Lasten auf euren Schultern tragt?

In dem Wort verANTWORTung könnt ihr ein zentrales Wort erkennen: die Antwort. Das bedeutet, dass dieser Begriff vollkommen bewusstes Handeln beinhaltet, was wiederum bedeutet, eine angemessene Antwort auf Situationen aller Art geben zu können. So dürft ihr auch Verantwortung übernehmen für vergangene Handlungen. Es fällt in eure Zuständigkeit, auch wenn ihr Vergangenes auf eurer derzeitigen Ebene nicht ungeschehen machen könnt. Ihr könnt bewusst zurückblicken und erkennen, dass ihr damals nur das tun konntet, was ihr wusstet, und jeder Mensch in jedem Moment das Beste tut, das er kann.

Durch das frühere Geschehen seid ihr immens gewachsen, und ihr handelt nun bewusster. Aus dieser Sichtweise heraus ist es doch leichter, euch in Selbstvergebung zu üben, oder?

Wie könnte etwas, das ihr damals noch nicht an Erkenntnissen hattet, falsch sein? Werdet still in euch und findet die Antwort.

Betrachtet auch die kosmische Ordnung der Pflanzenwelt. Jede Pflanze hat ihre Aufgabe, sie IST einfach, sie weiß nichts von Schuld und Vergebung, denn sie gibt sich hin. Erkennt, dass nichts planlos wächst. Beobachtet die Natur ganz bewusst und lasst euch von ihrer Ordnung anstecken.

Die Ordnung, die der Pflanzenwelt innewohnt, ist natürlich, frei von Druck, denn sie ist im Sein. Eine Pflanze wächst ganz einfach zum Licht, das ist ihr natürliches Bestreben. Das geschieht, ohne dass sie sich anstrengen muss oder einen Verstand bräuchte, der die Dinge „zerdenkt".

Eine Pflanze befindet sich ganz selbstverständlich im Fluss des Lebens, übersteht Stürme und Überflutungen, denn sie trägt die Hingabe in sich. Hingabe an das Leben. Hingabe an das Licht.

Und so zerbricht sie nicht, sondern reckt sich beständig dem Licht entgegen. Und wenn sie doch einmal niedergetrampelt und herausgerissen wird, dann weiß sie, dass sie in diesem Moment alles gelebt hat, was für sie wichtig war, und übergibt sich freiwillig und im vollkommenen Vertrauen der Erde.

Übt euch darin, euch im Jahr 2020 nach Pflanzenart hinzugeben.

Ich danke euch, dass ich diese Worte an euch richten konnte und gebe nun das Wort an Erzengel Ariel."

Erzengel Ariel spricht:

„Ich bin hocherfreut, diese meine Worte in voller Demut an euch richten zu können.

Die Demut ist eine wichtige Fähigkeit, die ihr im Jahr 2020 und darüber hinaus integrieren könnt.

Erkennt, dass sie aus der inneren Größe und dem Herzen heraus entsteht. Demut ist Liebe, Unterwürfigkeit ist Angst. Demut ist Liebe, Hochmut ist Angst.

In der Demut erkennt ihr die Unvollkommenheit auf menschlicher Ebene, und das lässt euch erst zu vollkommenen Wesen werden, denn ihr verlasst dadurch die Ebene des Egos und könnt eurer wahren Größe näherkommen.

DeMUT ist Mut, der Mut zum Dienen, Mut zur tieferen Einsicht, Mut, euch als Teil des Ganzen zu erkennen und euch nicht über andere zu stellen.

Seid demütig eurer eigenen spirituellen Entwicklung gegenüber und erwartet hinter jedem vermeintlich niedrigen Entwicklungsstand einen Meister, der euch vieles lehren kann.

Um die Herzensqualität der Hingabe wahrhaft im Jahr 2020 integrieren zu können, ist das Dienen ein weiterer Schlüssel. Bedenkt jedoch immer, dass alles zu seiner Zeit geschieht und ihr alle diese Herzensqualitäten noch weit über die nächsten Jahre hinaus vervollkommnen könnt.

So ist das Dienen die egofreie Form des Helfens, denn Helfen hat immer ein Motiv, das einem Mangel entspringt. Stellt ihr euren Dienst in vollem Bewusstsein der Schöpfung zur Verfügung, werdet ihr erkennen, dass es nichts Erfüllenderes gibt. Dienen setzt Demut voraus, Dienen hat keine Erwartungen, es urteilt und wertet nicht, denn es IST.

So lernt in diesem Jahr 2020 dem Höchsten im anderen zu dienen, und ihr dient dem Höchsten in euch, denn es ist Alles-was-ist.

Mit diesen Worten wollen wir euch in das Jahr 2020 geleiten, seid gewiss, wir sind an eurer Seite – jederzeit.

Grüße von Erzengel Uriel, Erzengel Ariel und Lady Nada."

Wer bist du? Mensch, Ego, Kind, Künstler, Heiler oder Lehrer?

Sag, wer bist du eigentlich?

Vater, Mutter, Sohn, Tochter, Mann, Frau, Bruder, Schwester, Arbeitskollege, Konsument, Kunde, Kind, Erfinder, Künstler, Bastler, Verkäufer, Arbeitnehmer, Reiter, Hundefreund, Katzenmutti, Opfer, Täter, Schöpfer usw.

Du kannst die Liste natürlich gerne ergänzen.

Was ich hier aufgezählt habe sind die verschiedenen Rollen, in die du täglich schlüpfst, aber das BIST du doch nicht wirklich, oder?

Also wenn du keine Rolle bist, wer oder was bist du dann?

Bist du dein Körper?
Bist du die Kleidung, die du trägst?
Bist du dein Auto?
Bist du deine Persönlichkeit, die aus vielen verschiedenen Anteilen besteht?
Bist du deine Emotionen?
Bist du die Beziehung, die du mit deinem Partner/deiner Partnerin führst?
Nein, denn du bist die/der, die/der in einer Beziehung lebt.
Bist du dein Verstand?
Nein, du bist der/die, der/die denkt, denn du kannst deine Gedanken beobachten.
Du bist der/die, der/die den Verstand benutzt, also kannst du ja nicht dein Verstand sein, oder?
Hm ja, was nun?
Was bleibt denn dann noch übrig?

Du bist all das, was du nicht beobachten kannst.

Irgendwann wirst du dich immer weniger mit Rollen und anderem identifizieren und deinem wahren ICH BIN immer näherkommen. Es ist das, was übrig bleibt, und danach kannst du nicht suchen, du kannst es nicht finden, denn es ist immer da und leider nur wahrnehmbar, wenn immer mehr um dich herum wegfällt, die Illusionen sich auflösen.

Also geht es hier wieder um Bewusstwerdung, und das geschieht in jedem Moment, dazu musst du nichts tun.

Nun hat die Geistige Welt noch etwas zu diesem Thema zu sagen:

♥♥

Die Engel der 12 göttlichen Strahlen: Die Rollen eures Lebens

„Wir grüßen euch aus den Reichen des Lichts. Wir sind die Engel der 12 göttlichen Strahlen und möchten euch einige Worte zu diesem Thema zukommen lassen.

Es geht in diesem Jahr 2020 zusätzlich zu der Integration der Herzensqualität Hingabe verstärkt um Identifikation, Sein und Schein. So erkennt eure Rollen, die ihr spielt. Legt in diesem Jahr euren Fokus auf die Beobachtung euer Rollen. In welchen Rollen geht ihr auf, wo gebt ihr euch ganz hin, wo seid ihr ganz ihr selbst? Ihr müsst nichts verändern, nur beobachten.

Durch Beobachtung entsteht Erkenntnis, und durch Erkenntnis entsteht Veränderung. Denn wer Rollen spielt, spielt das Spiel mit. Und das Spiel ist Illusion.

Erkennt ihr eure Rollen und Masken, werdet ihr euch bewusst, und Bewusstsein lässt euch das Spiel aus einem anderen Blickwinkel betrachten.

Wechselt ihr die Perspektive, könnt ihr bewusst wählen, welche Rollen ihr noch weiterspielen wollt und welche nicht mehr zu euch gehören. Ihr werdet nicht aufsteigen, es kommen keine Raumschiffe, um euch zu holen, denn das Goldene Zeitalter findet in jedem SELBST statt. Doch solange ihr Rollen spielt, seid ihr nicht ihr SELBST.

Das wahre Selbst ist das ICH BIN.
Das ICH BIN spielt keine Rolle, denn es IST.

So erkennt ihr immer mehr die Illusion und könnt euch lösen. Schubladendenken, Wertung, Verurteilung verabschieden sich, und die höhere Sicht stellt sich ein.
Seid willkommen im Bewusstsein des ICH BIN, öffnet euch dafür, und ihr werdet dem Kern immer näherkommen, denn es ist der Prozess eures Lebens.

Eure Engel der 12 göttlichen Strahlen."

♥

Nachdem du nun erkannt hast, welche brillante/r Schauspieler/in im Spiel des menschlichen Lebens du bist, sieh dir einmal die Rollen genau an. Nur beobachten, wie die Engel es beschrieben haben. Spielst du alle Rollen mit Freude, oder gibt es Rollen, die du ausführst, weil du glaubst, dazu verpflichtet zu sein?

Spüre in jede Rolle hinein, wie fühlt sie sich an?

Wenn sich eine Rolle nicht gut anfühlt, was hindert dich daran, aus dieser Rolle auszusteigen oder sie so umzuschreiben, dass sie dir gefällt?

Ja, vielleicht kann man nicht aus jeder Rolle so einfach aussteigen, aber das schlechte Gefühl, das du dabei hast, kannst du verändern. Nimm dir diese Rolle vor und schau, was genau dich daran so stört. Womit gehst du in Resonanz? Dann kannst du die Emotionen transformieren und die Resonanzräume heilen, damit du etwas anderes in dein Leben ziehst.

♥♥

Das Ego – Die Rolle deines Lebens?

Nun hast du herausgefunden, wer oder was du alles nicht bist, aber es gibt einen Anteil, den wir noch nicht betrachtet haben: das Ego.

Wir sind uns sicher einig, wenn ich sage, dass du nicht dein Ego bist, oder?

Das Ego ist der Anteil von dir, der sich einbildet, von Allem-was-ist getrennt zu sein. Das Ego weiß es nicht besser, es nimmt die Welt der Trennung wahr und handelt aus diesem Bewusstsein heraus.

Wir haben die Wahl: Entweder wir lassen uns von unserem Ego beherrschen, oder wir erkennen es als das, was es ist: ein Teil von uns, der akzeptiert und angenommen werden will, sodass er sich transformieren kann.

Das Ego hat viele Aspekte, die nur allzu menschlich sind, zum Beispiel Vernunft, Angst, Kontrolle, Zweifel, Verdrängung, Druck, Eifersucht, Abwertung. Es legt Wert auf materielle Dinge, Besitz, und es benimmt sich unreif und kindlich. Es agiert aufgrund von Erfahrung, Prägungen, Konzepten und Glaubenssätzen, die es im Laufe des Lebens erworben hat. So kann man das Ego relativ leicht entlarven, wenn man immer nach dem Motiv schaut, bevor man handelt. Tust du etwas aus der Freude heraus, die du im Herzen spürst, oder tust du es, damit du Aufmerksamkeit bekommst, geliebt wirst usw.?

Es ist wie ein kleines Kind, das gesehen werden will, und es hat sehr viel mit deinem Inneren Kind zu tun, denn dein Ego ist es, das wütend wird, wenn du etwas nicht bekommst, was du haben willst. Und wer steckt wirklich dahinter? Der/die Kleine in dir, der/die nicht versteht, dass er/sie das Spielzeug nicht bekommt?

Das Ego verhindert Weiterentwicklung, weil es für Getrenntheit steht und in allem Guten zunächst das Schlechte findet. Meistens hat es Angst vor Veränderung und benötigt sehr viel Aufmerksamkeit, und es will immer mehr und mehr. Es besteht aus jeder Menge Glaubenssätze, die du im Laufe deines Lebens bewusst oder unbewusst als wahr anerkannt hast.

Das Ego existiert nur im Wachzustand, was den Zugang zum Großen Ganzen erschwert, jedoch deine Träume kann es nicht kontrollieren.

Es geht nicht darum, das Ego auszulöschen, denn es kann auch ein guter „Mitarbeiter" sein, wenn du selbst die Führung übernimmst und es nutzt, wenn du es gebrauchen kannst. Denn das Ego ist auch das Bewusstsein des ICHs und kann dich zu deinem wahren Selbst führen, indem du erkennst, wann dein Ego handelt und wann es wirklich dein wahrhaft göttliches Selbst ist. Wir leben nicht ohne Grund in der Dualität, denn wenn wir die Trennung nicht wahrnehmen könnten, könnten wir auch die Einheit nicht erkennen – somit kann das Ego, gut eingesetzt, auch den Weg in die Einheit zeigen.

Es ist immer eine Frage des Bewusstseins, und zunächst ist es sehr wichtig, dein Ego kennenzulernen und zu leben, denn du kannst nichts transformieren, was du nicht kennst.

Das Ego transformieren

Übernimm du die Regie, indem du dich mit all deinen Anteilen erkennst, und dann lass dir von deinem Ego zeigen, was erlöst und gesehen werden will. Freunde dich mit deinem Ego an. Vielleicht magst du ihm sogar einen Namen und eine Gestalt geben. Es kann sehr bereichernd sein, zu sagen:

„Hallo, kleines Ego, da bist du ja wieder, ich nehme dich wahr und nehme dich ernst, was kann ich nun wieder von dir lernen?"

Das sind zum Beispiel Situationen, in denen du das Bedürfnis hast, Recht haben zu müssen, dich angegriffen zu fühlen, unbedingt gewinnen zu wollen, besser zu sein als die anderen, neidisch zu sein, immer mehr haben zu wollen usw.

Das ist der Zeitpunkt, genau hinzuschauen, was die Ursache ist und, vor allem, was du fühlst, anstatt dem Ego die Oberhand zu geben, dich in diesen Dingen zu wälzen, und dein Ego transformiert sich in Selbstliebe...

HINGABE – *Hör auf zu kämpfen und gib dich hin*

Es ist an der Zeit sich dem hinzugeben, was ist, denn es ist alles Teil der Schöpfung, Teil deines Selbst. Mach es dir nicht unnötig schwer, indem du dagegen ankämpfst. Nimm dir ein Beispiel an der Natur, sie gibt sich dem Fluss des Lebens hin. Deine Entwicklung lässt sich ebenso wenig aufhalten wie das Aufbrechen der ersten Knospen in der Natur.

Hinderst du einen Baum daran zu wachsen und sich dem Leben entgegenzustrecken und kappst ihm seine frischen Zweige, wird er seine Energie kurz zurückziehen, um dann umso kräftiger gen Licht zu wachsen. So ist es auch bei dir, es lässt sich nicht aufhalten.

So gib den Kampf auf.
Es ist der Kampf des Egos.

Es bäumt sich auf, solange du dein Ego als etwas Schlechtes ansiehst. Es wird sich transformieren, ganz von allein, wenn du dich nicht gegen es stellst, sondern dein Ego als wichtigen Teil deiner selbst anerkennst, denn dann braucht es deine Aufmerksamkeit nicht mehr.

Dein Ego wird stürzen, sich wandeln, eine neue Form annehmen, wenn du dich dem Schmerz hingibst, dem Schmerz des Egoverlustes. Das ist auch eins der Lichtkörpersymptome, die zu diesem Thema auftreten können. Der Schmerz macht sich meistens in der Herzgegend bemerkbar und zeigt sich in tiefem Stechen, Herzrasen oder Ähnlichem. (Bitte bei ständigen Symptomen zum Arzt gehen!)

146

Meistens zeigt sich das wellenförmig und ebbt dann ab, um sich noch stärker aufzubäumen. Das geschieht so lange, bis du den Kampf in dir aufgibst. Es fühlt sich wie zwei Seelen in deiner Brust an, die dort kämpfen, und das Ego weiß, dass es Zeit ist, sich langsam zu wandeln und zu transformieren. Und wenn es in deinem Herzen kein Gehör findet, zeigt es sich dort, wo du es wahrnehmen kannst.

Doch dieser Wandel kann starke Verlustängste auslösen, denn Egoverlust kann auch einen Ichverlust bedeuten – zumindest kann es sich so anfühlen.

Frage dich: Wer bist du ohne dein Ego, worüber definierst du dich?

So ist in diesem Zusammenhang ein weiteres Lichtkörpersymptom das Aufkommen starker Verlustängste, Angst, sich selbst zu verlieren, was einhergeht mit Schwierigkeiten, sich abzugrenzen, denn die Grenzen des Egos, des Ichs, lösen sich langsam auf und gehen in die Einheit.

Dadurch wird es manchem schwerfallen, sich selbst zu erkennen und zu definieren, und Mensch will deshalb krampfhaft sein Ego festhalten. Das ist natürlich und menschlich.

Und damit sind wir wieder bei der Hingabe.

Der beste Weg, sich hinzugeben, ist, alles zu fühlen, was da ist, die Ängste, die energetischen Schmerzen usw. Nicht mehr kämpfen, nicht mehr festhalten wollen, sondern ins Vertrauen kommen, dass alles so geschieht, wie es geschehen soll.

Du wirst dich nicht auflösen, du wirst dich nur weiterentwickeln, ausdehnen, auch wenn es sich manches Mal wie eine Auflösung anfühlen mag.

Bist du nicht bereit, diesen Kampf aufzugeben oder hast nicht die Kraft, deine Emotionen zuzulassen, denn dazu gehört eine Menge Mut, kann (muss aber nicht) Folgendes geschehen:

Dieser ganze innere Kampf kann dich so schwächen, dass du dich kaum auf den Beinen halten kannst. Das kann sich auch in Form einer Grippe oder Ähnlichem zeigen. So wirst du gezwungen, dich mit diesen Themen auseinanderzusetzen. Deine Seele zeigt dir deutlich, welches Thema dran ist, und das ist es, was ich mit Hingabe meine.

Manch einer kommt den Themen Selbsthass und Selbstbestrafung sehr nahe. Ich möchte dir ans Herz legen, das ganz tief in dir zu fühlen, denn es sind die verstecktesten Emotionen, die ein Mensch haben kann. Tiefen Selbsthass fühlen zu dürfen ist ein Geschenk, auch wenn es sich zunächst nicht so anfühlt. Bedenke: Es ist die andere Seite der Dualität, wenn du diesen tiefen Selbsthass in dir gespürt, ihn als Teil deiner selbst anerkannt und dich hingegeben hast. Dann wirst du die „schöne" Seite umso intensiver erleben können. Du wirst der wahren göttlichen Liebe zu dir näher sein denn je.

Es kann zunächst schwer sein, aus diesem Kampfmodus gegen sich und die Schöpfung herauszukommen, obwohl man genau weiß, was da geschieht. Ich empfehle dir, in solch einem Fall, dringend Kontakt zu deinem Inneren Kind aufzunehmen.

Vielleicht erkennst du dann, dass dein Inneres Kind dein Ego festhält, weil es Angst hat, nicht mehr wahrgenommen zu werden. Das Innere Kind ist ein großer Teil des Egos, oder das Ego ist ein Teil des Inneren Kindes, das ist eine Frage der Sichtweise. Es definiert sich über Anerkennung von außen, weil es sich seiner Liebe zu sich selbst noch nicht bewusst ist. Doch der/die Große kann dem kleinen Kind den Weg zeigen und ihm die Liebe geben, nach der es sich so sehnt.

Wenn du diese Schritte gegangen bist, spiegeln sich deine Erkenntnisse im Außen, und du wirst reich beschenkt, zum Beispiel von Menschen, die dir wundervolle Komplimente machen, für die du zuvor nicht offen warst, oder Begegnungen, bei denen du spürst, dass du vor diesem Prozess nicht in der Lage gewesen wärst, mit ihnen umzugehen.

So, wie eben beschrieben, habe ich es erlebt.
Erkennst du nun, wie wichtig die Hingabe ist?
Und erkennst du, wie groß das Geschenk ist?

♥♥

Übung – Das Ego lieben

Wir haben schon festgestellt, dass das Ego an sich nichts Schlechtes ist, es ist der Teil von dir, der den Willen deiner Rolle als Mensch durchsetzt und zunächst an sich selbst denkt. Es hat uns viele Jahre gute Dienste geleistet, und ich persönlich halte nichts davon, es zu verteufeln.

Je mehr wir in den Kreis der Liebe und vor allem der Selbstliebe eintreten, desto überflüssiger wird es und sich irgendwann wandeln.

Doch wir alle kennen es, dass sich das Ego mit ungeahnten Kräften aufbäumt und sich kräftig wehrt. Darum dürfen wir noch einmal daran denken, dass das Ego der Teil in uns ist, der sich nicht geliebt fühlt, der Teil von uns, der sich getrennt und ungeliebt fühlt, so lange, bis alle diese alten Themen angesehen und losgelassen worden sind.

Wenn nun unser Ego der Teil von uns ist, der nicht weiß, dass er geliebt wird, dann schenken wir ihm doch einfach unsere Herzensliebe. Voraussetzung dafür ist, dass wir den Kontakt zu unserem Inneren gefunden haben.

Aus dem Herzen heraus kannst du Kontakt mit deinem Ego aufnehmen und ihm Liebe schenken – es wird sich wandeln, „sterben", und dann als Liebe wiedergeboren.

♥♥

Gnade und Vergebung

Menschen, die das Gefühl haben, Gnade und Vergebung zu benötigen, haben eins gemeinsam: Schuldgefühle. Nun kann man sagen, dass es keine Schuld gibt, aber die Gefühle, die auf alten Emotionen basieren, sind nun mal da.

Hier geht es wieder um erlernte Konzepte und Glaubenssätze, die uns dieses Gefühl geben. Menschen haben Wertvorstellungen, zum Beispiel, wie man sich als Mutter, Partner, Kollege oder Freund verhalten sollte.

Wenn ein Mensch gegen seine selbst auferlegten Vorstellungen von Falsch und Richtig handelt, entwickelt er Schuldgefühle. Oder ein Mensch ist schuldig im Namen des Gesetzes beziehungsweise im Rahmen der allgemeinen Wertvorstellungen. Bedenkt man die Hintergründe der Tat, die Entwicklung des Menschen, wie es überhaupt dazu kommen konnte, und bedenkt man dann auch noch, dass sich alle Seelen miteinander verabreden, kann es auf höherer Seelenebene überhaupt keine Schuld geben. Doch die Schuldgefühle sind oft trotzdem vorhanden und warten im Emotionalkörper zum Teil über viele Leben auf Erlösung.

Warum ist das so?

In vielen Fällen fehlt es an Erkenntnis über die Zusammenhänge und an Selbstvergebung.

Menschen, die sich schuldig fühlen. habe etwas gemeinsam: Sie nehmen sich getrennt von der Einheit/der Quelle/Gott wahr, ein Teil in ihnen fühlt sich verstoßen. Diese ursprünglichen Schuldgefühle sind entstanden aus dem tiefen Schmerz der Trennung und dem Verlust der Geborgenheit. Der Mensch bereute seine Wahl, als einzelne Seele – getrennt von der Einheit – auf die Erde zu gehen, also erklärte er sich für schuldig. Inkarniert ein Wesen auf der Erde, wird dieses Schuldgefühl aktiviert mit dem Gefühl, das Paradies nicht zu verdienen.

Des Weiteren sind sich viele Menschen nicht bewusst, dass sie göttliche Wesen sind, weil sie sich als getrennt wahrnehmen, und so wissen sie auch nicht, dass göttliche Wesen sich nicht ohne die Zustimmung und das Zutun des anderen gegenseitig verletzen können.

Schuld ist eine Energie, die uns daran hindert, uns selbst zu lieben, zu uns selbst zu stehen und unsere Schöpfermacht anzunehmen. Wir bleiben auf einer Stufe niedrig schwingender Emotionen (Wut, Hass) und behindern damit unsere spirituelle Entwicklung. Schuldgefühle halten uns klein und gaukeln uns eine Welt vor, die nur aus Illusionen besteht.

♥♥

Transformation von Schuldgefühlen –
SELBSTvergebung

Die Auflösung von Schuldgefühlen erfolgt durch SELBSTvergebung – es geht nicht darum, von anderen die Absolution zu bekommen.

Kurzanleitung zur Selbstvergebung

- Stelle dich vor einen Spiegel und sieh dir in die Augen. Fühle tief in deine Schuldgefühle hinein.
- Du erkennst, dass du mit diesen Erfahrungen nicht anders handeln konntest, als du es bisher getan hast. Alles, was geschah, hatte einen tiefen Sinn. Du warst zu jeder Zeit der/die Beste, der/die du sein konntest.
- Du erkennst, dass du es nicht besser wusstest.
- Du bittest dein Spiegelbild um Vergebung.
- Spüre, wie das, was nicht zu dir gehört, herausfließt. Schau, wie alles von dir abfällt und immer mehr Leichtigkeit und Freude einströmen.
- Du umarmst dich selbst voller Liebe.
- Und von oben kommt der silberne Lichtstrahl der Gnade.

Es folgt eine Energieübertragung, bitte lies dazu folgende Botschaft:

Energieübertragung von Grace, silberner Strahl der Gnade

Der silberne Strahl der göttlichen Gnade umfasst dich, der/ die du reinen Herzens um Gnade in bestimmten Angelegenheiten bittest.

Die Gnadenenergie fließt jetzt.
Bitte nun Grace, durch dich zu wirken und dich zu erlösen.
Nenne dein Thema.
Wisse, dass Gnade tiefe Dankbarkeit beinhaltet, fühle es aus tiefem Herzen, noch bevor die Erlösung stattgefunden hat.
Ersetze Erwartungshaltung durch tiefe Dankbarkeit und Wertschätzung, es sind die Schlüssel zu wahrer Gnade.
Wisse, dass es bereits eingetreten ist, denn alles ist JETZT.

Um den Fluss der göttlichen Gnade für dich zu nutzen, ist es wichtig, ihn weiterfließen zu lassen und deiner Dankbarkeit Ausdruck zu verleihen. Du wirst eine Form für dich finden, folge deinem Herzen.
Du wirst spüren, wie sich dein Thema auflöst, transformiert, wandelt, sobald die wahrhaftige Schwingung der Dankbarkeit in deinem Herzen spürbar ist.
Lass das silberne Licht durch dich fließen.
Der Strahl der Gnade löst dein Thema oder gibt es dir erneut zur Aufgabe, damit du die Botschaft dahinter verstehst.
Zur Erlösung und Heilung gehört immer auch die Selbsterkenntnis.
Siehe, wie sich die Gnade manifestiert. JETZT.

So IST es.

Meditation – Vom Ego zum Selbst (Kurzanleitung)

Diese Meditation ist als geführte Meditation mit Anleitung, wie Gehirnhälften miteinander verbunden werden, auf CD und als Download erhältlich.

In dieser Meditation geht es darum, sich selbst genau zu definieren, damit kannst du deine Schwingungen um ein Vielfaches erhöhen. Je öfter du diese Meditation machst, desto mehr spürst du dein Sein, und desto höher können deine Schwingungen werden.

Kurzanleitung

* Schließe deine Augen, mache es dir bequem und komme in einen entspannten, offenen Zustand.
* Erkenne, wer du bist, indem du dir bewusst machst, wer und was du nicht bist (siehe Rollen oben).
* Erkennst du die Unterschiede? Spürst du die Wahrheit?
* Wenn du alles loslässt, was du nicht bist, dann mache dir bewusst, wer oder was du bist.
* Du bist das Ganze, du bist reines Sein...
* Mit dieser Haltung bist du in der ganzheitlichen höchsten Wahrnehmung.
* Sei die Wahrnehmung und lausche, was das Universum dir mitzuteilen hat.
* Beende die Meditation, indem du deine Augen öffnest und deinen Körper bewegst.

2021

Herzensqualität KLARHEIT

Erzengel Aquariel und Maha Cohan

Qualitäten

Die Energiequalität des Jahres 2021 entspricht in etwa dem 8. göttlichen Strahl.

Autorität, Berufung, Erkenntnis, Eigenständigkeit, Ehrlichkeit, Entscheidung, Freiheit, Fähigkeiten entdecken, göttlicher Plan, göttliche Intelligenz, geistiges Wissen, Ganzheit, Gerechtigkeit, göttliche Ordnung, Heilung, Intuition, innere Stimme, Individualität, Information, Klarheit, Kommunikation, Konsequenz, Lebendigkeit, Leichtigkeit, Lehren, Lernen, Lebenssinn, Lernaufgabe, Medialität, Meisterschaft, Potenzial, Respekt, Sehen, sein eigener Lehrer sein, Seelenweg, spirituelles Wachstum, Schöpferbewusstsein, Selbstausdruck, Selbstvertrauen, Unterscheidungsvermögen, Vertrauen, Wahrhaftigkeit, Wahrheit.

Engel und Meister dieser Energiequalität

Erzengel Aquariel – Engel der Klarheit
Meister Maha Cohan – Meister der göttlichen Führung
Die Engel der Wahrheit
Erzengel Raphael – Engel der Heilung
Erzengel Metatron

Farbe

Aquamarin (blau-grün), Türkis, Petrol

Erzengel Aquariel:
Die Integration der göttlichen Herzensqualität Klarheit

„Meine lieben Freunde des Lichts und der Klarheit, möge das aquamarinfarbene Licht euer Sein durchfluten und euch mit der reinen göttlichen Klarheit segnen.

Ich bin Erzengel Aquariel und erzähle euch nun von der Herzensqualität der göttlichen Klarheit, die ihr in diesem Jahr 2021 besonders leicht integrieren könnt. Aber auch darüber hinaus werden euch diese Worte helfen, Klarheit wahrhaft zu integrieren.

Klarheit bedeutet Reinheit auf höchster Ebene, sowohl mental, emotional, als auch körperlich und energetisch in eurer Aura und in euren Chakren. Die Klarheit eines ruhigen Sees sei hier Sinnbild für das Gefühl, das ihr haben könnt, wenn ihr die Klarheit in allen Ebenen eures Seins integriert habt.

Um zu erkennen, wo es besonders der Klarheit bedarf, fühlt euch in die eben aufgezählten Bereiche ein. Spürt ihr Unruhe, dann bedarf der Bereich der Klärung, erkennt ihr zum Beispiel, dass ein Chakra vollkommen rein in der Farbe ist, seine vollständige Aktivität hat und in sich ruht wie ein klarer See, ohne Wellen, ohne Trübung, ohne Verschmutzung, dann ist es in diesem Bereich vollbracht.

Erkennen könnt ihr das, wie fast immer, durch Fühlen.

So unternehmt in diesem Jahr Reisen in euer Innerstes, in eure Körperempfindungen, und erkennt, wo es ruhig und wo es unruhig ist. Wo toben noch hohe Wellen oder gar Sturmfluten? Wo ist es still, in welchen Bereichen seid ihr bereits in der Lage, den göttlichen Nullpunkt wahrzunehmen?

157

Schaut es euch an, ohne zu werten, es geht hier um Bewusstwerdung, nicht um Einteilung in Besser oder Schlechter. Dort, wo die Sturmflut in euch wütet, darf es so unruhig sein, wie es ist. Es hat alles seine Berechtigung und zeigt euch letztlich nur, wo ihr noch einmal genauer schauen dürft und was geheilt werden will. Jedoch ohne Zwang, ihr Lieben, Bewusstheit sei hier euer größter Heiler.

Im Jahr 2021 die Herzensqualität der göttlichen Klarheit zu integrieren ist über verschiedene Zugänge möglich, und alle führen zum Ziel, denn sie führen euch immer ein Stück weiter nach Hause, näher an die Quelle, die ihr selbst seid.

So sei zunächst die Wahrheit angesprochen.

Wahrheit ist das, was Bestand hat auf der Ebene, auf der ihr euch befindet, es ist das, an das ihr euch anlehnen könnt, bis ihr in die nächste Ebene wechselt und dort wieder eine neue Wahrheit erkennt.

Durch das Leben und das Erkennen der Wahrheit des eigenen Weges seid ihr in der Wahrhaftigkeit, ihr seid authentisch, ihr seid echt und ehrlich, denn ihr folgt unbeirrt eurer Seele, eurem SEIN. Das erfordert höchste Ehrlichkeit euch selbst gegenüber, denn sonst könnt ihr diesen Weg weder erkennen noch gehen. Die Wahrheit liegt nicht im Außen, finden könnt ihr sie nur, wenn ihr sie durch Erkenntnis zu euch kommen lasst.

Der nächste Zugang zur Klarheit ist die ENTscheidung.

Durch das Erleben Entscheidungen zu treffen, habt ihr eine weitere Variante, 2021 der göttlichen Klarheit näherzukommen. Auf der Erde leben die meisten Menschen immer noch in der Illusion von Richtig und Falsch und glauben deshalb, eine falsche Entscheidung treffen zu können. Doch werden wir euch hier *gleich die wahrhaftige Bedeutung einer Entscheidung erklären, und das wird euch vieles anders sehen lassen.*

Doch zunächst zu einem Zugang, der vielen von euch unter den Nägel brennt, denn wer von euch möchte sie nicht leben, die Berufung, die Lebensaufgabe, und dem persönlichen Seelenweg folgen? Oder habt ihr bereits gefunden, was euer göttliches Sein auf Erden ausdrückt? Dann seid ihr der Klarheit sehr nah, meine Lieben. Auch auf dieses Thema werden wir später ausführlicher zu sprechen kommen.

Letztendlich führen alle Wege zum Ziel, alle diese aufgezählten Möglichkeiten treffen sich eines Tages bei der Herzensqualität Klarheit, sei es im Jahr 2021, früher oder später, es geschieht exakt zum richtigen Zeitpunkt.

Wie die meisten von euch wissen, existiert Zeit in göttlicher Wahrheit nicht so, wie ihr sie auf der Erde wahrnehmt. Vielmehr ist alles JETZT, aus der menschlichen Perspektive ist das kaum zu erkennen, doch manchmal bekommt ihr eine Ahnung davon, wenn ihr in Parallelleben reist oder Nachts außerkörperliche Erfahrungen habt.

Doch jetzt soll es genug sein, denn das Thema Klarheit ist sehr komplex, sodass wir nun auf einzelne Punkte genauer eingehen wollen, um euch im Jahr 2021 wahrhaft gute Begleitung zu geben.

Möge die Klarheit sich in euch entfalten wie Alles-was-ist. Erzengel Aquariel."

Klarheit durch Entscheidung

Entscheidungen zu treffen fällt den meisten Menschen nicht leicht, aber wie wäre es, wenn wir, bevor wir eine Entscheidung treffen, erst einmal lernen, zu UNTERscheiden?

Unterscheiden bedeutet, den Unterschied zu erkennen, und das ist doch schon mal ein Anfang, oder?

Wie das geht, erklärt uns Meister Maha Cohan:

Maha Cohan: Die Unterscheidung

„Liebe Lichter in menschlicher Hülle, als Meister Maha Cohan möchte ich euch hier einige Worte übermitteln.

Nutzt dieses Jahr 2021, um euer Unterscheidungsvermögen zu schulen, denn es ist einer der Wege zur Integration der göttlichen Herzensqualität Klarheit. Bevor ihr eine ENTscheidung trefft, schaut euch beide Seiten genau an.

Unterscheidet, welche davon sich für euch nach
- *Licht oder Schatten,*
- *Mangel oder Fülle,*
- *Liebe oder Angst anfühlt.*

Fühlt in euer Herz, wenn ihr an beide Möglichkeiten denkt, und dann unterscheidet. Vielleicht mögen sie sich ähnlich anfühlen, doch vielleicht sind im einen 51 Prozent und im anderen 49 Prozent Licht enthalten. Wenn ihr genau hineinspürt, wird es für euch klar erkennbar.

Bedenkt hierbei immer: Wenn ihr einen anderen Menschen befragt, steht dieser nicht auf eurem Standpunkt, er steckt im wahrsten Sinne des Wortes nicht in eurer Haut und kann diese Unterscheidung ganz anders wahrnehmen als ihr.

Geht mit diesem Bewusstsein durch das Jahr 2021.

Beobachtet und unterscheidet, ordnet für euch ein, doch erschafft keine Schubladen des Urteils und der Wertung.

So betrachtet auch die verschiedenen Perspektiven, aus denen ihr aus eurem Sein heraus die Dinge betrachten könnt. Es liegt nämlich in eurer Entscheidung, wie ihr die Dinge seht: als Lektion, als Herausforderung, als Geschenk oder als Problem. Und das wiederum ist eine Entscheidung zwischen Opfer-, Täter-, und Schöpferbewusstsein. Könnt ihr unterscheiden, fallen die Entscheidungen ganz leicht.

Nun liegt es an euch, diese Qualität in euch zu aktivieren. Gerne werde ich euch dabei behilflich sein.

Euer Meister Maha Cohan."

♥

Da kommen wir der Sache doch schon näher, oder? Vielleicht fällt uns nun das Unterscheiden etwas leichter, und wir können zu einer Entscheidung kommen.

Manche Menschen möchten, dass ich für sie die Geistige Welt bei Entscheidungsherausforderungen befrage. Allerdings nimmt uns die Geistige Welt keine Entscheidung ab, sie würde damit in unseren Lebensplan eingreifen, weil es bei jedem Menschen darum geht, die Impulse der Seele wahrzunehmen, und diese Lernaufgabe darf uns die Geistige Welt nicht nehmen.

Was sie aber tun können ist, ein wenig Klarheit in die verschiedenen Aspekte zu bringen und uns bewusst zu machen, welche Wahl wir genau haben. Die Wahl haben wir ohnehin nur aus unserer menschlichen Perspektive, denn auf Schöpfungsebene IST alles, was bedeutet, dass wir gar nicht anders entscheiden können, als wir es tun. Das ist das Menschenspiel, das uns nicht sehen lässt, dass es kein Falsch und Richtig gibt.

Hierzu eine Botschaft von Erzengel Aquariel:

♥♥

Erzengel Aquariel: Die Urangst der Entscheidung – Richtig und Falsch

„So will ich, Erzengel Aquariel, die Worte von Maha Cohan noch ergänzen, damit ihr euch die Ursachen dieser Entscheidungsunfähigkeit, die in vielen Menschen verankert ist, bewusst machen könnt.

Im Treffen einer Entscheidung liegt eine Urangst der Menschen, die Verlustangst. Zu oft haben sie liebgewonnene Menschen und Dinge verloren. Eine Entscheidung bedeutet immer auch eine Trennung, und da der Urtrennungsschmerz immer noch in den Tiefen der Seele schlummert, kommt bei jeder Entscheidung diese Urangst wieder zum Vorschein.

Ihr wisst, dass Trennung Illusion ist, doch könnt ihr es auch fühlen? Könnt ihr die Wahrheit der Einheit spüren? Könnt ihr die Einheit wahrhaft in eurem Herzen fühlen, werden euch Entscheidungen sehr leichtfallen, denn es ist nur eine Auswahl, ihr lasst das eine los und nehmt das andere. Es ist keine Trennung

im eigentlichen Sinn, wie ihr Menschen es auf der Erde wahrnehmt, denn ihr fühlt, dass alle Wege in die Einheit führen. Begebt ihr euch durch innigen Kontakt mit eurem Herzen auf See-
lenfühlung, erkennt ihr, dass es immer richtig ist, so, wie es ist,
und es in Wahrheit nur Alles-was-ist gibt, und das seid ihr selbst.
Wie könnt ihr dann etwas falsch machen?

Das einzig Falsche, das geschehen kann, ist Illusion, denn es
kann falsch aus der Sicht eurer Rolle sein, mit der ihr euch identifiziert. Und eure Rollen sind Illusionen.

Geht ihr den Weg weiter, auch wenn er sich für euch falsch
anfühlt, dann ist das vollkommen richtig, und ihr werdet mindestens um eine Erkenntnis reicher sein, denn wäre es falsch,
würdet ihr es nicht tun.

Die Schöpfung ist vollkommen.
Seid gesegnet, wir sind EINS, Erzengel Aquariel."

Erzengel Metatron: Trennung der Welten

Geliebte Menschenkinder, die ihr bereits im großen reinen
Licht erstrahlt. Es sei euch gesagt, dass ihr inmitten der Veränderung seid – ihr seid mittendrin und habt die Chance, die so viele
Erdenwesen nicht nutzen, aus Angst sich auseinandersetzen zu
müssen. Aber ihr alle, die ihr dieses lest, ihr seid bereit. So seht,
dass das große, reine Licht, in dem ihr erstrahlt, auch die Schatten deutlicher sichtbar werden lässt. Das mag euch zunächst
erschrecken, doch werdet ihr, rückblickend betrachtet, dankbar
sein, dass ihr dieses so deutlich habt erkennen dürfen.

Viele berichten, dass sich eine Trennung vollzieht, eine Trennung, die die neue Welt von der alten abtrennt. So wollen wir hier nun Klarheit schaffen.

Die Seele Gaia, eure Mutter Erde, befindet sich bereits seit 2012 in der Fünften Dimension, was bedeutet, dass die Dritte Dimension nicht mehr weiter von ihrer Seelenenergie gespeist wird und sie so auch den Schmerz, der ihr in der Dritten Dimension zugefügt wird, nicht ertragen muss. Insofern ist die gut gemeinte Erdheilung nicht mehr vonnöten, vielmehr ist es die Zeit der Selbstheilung.

Es ist so, als wenn ihr euch in der Meditation oder nachts auf euren Reisen aus eurem Körper löst und in höhere Ebenen aufsteigt. In diesen Momenten könnt ihr erkennen, dass ihr genauso in anderen Dimensionen vorhanden seid wie in der materiellen Dritten Dimension, in der euer physischer Körper existiert. Auch in höhere Ebenen reist ihr mit einem Körper, dieser ist jedoch feinstofflicher als euer physischer Körper, ihr nennt ihn auch Lichtkörper. Und so besitzt die Seele Gaia auch auf allen Ebenen und in allen Dimensionen einen Körper, der individuell den Gegebenheiten der jeweiligen Dimension angepasst ist. Das ist mit dem Verstand schwer zu erfassen, doch eure Seele erkennt die Essenz darin.

Gaia hat nun ihre Schwingungen so weit erhöht, dass sie sich mit ihrem Bewusstsein vollständig aus den niederen Ebenen gelöst hat und in höhere Dimensionen umgezogen ist. So wird es auch euch ergehen. Der physische Körper ist noch in der Dritten Dimension, doch das Bewusstsein hat sich auf höhere Ebenen eingeschwungen.

Die Seele Gaia wird so lange ihren physischen Körper in der Dritten Dimension erhalten, bis alle Bewohner diese Ebene ver-

lassen haben, auf welchem Weg auch immer – es ist also „Zeit genug", auch wenn alles hier und jetzt stattfindet, doch in eurem linearen Denken habt ihr noch „alle Zeit der Welt". Lasst euch keine Angst einjagen, auch das ist eine Frage der Bewusstheit.

Wie Gaia wird es auch euch ergehen, denn ihr seid Seelen mit einem Körper. Ihr werdet so lange euren physischen Körper auf der 3D-Erde behalten, wie ihr ihn dort benötigt, um „Entwicklungshilfe" zu leisten. Die meisten von euch haben sich vor ihrer Inkarnation dafür entschieden, anderen Seelen die Leiter zu halten und ihnen den Weg zu zeigen.

Nun wird viel berichtet, dass eine Trennung in eine höhere und eine niedere Erde stattfinden wird. Und viele Menschen fragen sich zu Recht, ob das nicht ein falsches Spiel ist. Und so ist es auch. Nicht die Informationen sind falsch, doch die Art und Weise, wie ihr sie interpretiert. Das ist zwar auf eurer Ebene in eurer Wahrnehmung wahr, doch auf höherer Ebene sehen die Dinge ganz anders aus. Trennung ist Dualität, und diese befindet sich in der Dritten Dimension. So ist es, von dieser Ebene aus betrachtet, eine tatsächliche Trennung, die hier stattfindet.

Bittet einmal darum, mit eurem Höheren Selbst in Resonanz gehen zu dürfen, um aus der 5D-Perspektive sehen zu können. Bittet einfach darum, und es wird geschehen. Aus dieser Perspektive könnt ihr sehen, dass keine Trennung geschieht, denn alles ist EINS, und wenn wir EINS sagen, meinen wir EINS, denn nichts ist voneinander getrennt, es ist nur die Wahrnehmung in der Dritten Dimension, die euch das glauben lässt.

Aus der Ebene eures Höheren Selbst könnt ihr sehen, dass ALLE Wesen einen hohen Dienst tun, vollkommen gleichwertig, und alle dem Höchsten dienen, denn sie sind das Höchste. Aus dieser Perspektive könnt ihr sehen, dass keine höhere und niede-

re Erde existiert, denn das wäre gleichzeitig eine Wertung in Gut und Schlecht, und ihr könnt sehen, dass es das auf der Ebene eures Höheren Selbst fernab der Dualität nicht gibt.

Die Trennung, von der die Rede ist, ist der Wechsel der Ebenen, der geschieht, weil sich euer Resonanzfeld verändert, bei jedem zu seiner/ihrer Zeit. So, wie ihr zuvor geistige Wesen, wenn überhaupt, nur schemenhaft wahrnehmen konntet, wird es dann mit Menschen in der 3D-Ebene sein. Wie bei eurem Radiogerät werden die Frequenzen Stück für Stück neu eingestellt auf immer feinere Bereiche, auch zu vergleichen mit Vogelgezwitscher und Walgesängen. Beides ist wahrnehmbar, jedoch nicht auf der gleichen Ebene.

Wir bleiben kurz bei den Walen als Beispiel: Ihr schwingt euch immer mehr auf die Walgesänge ein, taucht in andere Sphären ein und könnt so das Vogelgezwitscher als solches nicht mehr wahrnehmen, es sei denn, ihr taucht auf und stellt euch darauf ein. Wart ihr schon einmal im Meer unter Wasser und habt versucht, Vogelstimmen zu hören? Nun, so wird es auch mit der Wahrnehmung der Wesen auf der 3D-Ebene sein. Je stärker ein Wesen in der materiellen Welt verhaftet und je weniger sein Herz geöffnet ist, desto weniger wird es wahrnehmbar sein.

Das wird sich für dieses 3D-Wesen durchaus wie eine Trennung anfühlen, denn es spürt, dass es keine Energie mehr von euch erhält, was wiederum manche sehr ungehalten reagieren lässt, denn sie wollen natürlich die festhalten, von denen sie sich nähren.

Doch betrachtet auch das ohne Wertung, auch ihr wart einmal ein Wesen, das sich von anderen nährte, und ihr seid es zum Teil immer noch.

Das ist so lange der Fall, bis eure Resonanzfelder vollständig geheilt sind, dann kann nichts mehr an euch haften, und ihr vollzieht die Trennung, die auf der Ebene, auf der ihr euch dann befindet, keine Trennung ist, sondern einfach ein Wechsel der Ebenen. Was geschieht ist, dass ihr eure Resonanzen heilt und sich deshalb eure Wahrnehmung verändert. Eure Resonanzfelder heilt ihr durch BewusstSEIN, Heilung geschieht durch Hinsehen, Fühlen, Erkennen und Loslassen.

Also verschließt nicht die Augen vor dem, was auf der Erde geschieht, sondern werdet zum Beobachter, ohne euch emotional hineinzubegeben und zu urteilen. Macht es euch Angst, kommen Emotionen hoch, dann dürfen sie da sein, sie wollen angesehen werden, denn ihr geht dann mit diesem Thema in Resonanz, und es bedarf der Heilung. Alle diese Themen, die da in euch überkochen, können nicht „weggeliebt" oder „wegmeditiert" werden.

Die kritische Masse, von der viel gesprochen wurde, ist seit einiger Zeit erreicht, und auch wenn es im Außen zurzeit nicht direkt erkennbar ist, geschieht viel Heilsames. Wir wollen noch einmal daran erinnern, dass das Außen immer euer Spiegel ist, und je mehr Wesen ihre inneren Konflikte ansehen und heilen, desto mehr wird das auch im Außen sichtbar werden.

Doch ihr wisst auch, dass sich das Alte stark aufbäumt, bevor es endgültig geht, und so ist es momentan in eurer Außenwelt zu erkennen.

Befindet ihr euch dann auf der 5D-Ebene, werdet ihr durchaus beobachten können, was auf der 3D-Erde geschieht, doch ihr habt keine Handlungsimpulse mehr, denn ihr habt keine Resonanzfelder mehr dort. Wie auch die Wesen, die euch vorausgegangen sind, werden euch Wesen nachfolgen. Und ein jedes Wesen hat seinen göttlichen Auftrag im großen Plan des EINEN.

Bedenkt bitte: Niemals kann sich etwas abspalten, denn Alles-was-ist IST. Es ist alles, was da IST und immer sein wird.

Die Schöpfung ist untrennbar.
Und du bist die Schöpfung selbst.

In Liebe und Verehrung,
Erzengel Metatron."

♥♥

Eine Übung zur Klarheit

Ich möchte dir nun eine kleine (oder auch große) Entscheidungshilfe geben: eine Übung, die dir Klarheit bringen kann.

Suche dir hierzu einen ruhigen Platz, zünde ein paar Kerzen an, nimm dir etwas zu schreiben und notiere dir folgende Frage in die Mitte eines Din-A-4 Blattes:

Welche Gefühle/Emotionen verbinde ich mit dem Thema, das mich gerade beschäftigt?

Notiere dir alle Gefühle/Emotionen, die dir spontan einfallen. Wichtig ist es, hier im Fluss zu sein, nicht zu überlegen, sondern einfach zu schreiben, ohne Wertung. Dann notiere dir die Menschen, Glaubenssätze und Situationen, die diese Gefühle/Emotionen in dir auslösen. Du kannst das wild auf dem Zettel aufschreiben, ohne dich an eine bestimmte Ordnung zu halten.

Wenn du fertig bist, betrachte deine Notizen genau, denn nun hast du einen Überblick, was mit deinem Thema alles zusammenhängt. Verbinde das, was die gleiche Aussage hat. Kreise nun die Worte ein, die in dir die meisten negativen Emotionen auslösen. Dann lade nacheinander diese Themen/Menschen/Glaubenssätze/Situationen in dein Herz ein und nimm sie mit deinem ganzen Herzen wahr. Wenn du magst, sprich mit ihnen, vielleicht bekommst du sogar Antworten. Schau sie dir an, fühle hinein und transformiere sie, indem du einfach atmest und fühlst. Lass die Dinge gehen, es ist der Prozess des Loslassens, der möglicherweise mehrfach getan werden darf, was du selbst spüren wirst. Du wirst dich wundern, wie klar es plötzlich in dir wird. Es ist eine mentale und emotionale Klärung auf hoher Ebene. Rufe auch ruhig Erzengel Aquariel und sein aquamarinfarbenes Licht dazu, damit er dich unterstützt.

Wenn du die Transformation vollzogen hast (nimm dir dafür mehrere Tage Zeit), lade das Thema, über das du dir Klarheit verschaffen wolltest, in dein Herz ein und fühle genau, welche Energie dort nun herrscht.

Es wird sich vollkommen anders anfühlen. Wenn es noch nicht ganz klar ist, dann wiederhole die Übung.

Du wirst die Klarheit zu diesem Thema regelrecht in dir sehen können, wenn du den ganzen Prozess durchlaufen hast.

Die Engel der Wahrheit:
Die eigene Wahrheit leben

„In tiefem Vertrauen in euer Sein, grüßen wir euch.
Wir sind die Engel der Wahrheit.

Wahrheit beginnt in euch selbst, es ist die Zeit, in der sich Selbstlügen entlarven, und wenn ihr mutig seid hinzusehen, führt euch das zur Wahrhaftigkeit. Die Wahrhaftigkeit führt euch zu eurem wahren Wesen, denn es ist **euer** wahres Wesen. Das ist das Echte, die wahre Essenz von Allem-was-ist. Dort gibt es kein Beschönigen, denn Alles-was-ist IST.

Die einzige Wahrheit ist, dass alles auf einer bestimmten Ebene wahr ist. Kein Mensch befindet sich auf genau der gleichen Ebene wie der andere. Jeder hat seinen Blickwinkel auf das Geschehen – so kann das, was er sieht und wahrnimmt, nicht falsch sein, denn es ist seine ganz persönliche Wahrnehmung. So der Mensch bei sich beginnt, die Scheinwelt, die Selbstlügen zu enttarnen und sie als das anzunehmen, was sie sind – Illusionen –, wird Mensch die Wahrhaftigkeit wahrhaft leben. Scheinwelten dürfen sich auflösen, transformieren, und das tun sie, indem ihr nichts mehr festhaltet. Das Festhalten der Illusion lässt die Wahrheit eines Tages nur gewaltiger ans Tageslicht kommen, als wenn ihr sie einfach loslasst und annehmt, was ist.

Also beginnt, wahrhaft aufrichtig zu euch und zu anderen Menschen zu sein. Bemüht euch, in dieser Zeit ausschließlich die Wahrheit zu sprechen. Sollten hier Ängste in euch regieren, so berichtigt zumindest die ausgesprochene Lüge in eurem Inneren und sprecht die Wahrheit innerlich aus.

Lasst am Abend den Tag Revue passieren und beobachtet, wo ihr nicht in eurer Wahrheit wart. So könnt ihr das gleich be-

richtigen und den Tag zu einem wahren Tag werden lassen, der euch der Wahrhaftigkeit näherbringt.

Die Vermeidung von Unwahrheiten bedeutet noch lange nicht, in eurer Wahrheit zu sein. Wahrhaftigkeit bedeutet auch, die Zeit zum Schweigen und zum Sprechen in Wahrheit zu verbringen, und diese erfahrt ihr aus den inneren Impulsen eurer Seele. Wahrhaftigkeit ist dann erreicht, wenn ihr in jeder Sekunde eures Lebens eure Wahrheit, lebt, denkt, sprecht und ausdrückt. Wahrhaftigkeit bedeutet, euer Inneres auszudrücken und es im Außen zu zeigen.

Wir werden euch in dieser Zeitqualität viele Möglichkeiten bieten, die euch Wahrhaftigkeit lehren.

In Liebe und Wahrheit, gekommen aus der wahrhaftigen Essenz des Einen, die/der DU bist.

In Liebe, die Engel der Wahrheit.“

Erzengel Raphael: Die Illusion von Wahrheit

„Es grüßt euch Erzengel Raphael, der Heiler Gottes. Ich lasse mein strahlendes grünes Licht der Heilung in euch fließen, lege meine Flügel auf euer Haupt und segne euer Dasein. Bei vielen von euch kommt inzwischen so viel Altes aus dem tiefsten Inneren hervor, dass ihr das Gefühl habt, eure Grenzen erreicht zu haben. Und ich sage euch: Grenzen sind Mauern, die ihr selbst gebaut habt, ihr könnt sie jederzeit erklimmen, denn sie sind selbst gemacht.

Leichtigkeit könnt ihr nur erfahren, wenn ihr die dualen The-
men klärt, die die Illusion aufrechterhalten. Leichtigkeit erfahrt
ihr dann, wenn ihr die All-Einheit erfahrt – wenn ihr erfahrt,
dass ihr all-eins seid.

Es existiert nichts außerhalb von DIR – DU bist ALL-EINS.

Diese Welt, in der ihr lebt, habt ihr selbst erschaffen, also
wartet nicht auf jemanden von außen, der euch rettet, es wird
euch niemand aus dem System befreien können, außer ihr selbst.
Das klingt einfach und ist es auch. Das Einzige, was es be-
darf, ist waches Hinsehen und schonungslose Ehrlichkeit zu euch
selbst. Es mag zunächst schockierend sein, eine Selbstlüge nach
der anderen aufzudecken, doch nur so kann die Illusion zerfallen
und das wahre Licht zum Vorschein kommen.
Indem ihr eure inneren Illusionen erkennt, können sich diese
im Außen nicht mehr halten. Es wird vieles unternommen, um
die Illusionen, die aus Manipulation bestehen, aufrechtzuerhal-
ten. Erwacht aus eurem Schlaf und identifiziert euch nicht län-
ger damit. Desillusion ist ein heilsamer Schock für den, der sich
in Mauern gehüllt hat und vor jeglicher Wahrheit flüchtet.

Eine Vielzahl von Menschen bekommen Botschaften ihrer
Seele durch körperliche Symptome. Das ist eine Hilfestellung eu-
rer Seele für euch, damit ihr der Wahrheit auf die Spur kommt.
Niemand von euch ist absichtlich krank, niemand von euch
überhört absichtlich seine Seele. Niemand von euch belügt sich
absichtlich.
Es sind Schutzmechanismen, die greifen, um euch noch län-
ger im Wirrwarr der Manipulationen der 3D-Welt zu belassen,
und ihr habt sie selbst erschaffen.

Der Weg des bewussten Seins, und somit der Weg ins Goldene Zeitalter, führt nun mal durch die Illusionen hindurch – für jeden Einzelnen.

Haltet es wie der griechische Philosoph Sokrates: „Ich weiß, dass ich nichts weiß."
Das ist die einzige Wirklichkeit, die euch momentan zugänglich ist. Die Wahrheit zu erkennen ist oft schmerzhaft für euch. Und ich sage euch: Hinter jeder dieser vermeintlichen Wahrheiten liegt wieder eine neue Wahrheit, und nur so entwickelt ihr euch beständig weiter.
Ihr erkennt, dass nichts, was ihr jemals für wahr gehalten habt, wirklich wahr ist und eure Wahrheit in Wirklichkeit nur eine Illusion war –, und dann beginnt ihr, eine neue Wahrheit zu entdecken. Doch auch diese kann nicht das gesamte Spektrum der allumfassenden Wirklichkeit spiegeln.

Warum nicht?

Nun, ihr Lieben, ihr seid eingeschränkt in eurer Wahrnehmung, ihr seht lediglich immer nur einen Ausschnitt von Allem-was-ist.

Eines Tages, wenn ihr Wahrheit für Wahrheit wieder als Illusion erkannt habt, steht ihr vor dem Tor der allumfassenden Liebe der Fünften Dimension und erkennt, wer ihr wirklich seid.
Noch stehen einige von euch nur mit einem Bein im Schöpferbewusstsein. Um sich jedoch auf die Schöpferebene zu begeben und unter anderem euren Bauplan nach Belieben verändern zu können, gibt es nur einen Weg:

- *Durch das Feld der Illusion zu schwimmen,*
- *als Beobachter zu erkennen,*
- *schonungslos ehrlich zu durchschauen,*
- *alles infrage zu stellen,*
- *als menschliches Wesen die Illusion zu transformieren.*

Sich der allumfassende Liebe hinzugeben und das tiefe Vertrauen in sich zu tragen, dass ihr das alles selbst seid und nichts außerhalb von euch existiert. Es gibt keine Abkürzung.

Doch wo mag sich nun Wahrheit für Wahrheit verbergen?

Euer Herz ist der einzige Maßstab. Euer Herz ist der Zugang zu eurer Seele.

Nutzt diesen Zugang, lernt, euch zu öffnen, auch wenn zuvor noch Schatten des Schmerzes darüber liegen mögen. Und ich sage euch: Dahinter liegt das Paradies.

Die Tore sind geöffnet, und ihr könnt hindurchschreiten, den Weg habe ich euch soeben beschrieben. Es ist sogleich der Weg in die absolute Leichtigkeit. Ein Weg, auf dem vermeintliche Abkürzungen nur Umwege sind.

Zunächst mag das beschwerlich klingen, doch fragt die Menschen, die kurz vor dem Tor oder bereits im Torbogen stehen, sie werden euch Hilfestellung geben. Ihr erkennt sie an ihrem herrlichen Leuchten im Herzen und an ihrem Willen, der Wahrheit schonungslos ins Gesicht zu sehen, ohne sich hinter Licht und Liebe – Phrasen – zu verstecken.

So seid allzeit gesegnet auf eurem Weg.

Alles (ist) Liebe,
Erzengel Raphael."

Meister Maha Cohan:
Berufung – Eure Aufgabe im Leben

„So will ich, Maha Cohan, euch grüßen aus den Lichtreichen, die euer wahres Zuhause sind.

Viele Menschen suchen nach ihrem Weg, ob sie es nun Berufung, Lebensaufgabe oder Seelenweg nennen. Sie suchen nach Sinn, nach einer Aufgabe. Das ist aus menschlicher Sicht wohl verständlich, doch aus höherer Sicht sehr sonderbar, seid ihr doch hier, um eurer Seele zu folgen und zur Einheit zu finden.

Und als ob das nicht genug ist, sucht ihr nach Jobs, nach Berufen, doch hier habt ihr Grundsätzliches nicht verstanden, denn euren Lebenssinn könnt ihr nicht von 8.00 bis 17.00 Uhr ableisten. Das, was ihr sucht, passt nicht in einen einzigen konventionellen Beruf.

Es geht vielmehr um ein Lebensgefühl und eine Lebensqualität.

Welche das ist?

Es ist der göttliche Selbstausdruck, das ist der einzige Sinn, den ihr jemals als sinnvoll erfühlen könnt. Und wie ihr euer göttliches Selbst ausdrücken könnt, zeigt euch die Freude.

Vor dem Finden eurer Lebensaufgabe steht zunächst die Aufgabe eure Vorstellungen, nicht zu verwechseln mit der Aufgabe des Selbst.

Eine Aufgabe ist keine Selbstaufgabe. Eine Aufgabe ist Hingabe an das, was euch Freude bereitet, etwas, wohin euch eure Seele automatisch führt. Das kann durchaus ein ganz normaler Beruf sein, den ihr mit Hingabe, Freude und Liebe erfüllt. Doch es wird auch weit darüber hinausgehen, denn es erfüllt euer

*ganzes Leben, euer ganzes Sein und sehnt sich nicht nach Fei-
erabend.*

*Seid ihr immer noch auf der Suche, dann raten wir euch:
Hört auf zu suchen und notiert euch JETZT, hier und heute alles,
was euch Freude macht.*

*Nehmt ein Blatt Papier, macht einen Strich in die Mitte und
schreibt auf die eine Seite „Freude" und auf die andere Seite
„Fähigkeiten".*

*Nun schreibt auf, was euch Freude bereitet. Egal, was es ist,
schreibt es auf. Und dann schreibt auf, welche Fähigkeiten ihr
habt. Was liegt euch besonders gut?*

*Jetzt braucht ihr nur noch die Verbindungen zu erkennen,
indem ihr Fähigkeiten und Freude zusammenführt.*

Und dann beginnt einfach.

Hört auf zu suchen und fangt an.

*Tut ihr das nicht, dann schaut euch eure Ängste diesbezüg-
lich an, denn es kann große Angst machen, das zu finden, was
ihr so lange gesucht habt.*

*Um endlich anzufangen, müsst ihr nicht sofort euren jet-
zigen Beruf aufgeben, macht zunächst ein Hobby daraus und
folgt eurer Freude und euren Fähigkeiten.*

*Beachtet bitte, dass es bei diesem Weg nie um Geld geht,
Geld kann und wird freiwillig, ganz von sich aus, zu euch fließen,
wenn ihr euch eines Tages zu 100 Prozent dazu entscheidet, ausschließlich eurem Seelenweg zu folgen. Es ist eine Folge dessen
und sollte nicht der Fokus sein, denn dann ist der Druck zu hoch,
und ihr würdet in Angstmuster verfallen.*

*Wir wollen hier noch einen Schritt weitergehen, denn eine
wahrhafte Berufung ist es, wenn ihr sogar bereit wärt, Geld dafür zu bezahlen, um diese ausführen zu dürfen, so voller Freude*

und Dankbarkeit seid ihr, wenn ihr das gefunden habt, was euch in eurem Sein ausdrückt. Natürlich ist das nur die Beschreibung eines Gefühls, das ihr dabei haben könnt, und ihr dürft und sollt sogar für eure Berufung eine Wertschätzung erhalten, denn das ist der größte Beweis, wenn ihr denn noch einen braucht, dass ihr wahrhaft euren Weg gefunden habt. Doch bis dahin folgt einfach nur der Freude.

Benötigt ihr für eure Berufung eine Fortbildung oder Ähnliches, dann wisst, dass eure Seele es in euer Leben bringen wird, wenn es notwendig ist. Viele von euch machen Ausbildungen über Ausbildungen, vor allem im spirituellen Bereich, und wenden nur wenig davon an, wobei doch gerade die Spiritualität von der Anwendung und Selbsterfahrung lebt. Wir sagen euch: Alle Weisheit liegt in euch, und das, was ihr braucht, wird auf eurem Weg erkennbar sein.

Im Übrigen liegt nicht jede Lebensaufgabe direkt im Ausüben einer spirituellen Tätigkeit, auch wenn viele das glauben. Letztlich ist natürlich alles spirituell, aber nicht jeder ist dazu berufen, als Channelmedium zu arbeiten, und dennoch ist der Kontakt zur Geistigen Welt von Vorteil, wenn nicht nahezu unumgänglich, wenn ihr eurer Berufung folgen wollt, denn ihr könnt Informationen der Geistigen Welt wahrhaft in allen Bereichen eures Lebens nutzen.

Die einzige Voraussetzung, die es gibt, um eure Berufung zu leben, ist ein offenes Herz, der Kontakt zur göttlichen Führung, zur eigenen Seele und zum Höheren Selbst, sonst wird es euch kaum möglich sein, euren Weg zu finden.

Doch der/die diese Worte jetzt liest, hat sich bereits so weit geöffnet, dass wir Zugang haben und euch führen können.

Fühlt die Impulse eures Herzens.
Freude ist immer euer Weg.

Ich BIN Maha Cohan,
Meister der göttlichen Führung."

2022

Herzensqualität VERTRAUEN

Erzengel Anthriel und Jesus

Qualitäten

Die Energiequalität entspricht in etwa dem 9. göttlichen Strahl.

Anteilnahme, Annahme, Ausgeglichenheit, altes Wissen der Frauen, Ausgleich der Polarität, bedingungslose Liebe, Bedingungslosigkeit, bedingungsloses Vertrauen, Christusenergie, Demut, Empfangen, Erlösung, Empathie, Empfänglichkeit, Frieden, Gleichmut, Gleichberechtigung, Geborgenheit, Harmonie, Herzöffnung, Herzheilung, Hingabe, innere Mitte, Lebensaufgabe, Loslassen, Mitgefühl, Offenheit, Optimismus, Partnerschaft der Neuen Zeit, Seelenpartner, Seelenverschmelzung, Selbstvertrauen, Stille, Urvertrauen, Vergebung, Verschmelzung des Weiblichen und Männlichen, Vertrauen, Wertschätzung, Weiblichkeit, Wachstum, Zulassen, Zentrierung.

Engel und Meister dieser Energiequalität

Erzengel Anthriel – Engel der Harmonie
Jesus – Meister des bedingungslosen Vertrauens
Maria Magdalena – Meisterin der Partnerschaft der Neuen Zeit
Erzengel Metatron

Farbe

Magenta (rötlich-violett), dunkles Pink, Beerentöne

Erzengel Anthriel:
Die Integration der göttlichen Herzensqualität VERTRAUEN in Alles-was-ist

„Namaste, den Segen des EINEN bringe ich euch mit, denn es wird ein wahrhaft wunderbares, segensreiches Jahr.

2022 ist das Jahr des Vertrauens.
Vertrauen in die Schöpfung.
Vertrauen in das, was geschieht.
Vertrauen in eure Wahrnehmung.

Ja, ihr Lieben, wenn ihr in dieser so wundersamen Zeit wahrhaft ins tiefe Vertrauen geht, wird das ein besonderes Jahr für euch. Doch auch früher oder später ist es lohnenswert, sich mit der Herzensqualität des göttlichen Vertrauens zu befassen, denn Vertrauen ist der Anfang von Allem-was-ist.

Nun wollen wir euch zunächst nahebringen, was Vertrauen alles beinhaltet, sodass ihr einen Überblick erhaltet, dass es sehr viele Wege gibt, die euch ins Vertrauen bringen können.

Zunächst sei da die Bedingungslosigkeit genannt, deren Grundlage das Annehmen ist. Könnt ihr annehmen, seid ihr nicht mehr im Kampfmodus, und das ist ein wichtiger Punkt, denn Kampf ist immer alte Energie, und mit solchen Mitteln ist es nicht möglich, das allumfassende Vertrauen auch nur annähernd zu berühren.

Menschen, die nicht im Vertrauen sind, haben allesamt ähnliche Themen, die da sind: Das Bedürfnis nach Kontrolle und die Angst, diese aufzugeben, weil dann unvorhersehbare Dinge geschehen, die wiederum Angst machen, weil sie euch an alte Situationen erinnern, die euch damals in eurem Opferbewusst-

181

sein eure Handlungsunfähigkeit, eure Machtlosigkeit, ja, eure Ohnmacht gespiegelt haben.

Doch sich hinzugeben und zu vertrauen hat nichts mit Machtlosigkeit zu tun, vielmehr seid ihr so stärker in eurer Macht als je zuvor, denn ihr seid tief verbunden mit der göttlichen Führung.

Kontrolle beinhaltet auch Erwartungen, die ihr an andere stellt. Doch spürt einmal in euch, was geschieht, wenn jemand Erwartungen an euch hat. Es entsteht ein innerer, wenn vielleicht auch unbewusster Druck, weil jemand Macht über euch ausüben will. Und wenn ihr euch daran erinnert, wann ihr Erwartungen an andere Menschen gestellt habt, dann sind diese doch selten erfüllt worden, oder? Mit euren Erwartungen beschränkt ihr euch und die Schöpfung gleich mit. Natürlich dürft ihr Erwartungen haben, doch wenn diese nicht erfüllt wurden, schaut in den Spiegel, denn er beinhaltet immer eine wichtige Botschaft für euch.

Im Mittelpunkt dieses Jahres 2022 stehen Partnerschaften und Beziehungen aller Art. Diese geraten auf den Prüfstand des Vertrauens, denn alte Mechanismen der Kontrolle, der Erwartungen und auch der Kompromisse greifen hier nicht mehr. So setzt Vertrauen in Beziehungen immer schonungslose Ehrlichkeit euch selbst gegenüber voraus.

Es wird immer wichtiger werden, euch selbst zu erkennen, euch eurer Rollen bewusst zu werden und immer mehr ihr selbst zu werden, im Vertrauen, dass ihr so richtig seid, wie ihr seid, und es keinerlei Rollen bedarf, um geliebt und anerkannt zu werden. Natürlich werdet ihr in einem menschlichen Körper auch immer in verschiedenen Rollen sein, doch wählt nur noch die, die euch wirklich entsprechen und Freude bereiten.

Seid ihr euch eures Selbst und eurer Rollen, die ihr spielt, nicht bewusst, werdet ihr nie annähernd ihr selbst sein und kei-

nen Partner/keine Partnerin anziehen können, der/die wahrhaft zu euch passt. Das gilt sowohl bei Freundschaften, Liebesbeziehungen, als auch bei beruflichen und anderen Zusammenkünften. Diese Partner werden nur durch die Rolle angezogen, die ihr vorgebt, zu sein.

Es geht hier nicht darum, alle Rollen abzulegen, das ist nicht möglich und nicht gewollt, sondern es geht um Bewusstsein. Beobachtet euch genau, wenn ihr jemanden trefft, und fragt euch, wie anders ihr euch verhaltet. Gebt ihr etwas vor zu sein, was ihr nicht seid? Zu Beginn mag es so sein, dass ihr die Rolle aufrechterhalten könnt, doch eines Tages werdet ihr aus der Rolle fallen, und der Partner wird erkennen, dass ihr nicht die/der seid, der/die er kennengelernt hat. Das ist eine der Ursachen, dass sich nach kürzester Zeit Begegnungen wieder auflösen, nämlich dann, wenn ihr euch gegenseitig in euer wahres Gesicht blickt.

Diese Dinge geschehen natürlich nicht vorsätzlich, sondern meistens unbewusst. Mit diesem Wissen könnt ihr euch direkt beim Kennenlernen bewusst machen, wer ihr gerade seid und dann ins Vertrauen kommen, dass ihr genau richtig seid, so, wie ihr seid. Spürt also immer wieder in euch, fragt euch, was gerade euer Motiv ist, warum ihr euch so oder so verhaltet. Wollt ihr gefallen, wollt ihr Aufmerksamkeit, wollt ihr euch klein machen, oder könnt ihr darauf vertrauen, dass ihr perfekt seid, sodass es keinerlei Ausschmückungen bedarf?

Ist es euch möglich, euch einzulassen, euch der Schöpfung anzuvertrauen, dann werden die Geschenke, die daraus resultieren, unermesslich und unaussprechlich für euch sein.

Es bedarf der Hingabe und des Vertrauens.

Und diejenigen unter euch, die dazu noch nicht bereit sind, werden das erkennen. Gerne sind wir euch jederzeit behilflich bei der Erkenntnis und der Heilung.

Jeder von euch wird seinen individuellen Weg in das Vertrauen finden und gehen.
Gebt ab.
Seid bereit, zu empfangen.
Seid offen, und es geschieht von ganz allein.

So darf es sein im Jahr 2022.
Euer Erzengel Anthriel."

Der Weg in die Bedingungslosigkeit

Es wird viel über die Bedingungslosigkeit geschrieben, vor allem im Zusammenhang mit Liebe, doch ist es uns in der Dualität lebenden Menschen überhaupt möglich, die Bedingungslosigkeit vollständig zu leben?

Ohne Bedingungen bedeutet, völlig ohne Wertung, ohne Urteil, ohne Erwartungen alles anzunehmen und zu lieben, wie es ist.

Ich glaube, wir können das auf der Erde nicht zu 100 Prozent leben, denn die Dualität besteht aus Bedingungen. In der Dualität gibt es immer einen Gegenpol, es gibt das Allumfassende nur außerhalb der Dualität. Eins bedingt das andere, und deshalb kann es innerhalb der Dualität keine absolute Bedingungslosigkeit geben. Um sich aber außerhalb der Dualität bewegen zu können, dürfen wie erst einmal alle Seiten der Pole gelebt und integriert haben.

Wir glauben oft, dass ein Thema völlig gelöst ist, um es dann nach Monaten oder Jahren noch einmal vorgesetzt zu bekommen und zu erkennen, dass noch viele Emotionen darin stecken. Damit sind wir wieder bei den Ebenen. Auch unsere Muster befinden sich auf verschiedenen Ebenen, und wir können nur Ebene für Ebene lösen und heilen, alles auf einmal geht nun mal nicht.

Ich denke auch, wir sollten nicht den hohen Anspruch an uns haben, diese bedingungslose Liebe unbedingt erreichen zu wollen, es klingt manchmal sehr wertend, wenn die spirituelle Entwicklung eines Menschen an dem Grad der bedingungslosen Liebe, die er entwickelt hat, gemessen wird. Bedingungslosigkeit wertet nicht, und damit beißt sich der Hund in den Schwanz, wie man so schön sagt.

Wenn es überhaupt einen Gradmesser für spirituelle Entwicklung gibt, wären die Selbstliebe und die Freude die geeigneteren Messinstrumente. Denn mit Selbstliebe fängt doch alles an. Wenn wir uns selbst nicht annehmen und lieben können, können wir auch unsere Umwelt nicht wirklich lieben. Und in der Freude zeigt sich, ob wir auf dem Weg unserer Seele sind, was wiederum bedeutet, dass wir auf dem Weg nach Hause sind. Und je mehr Freude wir in unserem Leben empfinden, desto lichtvoller ist unser Sein, und desto näher sind wir der Quelle.

♥♥

Annehmen

Wir werden kaum zur Bedingungslosigkeit gelangen, wenn wir noch nicht mal uns selbst annehmen können. Deshalb beginnt der Weg in die Bedingungslosigkeit mit dem Annehmen.

Die Vorstufen von Annehmen sind Toleranz, was nichts anderes als Erdulden/Ertragen bedeutet, und Akzeptanz als eine Anerkennung von dem, was ist. Doch Toleranz ist ein unhaltbarer Zustand, denn etwas zu ertragen ist nicht unserer Wahrheit entsprechend und ruft keine angenehmen Gefühle hervor. Wenn wir akzeptieren, dann hadern wir zwar damit und lehnen es im Inneren immer noch ab, aber wir sind schon einen Schritt weiter.

Annehmen ist mehr als Tolerieren oder Akzeptieren. Wenn wir etwas annehmen, dann erklären wir uns mit dem IST-Zustand einverstanden.

Ein Schlüsselsatz ist hier:
Ich bin einverstanden mit Allem-was-ist.

Es ist die Bejahung – ja, es ist jetzt so –, die große Freiheit schenken kann, denn wir versuchen nicht mehr, etwas zu verändern und verplempern keine Energie mehr damit, es weghaben zu wollen. Und mal ehrlich, wie viel Sinn macht es, gegen etwas zu kämpfen, das bereits eingetreten ist? Das ist Energieverschwendung, und wenn wir annehmen, verschwenden wir unsere Energie nicht, sondern können sie dazu nutzen, uns neu auszurichten auf das, was wir wirklich wollen, und das bewirkt dann wirkliche Veränderung, ohne dass wir etwas kontrollieren oder beeinflussen.

Wenn wir wahrhaft annehmen können, und zwar alles, was geschieht, dann sind wir schon ein ganzes Stück an die Bedingungslosigkeit herangerückt. Können wir dann auch noch dankbar für diese Situation sein und das Geschenk darin erkennen, sind wir noch ein Stück weiter.

Des Weiteren setzt Bedingungslosigkeit Vertrauen voraus, und Vertrauen ist das Thema des Jahres 2022.

Ohne Vertrauen würden wir immer kontrollieren wollen, Erwartungen und Vorstellungen haben und den Verlauf der Dinge beeinflussen wollen. Bedingungslosigkeit fordert nichts, bedingungslose Liebe verschenkt sich. Wer jedoch bedingungslos geben möchte, der darf auch lernen, bedingungslos anzunehmen. Bedingungslosigkeit ist allumfassend, schließt alles mit ein, frei von jeglichen Einschränkungen, sie ist nicht trennbar, denn sie befindet sich außerhalb der Polarität. Wobei sie sich für mich allumfassend noch sehr viel größer und absoluter anfühlt als bedingungslos.

Doch wo hört eigentlich Bedingungslosigkeit auf, und wo beginnt die Selbstliebe?

Bedingungslos zu lieben bedeutet nicht, alles, was du annimmst, auch hinzunehmen und alles mit dir machen zu lassen. Du darfst natürlich persönliche Grenzen setzen, auch das gehört zur Selbstliebe. Bedingungslosigkeit bedeutet nicht Selbstaufgabe.

Vielleicht kannst du ein Gefühl für die Bedingungslosigkeit bekommen, wenn du bewusst mit ihr in Resonanz gehst. Hierzu lenke die Aufmerksamkeit auf dein Herz und bitte es, sich auf die Schwingungsfrequenz der Bedingungslosigkeit einzuschwingen. Wenn du magst, kannst du dazu sagen: „Ich bin im Einklang mit der Bedingungslosigkeit."

Möglicherweise kannst du so eine Ahnung davon bekommen, wie es sich anfühlen kann.

Du findest auf meiner Website www.die-seeleninsel.de eine kostenlose Meditation mit dem Titel „Im Einklang mit der allumfassenden Liebe". Damit kannst du verschiedene Gefühle bewusst wahrnehmen.

Nun hat Lady Nada eine Botschaft zum Thema:

♥♥

Lady Nada: Bedingungslose Liebe

„Meine geliebten Seelengeschwister. Lady Nada ist mein Name, und ich begleite euch bei der Integration der Annahme von Allem-was-ist.

Meine Lieben, ich möchte euch sagen, dass ihr nicht hier seid, um das zu integrieren, was auf der Ebene, auf der ihr euch zurzeit noch befindet, kaum möglich ist. Ja, ihr strebt nach bedingungsloser Liebe, doch ich möchte euch sagen, das ist eine Art Floh, der euch hier ins Ohr gesetzt wurde. Damit verlangt ihr etwas von euch, das auf der Ebene, auf der ihr euch befindet, überhaupt nicht möglich ist, es ist ohnehin viel besser, kleine Schritte zu gehen, anstatt von euch die Bedingungslosigkeit zu verlangen. Habt ihr alle Herzensqualitäten integriert und könnt sie wahrhaft leben, seid ihr automatisch in der Bedingungslosigkeit, denn eins bedingt das andere. Die bedingungslose Liebe ist dort, wo ihr herkommt und wo ihr wieder hingehen werdet, wenn ihr diese Dimension der Trennung hinter euch gelassen habt.

So will ich euch sagen: Die bedingungslose Liebe und Annahme mag zwar euer höchstes Ziel sein, doch bevor ihr diese leben könnt, dürft ihr alle anderen Formen der Liebe erleben.

Inzwischen dürftet ihr wissen, dass ihr nicht das eine Höchste erstreben könnt, ohne den Pol auf der anderen Seite wahrhaft gelebt und erkannt zu haben. Deshalb ist es wichtig, die menschliche Liebe zu leben; diese kann verrückt, schmerzhaft, verrucht, leidenschaftlich, fröhlich, freundschaftlich, geschwisterlich und unmenschlich sein. Menschliche Liebe ist alles, nur nicht vollständig und perfekt, es geht um die Erfahrung, um das Leben und das Hinfallen und Aufstehen, um das Versagen und das Nicht-Perfekte.

Habt ihr das alles gelebt, werdet ihr immer mehr heilen, denn die alten Muster wollen angesehen und gefühlt werden, bevor sie gehen. Ihr werdet dann in euch weiterwachsen und in euch immer vollständiger werden, sodass ihr keinen Gegenpol mehr benötigt, der euren Mangel behebt oder eure Defizite ausgleicht. Dann befindet ihr euch außerhalb der Dualität, am göttlichen Nullpunkt, an dem alles EINS ist.

Und dann, erst dann wird es euch möglich sein, die bedingungslose Liebe wahrhaft in euer Leben zu integrieren.

Liebe IST.

So beginnt mit der bedingungslosen Annahme von dem, was IST, auch wenn ihr den Sinn nicht versteht. Lasst euch vertrauensvoll auf das Leben ein und gebt ab, was von euch gehen will. Haltet nicht daran fest, denn es wird etwas Neues kommen, das ihr jetzt viel mehr braucht als das Alte.

Im Herzen mit euch vereint.
In Liebe, Lady Nada."

Der Weg ins Vertrauen

Wir haben schon erfahren, dass mit dem Thema Vertrauen viele andere Dinge zusammenhängen, die einander bedingen – welch Widerspruch – hatten wir nicht gerade von der Bedingungslosigkeit gesprochen?

Solange wir auf der Erde und in der Dualität leben, können wir nichts Allumfassendes, Bedingungsloses leben, da auf dieser Ebene alles in Form von Gegensätzen existiert. Um das eine zu erkennen, dürfen wir das andere erfahren, und so ist es auch beim Vertrauen – es sind die Bedingungen, Umstände, die in der Dualität herrschen. Wenn wir unserer Ängste und Kontrollmechanismen erkannt haben, können wir uns auch immer mehr dem Vertrauen widmen.

Die Gegenpole des Vertrauens sind Angst, Kontrolle, Erwartung, Wertung, Urteil. Zusammengefasst ist es so, dass Vertrauen die Einheit repräsentiert und der Gegenpol die Trennung.

Wir wissen zwar, dass die Trennung nicht wirklich existent ist, jedoch wissen wir auch, dass wir das eine nicht ohne das andere erkennen können. Und solange wir noch diese alten Ängste usw. in uns haben, werden wir nicht tief genug fühlen können, um unser Urvertrauen zurückzuerlangen.

Der Weg ins Urvertrauen geht über das Heilen und das Aufheben von Urteilen, denn urTEILEN bedeutet immer Trennung, das kann man bereits im Wort erkennen. Und Trennung bedeutet fehlendes Vertrauen. Hören wir also auf zu urteilen und alles in Schubladen zu legen, nehmen wir die Dinge so an, wie sie sind. Du siehst also, wie diese Themen zusammenhängen. Eins bedingt das andere, und deshalb kann es innerhalb der Dualität keine Bedingungslosigkeit geben.

Oft bekommen wir kleinere oder auch größere Vertrauens-
prüfungen, die wir jedoch meistens erst im Nachhinein als solche erkennen. Bei diesen „Tests" geht es vermehrt darum, dass
wir erkennen, wie weit wir schon bereit sind, uns wirklich auf
die Schöpfung einzulassen und darauf zu vertrauen, dass sie nur
unser Bestes will. Wieso sollte sie auch gegen uns sein, sie hat
uns doch erschaffen und würde sich sonst selbst zerstören. Und
wenn die Schöpfung auf unserer Seite ist, wer kann dann gegen
uns sein? Vielleicht springt zum Beispiel dein Auto nicht an, weil
auf dem Weg, auf dem du fahren möchtest, gleich ein Unfall
geschieht?

Nachstehend einige „Prüfungsbeispiele" aus meinem Leben:

Einmal fuhr ich an einer Ausfahrt vorbei, obwohl ich wusste,
dass ich dort abbiegen musste. Ich war einfach nicht in der Lage,
den Blinker zu setzten und abzubiegen, es ging einfach nicht.
Als ich ein paar Minuten später gedreht hatte und mich auf der
richtigen Straße befand, sah ich, dass dort ein Unfall geschehen
war. Hier hat mich meine Führung einfach „ausgeschaltet" und
übernommen, damit mir nichts passiert.

Ein etwas heftigeres Beispiel, frei nach dem Motto: Wer
nicht hören will, der muss fühlen. Und loslassen war für mich zu
dieser Zeit ein sehr schwieriges Thema.
Es war Winter und Glatteis, ich war auf kurvenreichen
ostholsteinischen Landstraßen unterwegs und fuhr wie eine
Schnecke. Ich hatte schon alle meine Engel gerufen, war aber
trotzdem völlig verspannt und konnte einfach nicht vertrauen,
dass sie mich führen würden. Ich rief immer wieder Stoßgebete

aus und versicherte mir ständig, dass mich alle Engel gehört hätten. Ich ließ aber nicht los, ich hatte wirklich Angst. Ich war in dem Moment nicht in der Lage, mich für Liebe und Vertrauen zu entscheiden, obwohl ich wusste, dass ich den schweren Rucksack einfach nur abzulegen brauchte, um mit offenen Händen zu empfangen. Und wenn man nicht loslässt, wird einem manchmal einfach etwas aus der Hand genommen.

Und schon geschah es: Ein Auto kam mir entgegen und brachte mein Auto ins Schleudern, scheinbar nur durch den Wind, den es verursachte. Ich konnte weder bremsen noch lenken, mein Auto schlingerte hin und her und schaukelte sich immer mehr auf. Ich rief die Engel schreiend um Hilfe, und plötzlich lösten sich wie von Geisterhand meine Hände vom Lenkrad, und ich fand mich eine Sekunde später auf der anderen Straßenseite wieder, sicher am Rand stehend.

Ohne einen Kratzer abbekommen zu haben, konnte ich wenden und weiterfahren. Die Engel bestätigten mir später, dass es für mich eine wichtige Prüfung in Bezug auf Loslassen und Vertrauen gewesen war, im wahrsten Sinne des Wortes. Schmunzelnd fügten sie noch hinzu, dass ich ja nicht hätte hören wollen, und wer nicht hören wollte, der durfte halt fühlen und erleben. Nun ja, seitdem kann ich leichter loslassen...

Beim zweiten Beispiel ist deutlich zu erkennen, dass wir entweder zart oder hart lernen, und mein bockiges Inneres Kind brauchte es hier etwas deutlicher, weil es einfach die Kontrolle nicht abgeben wollte. Wahrscheinlich würden mir noch viele solche Geschichten einfallen, aber mir geht es jetzt darum zu verdeutlichen, dass nichts ohne Sinn geschieht und die rote Ampel, der defekte Wecker oder eben auch ein „Fast-Unfall" immer geführt werden und wir gut daran tun, loszulassen.

Wenn wir uns aus unseren Ängsten langsam lösen und aus den ganzen alten Konzepten, Vorstellungen, Glaubenssätzen usw. aussteigen können, hat die Führung die Möglichkeit, direkt und spürbar einzugreifen, einzuwirken, und mit uns im Team zu arbeiten. Unsere innere Führung möchte immer nur unser Bestes, denn sie ist wie wir ein Teil der Schöpfung, doch ein sehr viel bewussterer Teil. Du kannst diese Führung auch Schutzengel, Seele, Höheres Selbst oder innere Stimme nennen.

Jetzt habe ich eine Frage an dich: Wie weit sind wir eigentlich im Vertrauen, wenn wir bewusst Dinge erschaffen wollen?

Ja, wir sind Schöpfer, doch mal ehrlich: Befinden wir uns wirklich bereits auf einer Ebene, von der aus wir die Zusammenhänge so gut erkennen können, dass wir Dinge und Situationen erschaffen können, die zum Besten aller sind? Ist das nicht Einflussnahme, Kontrolle und Erwartung? Bedeutet Vertrauen nicht auch Hingabe?

Entscheide das bitte für dich, ich habe mich seit langem entschieden, nichts mehr zu wollen oder um etwas zu bitten, denn ich durfte schon oft erfahren, dass ich mit meinen eigenen Vorstellungen die Schöpfung blockiert habe. Seitdem ich das nicht mehr tue, ist mein Leben wunderbar im Fluss, und ich werde reich mit Dingen beschenkt, die ich mir niemals hätte erträumen können. Natürlich falle ich da auch manchmal raus und glaube plötzlich, dass die Dinge genauso geschehen müssen und nicht anders, damit ich glücklich bin. Aber dann nehme ich mein Inneres Kind wieder in den Arm, und das dickköpfige, trotzige Verhalten legt sich schnell wieder. Oft gibt es dann auch eine Art Belohnung, dass ich das erkannt und geheilt habe, und es geschehen so schöne Dinge, die mir in meiner größten Fantasie nicht eingefallen wären.

Der Weg durch die Angst

Jeder Mensch hat Ängste, das ist natürlich, denn Angst schützt uns auch vor Gefahren. Doch gibt es auch irrationale Ängste, für die es keinen realistischen Grund gibt und deren Ursachen in der Vergangenheit liegen. Nichtgeheilte Ängste werden wie alle Emotionen in unserem Emotionalkörper über viele Leben gespeichert und in jedes Lebens wieder mitgenommen, bis sie anerkannt, gefühlt und losgelassen wurden.

Angst ist das Gegenteil von Liebe, der Gegenpol. Angst kann nicht existieren, wenn wir VERTRAUEN. Und je mehr Vertrauen wir entwickelt haben, desto weniger Ängste sind in uns, allerdings kommen wir nicht auf Knopfdruck ins Vertrauen. Entweder das Leben schenkt uns Situationen, in denen wir mit unseren tiefsten Ängsten konfrontiert werden, oder wir sehen uns unsere Ängste bewusst und gezielt an. Beide Wege haben zum Ziel, mit jeder gelösten Angst ein Stück freier zu werden und mehr ins Vertrauen zu rücken. Es geht nicht drumherum, aus meiner Erfahrung geht es nur mittendurch – entweder freiwillig und bewusst oder unbewusst.

Der Vorteil ist, wenn du dir deine Ängste ganz bewusst ansiehst, weißt du, was in etwa auf dich zukommt. Das macht es zwar nicht unbedingt leichter, aber ich finde, es ist dadurch leichter handelbar und wirft einen nicht vollkommen aus der Bahn, weil man ja weiß, was und warum man es tut.

Nun hat die Geistige Welt noch etwas zum Thema Vertrauen zu sagen:

Jesus: Ankommen in der Welt des Vertrauens

„Ich bin Jesus, der ständige Begleiter eurer Seele, denn ich bin wie ihr und kann nachempfinden, wie es ist, immer wieder darauf zu vertrauen, dass alles richtig ist, so, wie es ist, auch wenn die äußeren Umstände anderes erzählen. Aus diesem Grund will ich zu euch vom Vertrauen sprechen.

Es ist die Zeit des Vertrauens gekommen. Das Vertrauen darauf, dass alles, was geschieht, eurem höchsten Wohl dient. Nur, wem dürft ihr lernen zu vertrauen?

Es sei euch gesagt: Zunächst ist es nicht wichtig, anderen Menschen beziehungsweise sich selbst zu vertrauen, denn die Grundlage allen Vertrauens liegt in der Schöpfung.

Die Grundlage des Vertrauens ist die Gewissheit,

– dass alles einen Sinn hat,
– dass für euch gesorgt ist,
– dass ihr alle ein Teil Gottes seid,
– dass Gott sich nicht selbst zerstören kann.

Die Grundlage des Vertrauens ist die Gewissheit über etwas Höheres, ein tiefes, gefühltes inneres Wissen, das keine äußeren Beweise benötigt. Es ist ein Abgeben des Rucksacks, was nicht heißt, dass ihr nicht euren eigenen Teil zu tragen habt, aber dieser Teil ist meistens sehr viel kleiner, als ihr euch selbst zugesteht. Habt ihr dieses Vertrauen erlangt, könnt ihr viele eurer Sorgen und Ängste abgeben, ihr müsst nicht alles alleine tragen. Wichtig ist nur, dass ihr lernt, unsere und die Signale und Impulse eurer Seele zu deuten und entsprechend zu handeln, wenn *es angezeigt ist, denn nur weil ihr vieles an uns abgeben könnt, heißt das nicht, dass ihr nicht mehr zuständig seid. Habt ihr diese Grundlage aufgebaut und sind ihre Wurzeln tief genug, entsteht das Vertrauen in euch und andere Menschen von selbst.*

Oft ist die Ursache des mangelnden Urvertrauens der Mangel selbst, was bedeutet, dass ihr eure eigene, euch innewohnende Fülle nicht erkennen und so auch nicht wertschätzen könnt. So beginnt, Dankbarkeit zu entwickeln für alles, was in eurem Leben geschieht. Seid ihr von Herzen dankbar, dann könnt ihr mit Gewissheit erkennen, dass für euch wahrhaft wunderbar gesorgt ist.

In manchen Fällen handelt es sich auch um einen abgespaltenen Seelenanteil namens Urvertrauen. Auch wenn ihr nicht wisst, ob das der Fall ist, könnt ihr dennoch in jedem Fall mit diesem Anteil in Kontakt treten. Sprecht mit eurem Seelenanteil Urvertrauen, und ihr werdet schon bald bemerken, wie nah oder fern er euch ist. Ladet ihn zu euch ein, seid bereit, mit ihm zusammenzuarbeiten, mit ihm Freundschaft zu schließen und bittet ihn darum, euch Möglichkeiten aufzuzeigen, diesen Seelenanteil wieder vollständig zu integrieren. Glaubt mir, ihr braucht uns nur zu rufen, wir sind euch jederzeit gerne behilflich.

Wie das Medium bereits berichtet hat, bedarf es der Transformation der alten Ängste, um das Vertrauen integrieren zu können.

Bevor etwas Neues zu euch kommen kann, darf etwas Altes gehen; bevor ihr irgendwo ankommen könnt, dürft ihr euch verabschieden und losgehen. Habt keine Angst, für eure Ankunft ist immer gesorgt. Vor allem in Partnerschaften ist es in dieser Zeit so, dass ein neuer Partner nicht in Aussicht ist, so lange ihr euch nicht vom alten verabschiedet habt. Das funktionierte vielleicht noch zu Zeiten, in denen ihr noch nicht solch einen hohen Entwicklungsstand hattet, oder in einigen Seelenplänen, die Entscheidungen in sich als Aufgabe tragen.

Doch der Großteil darf zunächst

– *Vorschussvertrauen in die Schöpfung geben,*
– *ohne Netz und doppelten Boden abspringen,*
– *sich vertrauensvoll hingeben...,*
  ...um den Segen der Erfüllung des Neuen zu erfahren.

Die Ankunft geschieht dann, wenn euch keine Verbindungen mehr festhalten.

Die Ankunft beim neuen Partner.
Die Ankunft in einem neuen Zuhause.
Die Ankunft in einem neuen Beruf.
Die Ankunft bei euch selbst.

So seid gesegnet und vertraut, dass ihr immer ankommt.
Seid gesegnet auf eurem Weg.

In Liebe, Jesus."

♥♥

Partnerschaft / Beziehung

Im Jahr 2022 ist auch das Thema Partnerschaft / Beziehung vorherrschend, und so dürfen wir uns fragen, wie bedingungslos es ist, wenn man sich in Gedanken seinen Traummann oder seine Traumfrau zusammenbastelt. Wollen wir einen bestimmten Menschen mit bestimmtem Aussehen und Eigenschaften in unser Leben ziehen, oder jemanden, der wirklich zu uns passt? Wie sollen wir mit einem Partner glücklich werden, den wir uns aus unserer eingeschränkten menschlichen Sicht zusammengebastelt haben? Und wenn wir so bewertend an diese Partnerschaft herangegangen sind, wie können wir dann erwarten, dass uns unser Partner glücklich macht? Dieser Mensch wird unser Spiegel sein, und das kann sehr unangenehm werden, und er wird uns nicht glücklich machen können, denn das können wir nur selbst. Wissen wir wirklich besser als die Schöpfung, was passend ist?

Hier geht es um das Vertrauen in die Schöpfung, denn sie wird uns schon den/die Richtige/n bringen, wenn wir vertrauen und loslassen. Mit all unseren Einschränkungen, Bedingungen, Erwartungen usw. kontrollieren wir die Schöpfung. Und was bitte sollte die Schöpfung wollen, als unser Bestes, sie hat uns doch selbst erschaffen. Vielleicht hören wir also auf mit den „Ein- und Ausschlussverfahren", wie Metatron mir einmal vor langer Zeit bei meiner Suche sagte. Der Schlüssel zu einer Partnerschaft ist also auch die Bedingungslosigkeit, das bedingungslose Vertrauen in die Schöpfung.

Hierzu hat das Expertenteam jetzt eine Botschaft:

Jesus und Maria Magdalena: Seelenpartnerschaft

„Geliebte Lichter, wir grüßen euch. Wir sind Maria Magdalena und Jesus. Viele von euch kennen mich als Jesus, den Christus, Jesus Sananda oder auch als Jeshua ben Joseph. Namen sind Energie, und jeder hat seine Bedeutung und Schwingung, doch es ist mir gleich, mit welchem meiner Namen ihr mich ruft, eure eigene Herzensqualität ruft die Schwingung herbei, die ihr zu diesem Zeitpunkt benötigt. Und eure Herzensschwingung ist es auch, die euren Seelenpartner in euer Leben zieht.

Doch bedenkt: Jeder Mensch, der euch begegnet, ist ein Seelenpartner, eine Seelenpartnerin, denn nichts geschieht zufällig, und so begegnen euch immer genau die Menschen zur richtigen Zeit, mit denen ihr euch verabredet habt und mit denen ihr in Resonanz geht. Das heißt, diese Menschen spiegeln euch immer eure eigenen nichtgeheilten Anteile, egal, ob euch das bewusst ist oder nicht.

Eine Seelenpartnerschaft kann eine Freundschaft sein, eine berufliche Beziehung oder auch eine Liebesbeziehung. Auch wenn ihr manches Mal mit einem Menschen gerne noch näher zusammen wärt, wenn es für euch wichtig wäre, würde es auch geschehen. Bedenkt, dass ihr euch immer auf der Ebene begegnet, auf der ihr euch verabredet habt. Und so kann eine platonische Seelenpartnerschaft mindestens genauso heilend und lehrreich sein wie eine sexuelle Beziehung, denn es werden hier unterschiedliche Ebenen und Lernthemen bedient, und nicht alles macht mit jeder Seele Sinn.

So sind die Themen hier auch Einlassen, Loslassen und bedingungslose Hingabe, und zwar nicht nur an eure Seelenpartner, sondern vor allem an das Göttliche.

Wollt ihr Menschen eine neuzeitliche Seelenpartnerschaft leben, unabhängig davon, ob es auf freundschaftlicher, sexueller oder sogar allumfassender Ebene ist, wie es sich die meisten von euch wohl wünschen, dann seid euch bewusst, dass ihr immer nur mit dem in Resonanz gehen könnt, was ihr IN euch tragt. Eine Partnerschaft, die Defizite ausgleicht, der sich anziehenden Gegensätze, ist alte Energie. Je weiter ihr euch entwickelt, desto weniger wird eine Partnerschaft der Gegensätze möglich sein, denn hier besteht keine Resonanz. Resonanz ist der Gleichklang der Seelen. Es ist göttliche Harmonie.

Also erkennt, dass das, was ihr im Außen versucht auszugleichen, ihr ausschließlich in eurem Inneren finden könnt. Wenn ihr glaubt, einen Partner zu benötigen, zieht ihr genau dieses „Brauchen" in euer Leben, was sich darin ausdrücken kann, dass potenzielle Kandidaten verschreckt werden, weil sie nicht festgehalten werden wollen. Oder ihr zieht jemanden an, der beginnt, euch zu kontrollieren und euch zu brauchen, sodass ihr euch gegenseitig aussaugt.

Das sind nur Beispiele. Solange ihr Sicherheit erwartet und fordert, bevor ihr bereit seid, eure Liebe zu verschenken, frei von Bedingungen, vollkommen unabhängig von der Reaktion des anderen, solange werdet ihr die neuzeitliche Liebe nicht leben können.

Das ist auch der Grund, warum so viele Menschen, die sich so sehr einen Partner wünschen, keinen finden. Solange ihr selbst nicht erkennt, dass ihr im Außen nichts braucht, weil ihr vollständig seid, werdet ihr keinen Partner anziehen, der sich auf der gleichen spirituellen Ebene befindet. Wenn es so weit ist, werdet ihr es an der Wärme der Herzen erkennen, an dem Verstehen ohne Worte und an der völligen Angstfreiheit – denn da sind keine Eifersucht, keine Verlustangst, kein Liebesleid – es

IST einfach nur. So werdet zu euren eigenen Geliebten, damit sich in bestehenden und zukünftigen Partnerschaften die allumfassende Liebe der Quelle ausdrücken kann.

Es ist nicht leicht für euch Menschen, euch wirklich aufeinander einzulassen. Und für manche ist es einfacher, sich in leichtere Begegnungen zu flüchten, die zwar nicht von Tiefe geprägt sind und meistens nur oberflächlich verlaufen, die jedoch keine großen Unsicherheiten, Ängste und Schmerzen auslösen.

Wir möchten euch bitten: Hängt euch nie an einen bestimmten Menschen, denn damit übt ihr Kontrolle aus. Ihr könnt aus eurer Perspektive als Mensch nicht so gut erkennen, was für euch wirklich gut ist, das könnt ihr besser wahrnehmen, wenn ihr euch auf die Ebene eures Höheren Selbst begebt. Glaubt ihr wirklich, dass die Schöpfung es nicht besser weiß? Übergebt es dem Fluss des Lebens und kommt ins Vertrauen, das ist das Beste, was ihr tun könnt.

Lernt eure eigenen Erwartungen kennen, damit ihr sie loslassen könnt. Beginnt euch selbst das zu geben, was ihr euch von anderen wünscht. Ihr kommt zusammen, um einander zu bereichern, nicht um voneinander etwas zu erwarten, zu erhalten oder um Defizite auszugleichen.

Sobald ihr in einer Erwartungshaltung seid, setzt ihr das Gegenüber unbewusst unter Druck, und dieser Druck bewirkt das Gegenteil von dem, was ihr euch wünscht. Es ist ein Trugschluss, wenn ihr glaubt, irgendetwas festhalten zu können, denn ohne Bewegung gedeihen kein Leben und keine Liebe.

Eure Seelenpartner sind Heiler und Spiegel zugleich für euch. So beobachtet, was euch hier gespiegelt wird. Euer Weg wird sich fügen, sobald ihr nicht mehr an ihm zerrt.

Die große Einheit, die Quelle, teilte sich einst auf, und die letzte Spaltung war die in Männlich und Weiblich, die wiederum vielfach gespalten wurde. Daher rührt die Sehnsucht nach Vereinigung und Verschmelzung, nicht nur der Körper, sondern vor allem der Seelen. Es ist der sichere Weg zurück in die Einheit, denn durch diese Sehnsucht hört ihr nicht auf, zu suchen.

Versucht, diese Botschaft nicht mit dem Verstand zu erfassen, sondern mit dem Herzen. Lest sie sooft ihr mögt, aber lest sie nur mit dem Herzen.

So umhüllen wir euch nun mit unserem magentafarbenen Lichtmantel, der euch an das Gefühl der neuzeitlichen Seelenpartnerschaft erinnern möge.

Ihr seid unendlich geliebt. Nehmt diese Liebe, die wir euch senden, in eure Zellen auf und verschenkt sie weiter und weiter und weiter.

In Liebe,
Maria Magdalena und Jesus."

Erzengel Metatron: Seelenverschmelzung

„Es grüßt euch Metatron, der neben dem Thron der Quelle der Schöpfung steht.

Es ist das Vorschussvertrauen, das ihr geben dürft, denn im freien Fall werdet ihr geöffnet für die neuen Dinge, die da kommen. Und eins dieser neuen Dinge ist die Seelenverschmelzung. Doch das Neue ist wahrlich nicht so neu, es war euch nur zu-

vor nicht bewusst. Ihr kommt eurem wahren Seelenkern immer näher, indem eure Anteile zu euch zurückkehren – bei jedem in seinem/ihrem eigenen Tempo.

Es ist der Seelenverschmelzungsprozess, der nun bei vielen von euch bewusst einsetzen wird. Natürlich geschieht das schon seit langer Zeit. Eure Anteile kehren Stück für Stück zurück, sodass ihr eines Tages eure absolute Vollständigkeit auf Erden wahrnehmen könnt. Dieser Prozess, der nun einsetzt, ist so besonders, weil ihr nun ganz klar wahrnehmt, was mit euch geschieht.

Auch in vielen Seelenpartnerschaften geschieht eine Seelenverschmelzung auf höherer Ebene. Diese kann jedoch erst erfolgen, wenn ihr euren eigenen gegengeschlechtlichen Anteil erkannt und integriert habt. Nach der Verschmelzung der inneren männlichen und weiblichen Anteile erfolgt die Verschmelzung mit der Dualseele auf körperlicher und/oder auf seelischer Ebene.

Versteht – zunächst erfolgt die innere Verschmelzung, die euch in das Gefühl der Ganzheit geleitet, danach kann die Verschmelzung mit der Dualseele, eurem seelischen Gegenpol, erfolgen.

Manche eurer derzeitigen Seelenpartner können, aber müssen nicht, eure Dualseelen sein. Oft sind nur Teile der dualen Seele in einem anderen Menschen inkarniert, doch das ist nicht weiter wichtig. Ihr braucht nur zu wissen, zu vertrauen und zu fühlen, dass dieser duale Teil die andere Hälfte eurer Gesamtseele ist und mit euch verschmilzt, ganz gleich, ob es bewusst körperlich zustande kommt oder nicht. Es geht nicht darum, und damit möchten wir wirklich ein für alle Mal mit diesem Irrglauben aufräumen, dass es für jeden Menschen nur den einen perfekten Partner gibt. Der/die, mit der/dem ihr gerade in Re-

sonanz geht, ist perfekt für euch, und das können verschiedene Seelen sein, und sehr oft, auch wenn es noch so perfekt ist, werdet ihr nicht mit der Dualseele zusammenkommen, wenn ihr es nicht verabredet habt.

In diesem Zusammenhang werdet ihr noch vieles erkennen, und Bedingungen/Einschränkungen, die für euch einst wichtig waren, werden sich auflösen und bei einigen ungewöhnlichere Formen der Liebe und des Zusammenseins annehmen. Es sind Formen, die der Neuen Zeit entsprechen und oft nicht mit euren derzeitigen Vorstellungen vereinbar sind.

Es werden sich Seelen, Herzenspartner finden, um den Seelenverschmelzungsprozess auch auf körperlicher Ebene vollends auszuleben. Ihr braucht dafür nichts zu tun, es geht vielmehr darum, etwas nicht mehr zu tun: Kontrolle, Einschränkung, Wertung. Diese werden den Prozess blockieren und das kann selbst dann schmerzhaft werden, wenn alte Dinge zu diesem Thema schon auf den meisten Ebenen geheilt sind.

Ihr könnt diese Zeit als eine Art Prüfung ansehen, ob ihr wahrhaft bereit seid, eine neuzeitliche Partnerschaft zu leben, und diese Partnerschaft als gemeinsames Projekt wahrnehmen, um auf Seelenebene als WIR zu verschmelzen.

Es ist eine heilige Zeit, und so ist es euch auch möglich, mit eurem Christusselbst zu verschmelzen, mit eurem inneren Christus, der einst in der Inkarnation des Jesus auf Erden lebte. Jede Seele trägt diesen Funken ins sich, er will nur wieder erweckt werden.

So wollen wir uns nun verabschieden, jedoch nicht, ohne euch unseren Segen mit auf den Weg zu geben. Wir sind immer bei euch, lauscht einfach nur.

So seid gesegnet und lasst euch in die Quelle der Schöpfung fallen. Möget ihr immer das Vertrauen haben, dass alles zu eurem Wohl geschieht, und möget ihr die Hingabe in euch tragen, dass sich all diese Weisheit der Schöpfung in eurem Leben entfalten darf.

Umschlungen von meinen Engelschwingen lasst euch fallen. In Liebe, Metatron."

♥♥

Mediation: Geburt des inneren Christuslichts (Kurzanleitung)

Diese Meditation ist mit Energieübertragung auf CD und als Download erhältlich.

Entdecke dein inneres Christuslicht in dir, erkenne, dass du selbst es bist, nach der/dem du immer gesucht hast. Beende deine Suche und komme bei dir selbst an.

Kurzanleitung

- Das Christuslicht wohnt in deinem Herzen.
- Lenke dein Bewusstsein auf dein Herzzentrum, indem du dort hineinatmest und dabei lächelst. Das Lächeln verbindet sich mit der Liebe deines Herzens.
- Nun berührt Jesus sanft dein Herz.
- Durch die Berührung verschmelzen die Liebe deines Herzens und das aufmerksame Lächeln zu einem Licht.

- Dein inneres Christuslicht ist geboren. Dein Christuslicht zeigt sich dir in der Farbe, die jetzt für dich passt.
- Mit einem bewussten Gedanken sende nun das Christuslicht in deinen Körper und spüre, wie es sich dort ausbreitet. Alles wird mit dem Christuslicht erleuchtet.
- Nimm wahr, wie du aus deinem Zentrum heraus das Christuslicht in die Welt trägst.
- Du hast nun dein Christuslicht in dir entdeckt und ausgedehnt, dein ganzer Körper strahlt jetzt voller gesegneter Energie.
- Dieses Leuchten ist es, an dem andere Menschen sich erwärmen können. Teile dieses Licht, behalte es nicht für dich. Es wird umso heller strahlen, je öfter du es von Herzen mit Liebe verschenkst. Stelle das Licht zur Verfügung, mit jeder Umarmung, mit jedem Blick, mit jedem Lächeln, und überlasse es dem anderen, ob er es erkennen und annehmen will.
- Bleibe in diesem wundervollen Gefühl und nimm es mit in dein Tagesbewusstsein.

2023

Herzensqualität DANKBARKEIT

Erzengel Raphael und Meister Hilarion

Qualitäten

Die Energiequalität des Jahres 2023 entspricht in etwa dem 5. göttlichen Strahl.

Annahme, Ausgleich, Dankbarkeit, Demut, Drittes Auge, energetische Heilung, Einheit, Entscheidung, Einweihung, Erneuerung, Ganzheit, Gesundheit, geistiger Kontakt, Geben und Nehmen, göttlicher Wille und Ordnung, Geborgenheit, Gleichgewicht, Heilung auf Zellebene, Herzensheilung, Hingabe, Herzöffnung, Intuition, Inneres Kind, innere Stimme, Konzentration, Lösung, Loslassen, Neuausrichtung, Regeneration, Reinigung, Sterbebegleitung, Sehkraft, Seelenreifung, Selbstermächtigung, spirituelle Medizin, Selbstfürsorge, Selbstliebe, Sinn, Segen, Trost, Telepathie, Ursprung, Visionen, Verjüngung, Vollkommenheit, Vollständigkeit, Vermittlung, Vertrauen, Wahrheit, Wunder, Wertschätzung, Wiederherstellung, Wissenschaft, Weihe.

Engel und Meister dieser Energiequalität

Erzengel Raphael – Engel der Heilung
Meister Hilarion – Meister der Selbsterkenntnis
Erzengel Nathanel – Engel der Seelenreifung
Mutter Maria – Meisterin der Geborgenheit
Erzengel Metatron

Farbe

Grün, Hellgrün, Dunkelgrün, Smaragdgrün, Lindgrün, Mintgrün

Erzengel Nathanel und Mutter Maria: Seelenheilung durch Integration der göttlichen Herzensqualität Dankbarkeit

„Gesegnet seid ihr, ihr lieben Seelen, die ihr diese große Aufgabe der Erdinkarnation auf euch genommen habt. Wir sind Mutter Maria und Erzengel Nathanel, und wir begleiten euch voller Dankbarkeit und Wertschätzung durch das Jahr 2023.

Es ist das Jahr der Dankbarkeit, und diese Dankbarkeit ist wahrhaft ein Weg der Seelenheilung. Dankbarkeit schenkt, Dankbarkeit gibt, Dankbarkeit heilt. Sie lässt aus zarten Pflänzchen große Bäume entstehen, aus kleinen Samen wunderschöne Blumen, und sie kann sie loslassen und vertrauen, denn irgendwann ist es für den Baum oder die Blume Zeit zu gehen – werden und vergehen, der alte Zyklus –, und Mutter Erde nimmt sie wieder auf, um neu aus ihrem Schoß zu gebären. Das Geschenk des Lebens, das Geschenk der Dankbarkeit.

2023 ist ein Jahr, in dem ihr euer Ego weiter in Dankbarkeit, Demut und Wertschätzung verwandeln könnt.

Dankbarkeit ist eine Gabe, die ihr jederzeit verschenken könnt, an jeden und alles. Gerade dann, wenn ihr Gründe kennt, die euch in die Wertung und die Verurteilung gleiten lassen. Erkennt immer das Geschenk und seid dankbar für das, was geschehen ist, auch wenn ihr den Sinn noch nicht verstehen könnt. Erkennt, dass sich niemand ein Geschenk verdienen muss, denn sobald ihr etwas schenkt, weil jemand eine Leistung erbracht hat oder Ähnliches, knüpft ihr euer Geschenk an Bedingungen, das blockiert die heilsame Dankbarkeitsenergie, und damit ist die wahre Botschaft des Geschenks: Du bekommst etwas, weil du etwas geleistet hast. Oder du bekommst etwas, weil ich mich verpflichtet fühle.

Beides enthält keine wahre Herzensenergie. Ein Dankeschön ist ein uneigennütziges Geschenk, frei von Erwartung einer Gegenleistung, auch kein Wort des Dankes wird erwartet.

So betrachtet hier immer euer Motiv. Schenkt ihr und erwartet ein Danke, dann ist es eher ein Verleihen, ein Pfand, für das ihr etwas zurückbekommen wollt, und so ladet ihr, wenn auch unbewusst, ein Verpflichtung auf den Beschenkten.

Wir wollen euch in diesem Jahr das rechte Maß erkennen lassen. Stellt keine Schuldscheine aus und macht dem anderen besser Geschenke von Herzen. So erkennt, welche Art von Dankbarkeit ihr wahrhaft leben wollt, und erkennt auch, ob Geben und Annehmen bei euch im Gleichgewicht sind. Nur wenn ihr genauso leicht und mit Freude annehmen könnt, was euch das Leben schenkt, werden auch eure Geschenke an andere ankommen. Annehmen können bedeutet auch, sich selbst zu lieben, sich selbst wertzuschätzen. Habt ihr euren eigenen Wert erkannt? Dann könnt ihr sicher sein, dass euer Wert von anderen anerkannt wird, und alles ist in Harmonie.

Harmonie ist die göttliche Ordnung, die euch im Jahr 2023 besonders bewusst werden wird, denn es wird sich deutlich zeigen, was bei euch im Ungleichgewicht ist. Die Disharmonie in eurem Leben, insbesondere in eurer Seele, zeigt sich meistens über euren Körper, und so darf es auch ein Jahr der bewussten Seelenheilung sein. Und je heiler eure Seele auf dieser Ebene ist, desto vollständiger werdet ihr euch fühlen, desto näher rückt euer Lichtkörper an euch heran, um die göttliche Ordnung wieder herzustellen und so eure medialen Fähigkeiten zu vollenden.

Wir, Mutter Maria und Erzengel Nathanael, sprechen nun unseren Segen aus, voller Dankbarkeit und Liebe, denn ihr könnt wahrhaft nahrhafte Früchte ernten in diesem Jahr.

Segen über euch.

Mutter Maria und Erzengel Nathanael."

♥♥

Metatron: Dankbarkeit und Wertschätzung, Geben und Nehmen

Geliebte, ich BIN Metatron, der neben dem Thron des EINEN über euch wacht.

In diesen Jahren geht es vermehrt um die Ausbildung der Herzensqualitäten, und das möchte ich zum Anlass nehmen, euch zwei Herzensqualitäten näherzubringen, die im Jahr 2023 vorherrschend sind und an Wichtigkeit immer mehr gewinnen: Dankbarkeit und Wertschätzung.

Ja, meine Lieben, einige werden jetzt denken, dass dies ein alter Hut ist, doch was soll ich euch Neues erzählen, wenn diese alten Hüte immer noch nicht in jedem Herzen Platz genommen haben?

Natürlich haben die meisten Menschen den Anstand, sich zu bedanken, wenn sie etwas erhalten. Doch wie oft kommt dieser Dank wahrhaft aus dem Herzen? Ein Dank an einen Menschen, an die Engel oder an Gott persönlich, der nicht wirklich herzgefühlt ist, ist verschwendete Energie. Warum? Die Energie des Dankes kommt nicht dort an, wo sie wahrgenommen werden kann, denn sie ist verkopft und trifft nicht auf das Herz des Gegenübers.

Wahrhaftige Dankbarkeit könnt ihr nur tief in eurem Herzen fühlen. Und diese herzgefühlte Dankbarkeit hat eine besonders heilende Wirkung, denn sie senkt Aggression, Depression und fördert Vertrauen und ZuFRIEDENheit. Und zur Dankbarkeit gesellt sich die Wertschätzung, denn Wertschätzung ist die Ausdrucksform, ja, der Selbstausdruck der Dankbarkeit. Diese beiden sind untrennbar miteinander verbunden. Seid ihr zutiefst dankbar, ist das eine Sache, doch drückt ihr diese Dankbarkeit dann noch mit Worten, Gesten, Geschenken, Geld und anderen Dingen aus, zeigt ihr damit der Schöpfung, dass ihr bereit seid für die Fülle des Lebens. Wertschätzung ist erwartungsloses Geben aus dem Herzen heraus.

Seid euch bewusst: So, wie ihr eure Wertschätzung anderen gegenüber ausdrückt, so schätzt ihr euch in Wahrheit selbst wert – es ist immer nur ein Spiegel. Erkennt ihr den Zusammenhang mit dem Begriff Selbstwert? Also beobachtet einmal, wie viel ihr euch wahrhaft selbst wert seid, was zeigt euch euer Spiegel?

Befindet ihr euch ständig im Mangeldenken und versucht alles, vor allem auch das Geld, krampfhaft festzuhalten, wird es nicht gerne bei euch sein und euch diesen Mangel immer wieder bestätigen.

Genauer gesagt, lebt ihr im finanziellen Mangel, werdet ihr das niemals heilen können, indem ihr das Wenige, was da ist, auch noch festhaltet. Festhalten entspringt der Energie der Angst, und Loslassen entspringt der der Liebe.

So erkennt auch, dass die menschlichen Kanäle, durch die wir wirken, ihre Zeit für euch zur Verfügung stellen, um Energien

zu übertragen, Botschaften zu übermitteln oder euch anderwei-
tig zur Seite zu stehen. Wir geistigen Wesen übermitteln euch
von Herzen gerne Botschaften und Energien, wir geben erwar-
tungslos aus dem Herzen heraus und erfreuen uns an eurer ho-
hen Wertschätzung uns gegenüber. Denn eins sei euch gewiss:
Es wird tausendfach zu euch zurückkehren.

Unsere Energien und Botschaften sind zwar nicht mit ir-
dischen Gütern aufzuwiegen, dennoch lebt der Kanal auf Erden
und darf und soll für seine Zeit eine Wertschätzung empfangen,
denn empfangen zu können zeugt von spiritueller Reife – sie er-
kennen den eigenen Wert und nehmen die Wertschätzung, den
energetischen Ausgleich für ihr Tun an.

Wir sagen euch weiterhin, dass diese Wertschätzung, die ihr
aus eurem Herzen heraus gebt und empfangt, auch eine große
Wertschätzung für uns, die Geistige Welt, ist. Wenn ihr Men-
schen etwas wahrhaft zu schätzen wisst, sind die Energie, der
Nutzen, die Entwicklung und die Erkenntnis, die ihr aus unseren
Botschaften und Energien erhaltet, um ein Vielfaches höher. Die
Wertschätzung und das DANKE fließen von euch zum Kanal und
von dort zur Geistigen Welt und aktivieren so das volle Potenzial
der Gabe, die ihr erhalten habt. So ist der Fluss eures Lebens in
Bewegung und kann nicht stagnieren.

Nicht wertgeschätzte Energien können dazu führen, dass
ihr euch selbst blockiert und euch Steine in den Weg legt, denn
ein Gefühl der Unausgeglichenheit, der gefühlten Schuld breitet
sich fast unmerklich in eurer Aura aus.

Liebe Seelen, ihr könnt euer Selbstbild daran erkennen, in-
dem ihr beobachtet, was ihr freien Herzens geben könnt. Doch
verfallt nicht in die Wertung, die Beobachtung dessen ist voll-
kommen ausreichend.

Und glaubt daran, das Universum kann gar nicht anders, als euch 1000-fache Fülle zu spiegeln, wenn ihr aus tiefstem Herzen gebt.

So beginnt JETZT gleich, eure Wertschätzung und Dankbarkeit gegenüber Allem-was-ist auszudrücken, egal, auf welchen Wegen ihr dieses tut.

In Liebe, Metatron."

♥♥

Mutter Maria: Verschenke ein Lächeln

„Geliebte Seelen, hier spricht Mutter Maria, die Mutter aller Mütter aus den Himmelreichen. Die Mutter des Schöpfersohns. Die Mutter der Liebe. Zugleich verbunden mit der Mutter der Erde, der Seele der Erde, der Seele Gaia, Mutter Erde.

Ich möchte eine Einladung an euch alle aussprechen, die ihr diese Zeilen lest.
Ich lade euch ein, in diesem göttlichen Jahr der Dankbarkeit jeden Tag als Geschenk zu erkennen und jeden Tag etwas zu verschenken. Das könnt ihr mit Leichtigkeit und Freude tun, denn ein wundervolles Geschenk will ich euch hier zeigen: ein Lächeln.
Ihr habt sicher bereits erfahren, wie gut es sich anfühlt, wenn Menschen euch freundlich begegnen und ihr durch diese eine Begegnung ein Lächeln auf den Lippen tragt. Das könnt ihr jeden Tag erfahren, indem ihr das verschenkt, was ihr euch von

Herzen wünscht. Also spürt in euch. Wonach sehnt ihr euch gerade, was wünscht ihr euch wirklich?

Nehmt es wahr und schenkt es anderen Menschen, das Gesetz der Resonanz wird nicht lange auf sich warten lassen und genau das in euer Leben ziehen, was ihr ausgesandt habt.

Das ist Resonanz, ihr erhaltet das, was ihr erwartungsfrei von Herzen verschenkt. Doch zunächst beschenkt euch selbst, schenkt euch selbst das, was ihr euch wünscht.

So schenkt euch selbst ein Lächeln, schenkt eurem Körper ein Lächeln. Schenkt es euren Füßen, euren Händen, euren Organen, euren Zellen. Schenkt jedem Teil eures Körpers jeden Tag bewusst eure Aufmerksamkeit und bedankt euch bei ihm. Spürt, was es mit eurer Seele macht, nehmt die tiefe Liebe wahr, die sich in eurem Körper ausbreitet, sie fließt immer weiter und breitet sich in eurer gesamten Aura aus. Lasst euren ganzen Körper lächeln und spürt, wie es sich auf eure Umgebung ausbreitet.

Und dann, wenn ihr euch selbst so viel Liebe und Aufmerksamkeit geschenkt habt, auch Selbstliebe genannt, verschenkt dieses Lebensgefühl weiter. Schenkt dem nächsten Menschen, der euch begegnet, einen liebevollen Blick in die Augen und ein erfüllendes Lächeln aus den Tiefen eures Herzens.

Ich segne euch, die ihr nicht mehr erwartet, sondern euch bereitwillig verschenkt. Macht ihr das täglich, werdet ihr ein ganz neues Lebensgefühl erfahren.

*Und ich schenke euch mein Lächeln.
In Liebe, Mutter Maria."*

♥♥

Dankbarkeitsmeditation (Kurzanleitung)

Diese Meditation ist als geführte Meditation auf CD und als Download erhältlich.

Eine Dankeschön-Reise durch deinen Körper. Denn es ist Zeit, Danke zu sagen, Danke für alles, was sonst so selbstverständlich ist. Das Gefühl der Dankbarkeit ist eins der heilsamsten überhaupt. Sind wir dankbar, können wir keinen Mangel empfinden, denn Dankbarkeit erfüllt uns vollkommen. Und so reisen wir durch deinen Körper – von den Fußspitzen bis zu den Haarspitzen – und erfüllen alles mit Dankbarkeit. Du wirst erstaunt sein, wie gut du dich nach dieser Reise fühlst. In der gesprochenen Version werden auch die jeweiligen spirituellen Themen der Körperteile genannt.

Kurzanleitung

- Schließe die Augen, setze oder lege dich bequem hin und nimm einfach nur wahr.
- Fühle, höre, rieche, schmecke, sieh.
- Aktiviere jetzt Dankbarkeit in deinem Herzen.
- Zunächst lenke deine gesamte Aufmerksamkeit auf deine Füße, von der Hacke bis zu den Zehenspitzen. Sage ihnen: „Danke, liebe Füße, danke, dass ihr mich so verlässlich durchs Leben tragt und mich mit Mutter Erde verbindet." Spüre, wie die wärmende Dankbarkeit deines Herzens in deine Füße fließt.
- Sende Dankbarkeit durch deinen ganzen Körper – Knöchel, Waden, Knie, Oberschenkel, Genitalien, Blase, Po, Hüfte, Dünndarm, Dickdarm, Nieren, Bauch, Milz, Bauchspeichel-

drüse, Leber, Galle, Magen, Herz, Lunge, Luftröhre, Bronchien, Knochen, Wirbelsäule, Knochenmark, Bandscheiben, Schulter, Nacken, Arme, Ellenbogen, Hände, Handgelenke, Finger, Hals, Schilddrüse, Stimmbänder, Mund, Zähne, Zunge, Ohren, Nase, Augen, Gehirn, Haare, Haut, Blut, Drüsen, Meridiane, Zellen, Nerven, Muskeln, Verstand, Geist, Seele.

- Nun spüre noch einmal nach, spüre das Gefühl der Dankbarkeit. Wofür bist du noch dankbar?
- Komme langsam zum Ende und lass jetzt die Dankbarkeit noch einmal in jede Zelle deines Körpers fließen. Komme mit Dankbarkeit zurück ins Hier und Jetzt. Wenn du die Augen öffnest, sprich, wenn du möchtest, laut aus, wofür du in diesem Moment dankbar bist.

♥♥

Erzengel Raphael und Nathanael: Anleitung zum Heilsein – Vollständigkeit auf allen Ebenen

„Geliebte Wesen der Vollkommenheit, bedenkt immer: Nur weil ihr es nicht sehen könnt, kann es dennoch vorhanden sein, und so ist es auch mit eurer Vollkommenheit, sie ist immer da.

Manches Mal befindet sich die Ebene, auf der ihr seid, im Ungleichgewicht, und dieses drückt sich dann in Form von körperlichen und psychischen Symptomen aus. Symptome entstehen dann, wenn Körper, Geist und Seele nicht in Harmonie sind, wenn also Disharmonie herrscht.

Jegliche Krankheit ist Disharmonie, Gesundheit bedeutet vollkommene Harmonie.

So wollen wir euch in dieser Botschaft den Weg der Heilung, den Weg in die Vollständigkeit näherbringen.

Seid ihr krank, dann ist etwas in euch im Mangel, sonst wärt ihr nicht krank, etwas fehlt zum Heilsein. So dürft ihr zunächst erkennen, welche Botschaft eure Seele euch oder dem Menschen, dem ihr helfen wollt, übermitteln möchte. Eure Seele weiß, was ihr fehlt, sie kennt den Mangel, das Ungleichgewicht, die Disharmonie, und ist nur zu gerne bereit, euch die Ursachen zu vermitteln. Ihr braucht ihr nur zu lauschen.

Gerne sind wir euch dabei behilflich, ihr braucht nur zu fragen. Scheut euch nicht, auch heilerische oder medizinische Hilfe von Menschen anzunehmen, denn wir senden euch dorthin, damit ihr wachsen und erkennen könnt.

Eine kleine Anleitung zur Heil- und Erkenntnisarbeit an euch und andere wollen wir euch hier gerne geben.

Kein Mensch kann einen anderen heilen, jedoch Unterstützung bei der Erkenntnis bieten und Kanal sein. Und so könnt ihr Gespräche auf Seelenebene führen, die klären können, was hier gebraucht wird.

Wenn ein Wesen leidet, nehmt zunächst die herrschende Disharmonie wahr, schwingt einen Moment in seinem Rhythmus, ohne mitzuleiden und ohne seine Energien in euch aufzunehmen, denn es geht hier nur um das Fühlen der Schwingung und um die Erkenntnis im Bewusstsein des Menschen. Kommuniziert mit dem Symptom, gebt ihm Aufmerksamkeit, denn es hat seine Gründe, sich euch auf diese Weise zu zeigen. Nehmt es als Wesen wahr, denn es hat eine wichtige Botschaft für euch.

Seid ihr auf Seelenebene und auch mit dem Symptom verbunden, könnt ihr den Erkenntnisprozess anstoßen, indem ihr diesen Menschen oder euch selbst nach seinem/euren Mangel fragt.

Was ist es, das so stark im Mangel ist, dass es sich mit kör-perlichen oder psychischen Symptomen ausdrücken muss, um Gehör zu finden? Sprecht es aus, laut und deutlich, und seid be-reit, den Mangel zu beheben. Erkennt den inneren Konflikt an.

So werdet ihr die Quelle des Leidens erfassen und euch als Kanal für Heilenergie zur Verfügung stellen können. Das könnt ihr sowohl für euch, als auch für andere tun, wobei es für euch Menschen oft sehr wichtig und hilfreich ist, ein Gegenüber zu haben, denn vieles wird euch erst durch die Wahrnehmung oder Spiegelung anderer bewusst.

Um nach der Erkenntnis die Selbstheilung anzuregen, benö-tigt der Körper Informationen, die ihn an den Zustand der Voll-ständigkeit, der absoluten Harmonie erinnern. Hierzu könnt ihr euch als Kanal zur Verfügung stellen, jeder nach seinen Fähig-keiten. Um wahrhaft hohe Energien durch euch hindurchfließen zu lassen, bedarf es wichtiger Grundlagen, die euch am besten menschliche Lehrer nahebringen können, denn die praktische Handhabung mit Energien können wir euch von unserer Ebene aus nicht lehren.

Wenn ihr euch als Kanal zur Verfügung stellt, ist eins wich-tig und unumgänglich: Wollt nichts. Versucht nicht, etwas zu bezwecken oder zu beeinflussen. Mit einem menschlichen Be-wusstsein seid ihr nicht in der Lage, den göttlichen Willen in seinem ganzen Umfang zu erfassen, also bittet nicht um ein bestimmtes Ergebnis, denn das ist immer die Energie der Kon-trolle, des Nicht-Vertrauens, der Angst.

Seid verbunden mit Allem-was-ist, seid in tiefem Vertrauen, dass das geschieht, was geschehen soll. Stellt euch nicht über die Schöpfung, indem ihr ihr sagen wollt, was zu tun ist. Öffnet euch, vertraut und gebt euren Willen ab. Ihr könnt um die Wie-

derherstellung der göttlichen Ordnung bitten, denn diese ist das göttliche Prinzip.

Ihr könnt bitten: „Göttliche Quelle, bitte tue dein Werk durch mich."

Das ist wahrhafte Demut, wahrhaftes Vertrauen. Wenn ihr heilen wollt, lernt, der Schöpfung zu dienen, dort, wo ihr euch gerade befindet. Seid Kanal mit dem Gefühl der Dankbarkeit, der tiefen Dankbarkeit für das, was ist.

Die Heilung erfolgt über das Bewusstsein, da könnt ihr gewiss sein. Haben alle beteiligten Wesen und Kräfte ihre damit verbundenen Aufgaben erfüllt, auch ihr als Heilkanal, tritt die Heilung ein.

Heilung ist immer auch Gnade, denn ab einer bestimmten Bewusstseinsstufe ist die Gnade für euch leicht erreichbar, so ihr denn aus reinem Herzen bittet und bereit seid, alles zu tun, um die Disharmonie auszugleichen. Das ist nicht immer leicht für euch Menschen, denn manchmal bedeutet es, Abschied zu nehmen, um neue Wege gehen zu können.

Bevor wir diese Botschaft beenden, möchten wir euch noch auf etwas hinweisen:

Wir arbeiten mit denjenigen von euch, die es auf energetischer Ebene erlauben, um euch den neuen Frequenzen anzupassen, Implantate zu entfernen, Blockaden zu lösen usw., damit ihr in der Harmonie bleiben könnt. Hier kann es zu verschiedenen Empfindungen kommen, zum Beispiel Druckgefühl oder Geräusche im Kopf, Vibrieren im ganzen Körper, starke Müdigkeit, Hunger auf bestimmte Lebensmittel und verändertes Sehen.

Ihr könnt jederzeit um eine Pause bitten, wenn euch die Empfindungen zu viel werden. Meistens arbeiten wir nachts, um euch bestmöglich zu unterstützen und damit ihr es leichter habt.

Jeder kann die himmlischen Heiler um Hilfe bitten, wir sind da, ihr braucht uns nur zu bitten.

Doch Obacht, nicht alle Empfindungen hängen mit den Frequenzanpassungen zusammen, denn Symptome sind immer die Sprache eurer Seele, und ihr tut gut daran, ihr zu lauschen.

Wir hoffen, wir konnten euch den Weg der Heilung ein wenig näherbringen und euch eine kleine Anleitung geben, mit der ihr nun bewusst den Weg in die vollständige Harmonie gehen könnt. So wollen wir euch nun einen Heilsegen überbringen.

Möge die göttliche Ordnung in euch allezeit wirken zum Wohl der Schöpfung, die ihr selbst seid.

In Liebe,
Erzengel Raphael und Nathanael."

Meister Hilarion und die Engel der Medialität: Mediale Fähigkeiten aktivieren

„Hilarion ist mein Name, und ich begrüße euch zusammen mit den Engeln der Medialität.

Das Jahr 2023 ist nicht nur ein Jahr der Dankbarkeit, Wertschätzung und Heilung, sondern auch eine gute Gelegenheit, durch Integration dieser Herzensqualitäten eure eigene Medialität zu stärken, zu fördern und zu entwickeln.

Medialität ist ein Thema, das immer wichtiger wird, denn es geht hier nicht nur darum, für andere Menschen Botschaften

zu empfangen, sondern vielmehr fängt Medialität bei der Wahr-
nehmung eurer inneren Stimme und eurer Seele an. Eure Fähig-
keiten sind seit vielen Zeiten verschüttet, doch nun ist die Zeit
des Erwachens gekommen. Also erinnert euch an eure Fähig-
keiten und legt sie in eurem eigenen Tempo frei. Wir werden
euch begleiten und unterstützen, doch freilegen dürft ihr eure
Fähigkeiten selbst.

Es braucht niemanden, der euch das Dritte Auge öffnet, viel-
mehr ist es sogar sehr gefährlich, das von anderen machen zu
lassen, denn wäre es an der Zeit, dass ihr sehen könntet, dann
würdet ihr sehen. Lasst nicht von außen in eure Prozesse eingrei-
fen, es wird euch eher zurückwerfen als voranbringen. Nehmt
die Aufgaben und Erkenntnisse an, die sich euch anbieten, dann
wird euer Prozess im Fluss sein.

Jederzeit könnt ihr um unsere Unterstützung bitten, wenn
es darum geht, eure Wahrnehmungen zu verstärken und die
Zusammenhänge klarer zu erkennen. Es können wahre Wunder
geschehen, wenn ihr euch einlasst. Es gibt nichts zu tun, das Ein-
zige, was ihr braucht ist, euch von uns führen zu lassen, wie ihr
die Herzensqualitäten bewusst in euer Sein integrieren könnt,
und auf die Hinweise zu achten, die wir euch senden.

Gerne zeigen wir euch Wege auf, wie ihr eure Wahrneh-
mungen verbessern könnt, und dazu braucht ihr nur eins: Uns
vertrauensvoll zuzuhören und den Impulsen zu folgen.

Oft führen wir euch auch zu einem menschlichen Lehrer,
weil dieser euch die Dinge in einer Form vermitteln kann, wie
wir aus den geistigen Reichen es nicht können. Ihr benötigt kei-
ne teuren Seminare oder Gurus, zu denen ihr aufschaut, jeder
Mensch kann für eine gewisse Zeit euer Lehrer sein. Vertraut da-
rauf, dass ihr denen begegnet, die euch auf eurem Weg unter-
stützen. Das sind auch manchmal spirituelle Lehrer, die ihr da-

ran erkennt, dass sie euch auf Augenhöhe begegnen und euch keinen Weg vorschreiben, sondern euch auf euren persönlichen Weg unterstützen.

Achtet bei der Lehrerwahl immer darauf, dass ihr die Liebe im Herzen des Lehrers wahrnehmt. Wir werden euch dorthin führen, wenn es von Notwendigkeit ist. Seid euch gewiss, dass wir immer da sind und auch eure menschlichen Lehrer führen, damit sie euch genau die Dinge mitteilen und zeigen, die euch zu den Erkenntnissen führen, die ihr braucht.

Erkennt, dass ihr nicht immer das erhaltet, was ihr euch wünscht. Doch erkennt auch, dass ihr IMMER das erhaltet, was ihr braucht.

Es ist ganz leicht für euch, ihr braucht euch nur auf unsere Führung einzulassen und zu vertrauen, anstatt die Bitte immer und immer wieder zu rezitieren, denn so überhört ihr die Hinweise, die wir euch schon lange senden.

Manche von euch möchten gerne hellsehen, andere würden sich gerne telepathisch verständigen können. All das ist möglich, doch dürfen hier ein paar Stufen hinaufgeklettert werden, auf denen viel Geröll alter Glaubenssätze, Selbstverbote und Ängste liegen. Wir begleiten euch diese Stufen hinauf, doch ihr kommt nur eine Stufe weiter, wenn ihr das Geröll liebevoll betrachtet und transformiert habt. Dann müsst ihr nicht einmal mehr die nächste Stufe erklettern, sondern werdet emporgehoben.

Euer Weg ist immer leicht, ist er schwer, liegen Dinge im Weg, die durch Bewusstwerdung schnell zum Sprungbrett werden.

Das Erwachen eurer medialen Gaben ist nur eine Entscheidung weit entfernt, also lauscht in euch, ob es der richtige Zeitpunkt ist, und dann ladet die Engel der Medialität ein, ihr Werk zu vollbringen – Tag für Tag, mindestens 21 Tage lang, und dann werdet ihr die Veränderung spüren.

Es war nie leichter als jetzt, den alten Ballast abzuwerfen und die Gaben freizulegen, und doch ist es für die einzelne Menschenseele manchmal sehr viel, denn ihr habt die Chance, eure gesamten irdischen Erfahrungen aller Leben zu heilen und zu transformieren und eure gottgegebenen Fähigkeiten zurückzuerlangen. Welche das sind, ist je nach Ausprägung unterschiedlich beschaffen.

Eure Fähigkeiten sind eng mit eurem Lichtkörper verbunden, das bedeutet, je mehr ihr mit eurem Lichtkörper verschmelzt, desto näher kommt ihr euren medialen und damit auch heilerischen Fähigkeiten. Wer mediale Botschaften empfangen kann, der kann auch Heilkanal sein, mit Anleitung der Geistigen Welt.

Um immer mehr mit eurem Lichtkörper verschmelzen zu können, braucht es die Integration der Vierten Dimension in euch. Alle Themen der Vierten Dimension wollen angesehen und transformiert werden. Es ist nicht möglich, hier einen Umweg zu gehen, denn es geht nur mitten hindurch, ihr könnt nichts auslassen. Die vierte Energiedichte beinhaltet alle Themen eures Emotional- und Mentalkörpers, also die sogenannten Schattenthemen, alte Glaubensmuster, Emotionen und Blockaden. Solange ihr diese Schattenthemen noch in euren Energiekörpern tragt, ist die vollständige Verschmelzung mit eurem Lichtkörper nicht möglich, denn die Energiedichte ist dafür zu hoch.

Es gilt nun, die alten Speicherkristalle zu lösen. Hierzu dürft ihr jeden einzelnen in die Hand nehmen und transformieren, denn sie bestehen aus Erfahrungen, die nicht vollständig durchlebt wurden und sich deshalb in euch manifestiert haben. Je mehr Speicherkristalle ihr löst, desto mehr lösen sich auch die Blockaden auf, die euch von euren spirituellen Fähigkeiten fernhalten.

Eure spirituellen Fähigkeiten waren immer da, ihr müsst sie nicht neu erwerben, sie sind nur verschüttet und vergraben unter all der Schwere und den Schatten. Je mehr Schatten ihr euch anseht, desto mehr Licht dringt in euch, und je mehr Licht in euch dringt, desto leichter erhaltet ihr Zugang zu euren medialen und spirituellen Fähigkeiten.

Ein weiterer wichtiger Punkt ist das Herz, das Fühlen, das Lieben. Alle diese Prozesse können nur über euer Herz stattfinden.

Und so ist in diesem Jahr 2023 die Gelegenheit, Altes in Dankbarkeit gehen zu lassen, und das geschieht immer über das Herz. Ihr habt die Möglichkeit, in dieser Zeit Abschied von alten Mustern und Gewohnheiten zu nehmen. Dinge, die vor langer Zeit begonnen haben, dürfen nun zu Ende gehen. Doch jeder Abschied ist auch ein Neubeginn. So können es Abschiede sein, die nur in eurem Inneren stattfinden, jedoch kann es auch der Rückzug aus einer Beziehung sein, die seit langem nicht mehr stimmig ist, da sie aus alten Mustern genährt wurde und von der Neuen Energie keine Nahrung mehr erhält. Hier ist es sehr wertvoll für euch, euch hinzugeben.

Der Tod ist nicht das Ende. Je tiefer ihr mit eurem Herzen und eurem Lichtkörper verbunden seid, desto mehr werdet ihr euch dessen gewahr. Es mögen viele Ängste heraufkommen, also scheut euch nicht, Unterstützung von Menschen, Engeln oder Meistern in Anspruch zu nehmen. Wir werden euch führen. Bewusstheit löst die meisten Themen ganz leicht auf.

Es geht so leicht, wie ihr glaubt, und es geht so schwer, wie ihr glaubt. So seid gesegnet und verbunden mit eurem Lichtkörper in der Einheit des großen Bewusstseins. Jetzt ist die Zeit.

Nehmt eure Themen und Gaben an, schaut, wie ihr in eurem Alltag bewusst mit ihnen SEIN könnt, und erzählt anderen Menschen von diesen Möglichkeiten und dem neuen Bewusstsein, das sich um die ganze Welt ausbreitet.

Lasst los, reinigt und klärt eure Gedanken, Emotionen, alten Muster, Chakren, Aura und euer ganzes Sein. Seid das, was ihr in Wahrheit seid: LIEBE

Das Universum ist voll mit Geschenken.
Seid ihr bereit, sie zu empfangen?

Unser Segen ist mit euch.
Meister Hilarion und die Engel der Medialität.“

2024

Herzensqualität WEISHEIT

Erzengel Jophiel und Konfuzius

Qualitäten

Die Energiequalität des Jahres 2024 entspricht in etwa dem 2. göttlichen Strahl.

Ausbildung, altes Wissen, Achtsamkeit, Aufmerksamkeit, Bewusstsein, Erleuchtung, Erschaffen, Entfaltung, Energieanpassung, Erkenntnis, Existenz, Freude, Frieden, Fortschritt, göttlicher Plan, Gedankenkraft, Gewissheit, göttliche Ordnung, Gerechtigkeit, göttliche Heilung, göttliches Bewusstsein, Gelassenheit, Heiterkeit, Intuition, innere Stimme, Initiation, Klarheit, Klärung, Kreation, Lebendigkeit, Lebenskraft, Lernen, Lehren, Leichtigkeit, Lichtkörper, Menschlichkeit, Macht, Neuausrichtung, Schöpferkraft, Selbstverwirklichung, Selbstsicherheit, Schwingungserhöhung, Selbstvertrauen, Selbstwert, Selbstbewusstsein, Seelenwissen, Ursprung, Urvertrauen, Verständnis, Vernunft, Wahrnehmung, Weiterbildung, Weisheit, Wissen.

Engel und Meister dieser Energiequalität

Erzengel Jophiel – Engel der Weisheit
Meister Konfuzius – Meister der Authentizität
Djwal Khul – Meister des Selbstbewusstseins
Erzengel Metatron

Farbe

Gelb, Sonnengelb, Zartgelb, Goldgelb, Ockerfarben, Senffarben

Meister Konfuzius und Meister Djwal Khul: Die Integration der göttlichen Herzensqualität Weisheit

„Gesegnet seid ihr und herzlich eingeladen, die einleitenden Worte zu vernehmen, die die Herzensqualität Weisheit euch hier vermitteln möchte.

Wir sind die Meister der Authentizität und des Selbstbewusstseins, denn beider Tugenden und noch vieler anderer bedarf es, um die-se Herzensqualität im Jahr 2024 wahrhaft integrieren zu können.

So lasst uns betrachten, was wahre Weisheit ist:

- Wahre Weisheit urteilt und wertet nicht.
- Wahre Weisheit überprüft und erfährt selbst.
- Wahre Weisheit entsteht durch die Verbindung zwischen Schöpfung, Herz und Verstand.
- Wahre Weisheit prüft das Wort auf den energetischen Inhalt und ist sich der Schwingung bewusst.
- Weisheit kann unterscheiden, ohne zu werten.
- Weisheit erkennt die Unterschiede in der Schwingung zwischen Gewissheit und Hoffnung, zwischen Gleichberechtigung und Gerechtigkeit.
- Weisheit ist eine Stufe, die nur erreicht wird, wenn alle anderen Ebenen durchlaufen wurden, die da sind: Glauben, Wissen und Gewissheit.
- Weisheit gibt euch eine höhere Sicht auf alle Zusammenhänge und ist sich der Ent-Wicklung stets bewusst.
- Weisheit erkennt den Schein der Heiligkeit.

- *Weisheit erkennt die Illusion hinter der Illusion und ist sich bewusst, dass die allumfassende Weisheit ausschließlich vom allumfassenden Bewusstsein der Schöpfung erkannt werden kann.*
- *Weisheit weiß, dass Lebensthemen, Probleme und Herausforderungen, die der Entwicklung dienen, von alleine kommen, ihr könnt ihnen nicht entkommen.*
- *Weisheit ist, zu erkennen, dass alles seine Zeit hat und die Entwicklung von selbst geschieht, denn, liebe Menschen: Was geschieht, wenn ihr ein Ei von außen aufbrecht? Ein potenzielles Leben geht zu Ende, weil ihr eingreift. Und was geschieht, wenn ihr genau diesem Ei die Zeit gebt, die es braucht, bis die Energie ihr Potenzial entfaltet und es von innen heraus öffnet? Das Potenzial im Inneren braucht genau diesen Prozess, um Kräfte und Energien zu sammeln, die es für eine Existenz im Außen benötigt.*

Ihr lieben Menschen seid selbst das Licht, das ihr im Außen sucht, nachdem ihr seit Anbeginn der Zeit strebt und es doch nicht findet, weil ihr immer noch trennende Gedanken in euch tragt, die euch glauben machen, dass etwas in eurem Außen existieren kann, das ihr nicht auch in euch tragt. Alle Weisheit liegt in euch.

So ist es auch im Jahr 2024 angezeigt, euch weiter zu entwickeln. Je mehr ihr jetzt lernt, je intensiver ihr euch jetzt weiterbildet, in welcher Form auch immer, desto leichter wird euch der Zugang zur Herzensqualität Weisheit fallen. Doch bedenkt immer: Wissen ist nicht gleich Weisheit, verbindet euer Gelerntes mit eurem Herzen und lebt es, nur dann könnt ihr wahrhaft eure Fähigkeiten nutzen. Angelesenes Wissen ist nichts gegen die gelebte Weisheit.

Viele von euch werden in diesem Jahr 2024 auf eine neue Bewusstseinsebene gelangen. Ihr erkennt das daran, dass ihr eure Bereitschaft fühlt, die Ebene zu wechseln, nicht weil ihr euren Themen ausweichen wollt, sondern weil ihr fertig seid, weil ihr alles geheilt und erkannt habt, was vonnöten ist, um die Ebene wechseln zu können. Einige bezeichnen das mit dem Gefühl, am Bahnhof zu stehen und auf den Zug zu warten, der euch dann zur nächsten Station, zur nächsten Ebene führt, wo ihr euer Sein entfalten könnt.

Das gilt für die Menschenwesen, die die Polaritäten auf der 3D-Ebene betrachtet und integriert und beide Seiten der Medaille in sich erkannt und durch Bewusstheit und Liebe geheilt haben.

Bei euch Wegbereitern, die wir gerade beschrieben haben, ist nun der Weg für den Wechsel der Ebene vorbereitet. Doch das kann nur im Einklang mit Allem-was-ist geschehen.

Ihr Menschen strebt nach Unabhängigkeit und vergesst dabei manches Mal, dass ihr aus der Schöpfung stammt, und als ein Teil von ihr könnt ihr nicht gänzlich unabhängig agieren, denn dann könntet ihr nicht mehr existieren. Spürt die Verbindung zum Göttlichen, spürt, wer ihr wirklich seid, dann ergibt alles einen Sinn. Die Schöpfung ist unfehlbar, und die Dinge werden so oder so ihren Lauf nehmen, ob ihr nun daran zerrt oder euch vertrauensvoll hingebt.

Zerrt ihr daran und wollt es anders haben, als es jetzt ist, werdet ihr damit nichts verändern, im Gegenteil: Es wird alles noch komplizierter machen.

Lasst ihr euch ein und nehmt an, was ist, dann geht ihr ins Vertrauen und stärkt so eure Anbindung an Alles-was-ist.

So gelangt ihr vom Mangel in die Fülle.
So integriert ihr die Herzensqualität der göttlichen Weisheit.

Lasst euch getrost von uns führen, wir sind stets an eurer Seite, wenn ihr es wünscht.

Meister Konfuzius und Meister Djwal Khul."

♥♥

Erzengel Metatron:
Die Weisheit des Wortes aus höherer Sicht

„Meine Lieben, es grüßt euch Metatron. Auf ein Wort, ihr Lieben, auf ein Wort..., doch das Wort ist vielfach verfälscht worden. Ihr nutzt Worte oft, ohne ihre wahre Bedeutung zu erkennen. Alles ist Schwingung, und am Anfang war das Wort, und das Wort war und ist auch Schwingung. Und so kommt es in diesem Jahr zu vielen Verirrungen und Verwirrungen, damit die kosmische Ordnung wieder einziehen und der Ursprung wieder-entdeckt werden kann. Denn Weisheit ist das Thema des Jahres, es ist die Qualität, die in euer Sein integriert werden möchte. Die Weisheit braucht oft zunächst das Chaos, das sich legt und neu ordnet, sodass eine neue Sicht auf die Dinge entstehen kann.

So dürfen auch alte Wehwehchen noch einmal zum Vor-schein kommen, damit ihr eine neue Sicht auf die Dinge erhaltet und sie neu in Worte fassen könnt, um die wahre Schwingung zu erfassen.

Ihr wisst bereits: Altes muss sich noch einmal bemerkbar machen, bevor es vollkommen erlöst ist und gehen kann. So ist es mit allem, dem ihr eine Bedeutung in Form von Worten geben könnt. Versteht, dass Heilung immer auf verschiedenen Ebenen stattfindet.

Ihr dachtet, ihr hättet eure Themen geheilt, und so war es auch. Doch ihr habt euch weiterentwickelt, sehr stark weiterentwickelt in letzter Zeit, und so kommen nun andere Ebenen zum Tragen, zu denen ihr zuvor keinen Zugang hattet.

Diese in Worte gefassten Themen wollen nun auf der nächsthöheren Stufe transformiert werden, damit ihr weitergehen könnt. So kann es zunächst zu einer Art Verwirrtheitszustand kommen, zu Vergesslichkeit. Eure Wahrnehmungen mögen euch hier einen Streich spielen, damit ihr nichts als feststehend und immer gültig wahrnehmt, sondern die göttliche Ordnung hineinfließen lasst und die Dinge neu betrachtet.

Ihr befindet euch zeitweise in Zwischenwelten, in denen sich die Wahrnehmungen verschieben, und euer Gehirn, das ja eure körperlichen Abläufe steuert, darf nun lernen, mit eurem Herzen zusammenzuarbeiten, um wahre Weisheit zu erlangen. Das Wort ist die Weisheit des Verstandes, und das Gefühl ist die Weisheit des Herzens. Kommen diese beiden zusammen, beginnt ihr, die wahrhafte Bedeutung zu erfassen.

Viele schalten jetzt auf Autopilot und tun und sprechen automatisch Dinge, ohne die wahre Bedeutung zu erfassen. Ihr seid dann nicht bei euch, sondern in einer Zwischenwelt, in einem Dämmerzustand, der euch manipulierbar macht. Das, ihr Lieben, liegt an der Verschiebung, die zurzeit massiv stattfindet und wodurch Körper, Geist und Seele oft nicht in absoluter Harmonie sind. Es geht darum, bei euch zu bleiben, Herz und Verstand zu verbinden und euch nicht hypnotisieren zu lassen. Aktiviert eure innere Weisheit und seid bewusst. JETZT.

Bewusst zu handeln bedeutet einfach nur, die Kleidung be-
wusst in den Schrank zu räumen, denn dieser Schrank befindet
sich nicht immer dort, wo der Autopilot euch hinführt.

Um dieses Autopilot-Stadium bald hinter euch zu lassen, gilt
es, anzunehmen, was ist. Ja, das ist ein alter Hut, der sich aber
bei euch Menschen recht gut bewährt hat. Ihr merkt, auch Engel
sind manchmal zu Späßen geneigt, und das nicht ohne Grund,
denn ich möchte euch die Ernsthaftigkeit nehmen. Seht es wie-
der mehr wie ein Spiel. Nehmt die Verbissenheit heraus. Nehmt
den Druck heraus. Macht aus dem Muss ein Kann. Macht aus
dem Autopiloten einen bewussten Piloten, der sein Gefährt mit
seiner Liebe steuert.

Stellt euch vor, ihr seid Seelen, die aus der Quelle kommen
und kurz mal Menschen spielen wollen, und beobachtet dieses
Spiel von oben. Um aus der höheren Sicht zu sehen und die Be-
deutung der Worte und die Zusammenhänge zu verstehen, setzt
euch mit eurem Höheren Selbst in Verbindung. Wer noch keinen
Kontakt zu seiner Seele beziehungsweise dem Höheren Selbst
hat, darf sich tunlichst daransetzen, diesen herzustellen.

Warum das so wichtig ist?

Weil es die einzige Konstante ist, das Einzige, was wirklich
wahrhaftig ist und euch hält. Ohne diesen Kontakt seid ihr ein
Boot ohne Ruder, das auf dem großen Ozean durch die fremd
erzeugten Wellen gelenkt und hin und hergeworfen wird. Die
Wahrhaftigkeit in dem Meer der Illusion ist nur für euch zu er-
kennen, wenn ihr aus höheren Ebenen wahrnehmt, und das ge-
lingt nur, wenn ihr in tiefem Kontakt mit eurer Seele seid.

Nur so könnt ihr eure Macht erkennen, die alten Strukturen
lösen und als Schöpfer die Wellen des Ozeans so lenken, dass

euer Boot euren Seelenweg entlang schwimmt. Wege, in diesen Kontakt zu treten, gibt es viele. Doch versucht einfach, fünf Minuten in die Stille zu gehen, mit eurer Seele zu sprechen und ihren Impulsen zu lauschen. Damit ist ein guter Anfang gemacht.

So erkennt die Weisheit des Wortes aus der höheren Sicht.

In Liebe, Metatron."

♥♥

Wissen um die wahre Wortbedeutung

Wie Metatron gerade so schön beschrieben hat, ist die wahre Bedeutung vieler Worte, die wir tagtäglich benutzen, verdreht, und wir nutzen sie, ohne die wirkliche Schwingung dahinter zu erkennen. Deshalb möchte ich hier einige Beispiele geben, um den Unterschied der Schwingung und damit der Bedeutung deutlich zu machen.

Ich will nicht behaupten, dass ich meine Worte immer richtig wähle und die wahre Wortbedeutung immer reflektiere, denn ich schreibe und spreche, wie viele andere Menschen, eher intuitiv. Neulich bin ich über zwei Begriffe gestolpert, die mir zunächst recht gleich erschienen. Doch der Schein trügt.

Was bedeutet eigentlich Gerechtigkeit, und was bedeutet Gleichberechtigung?

Gleichberechtigung bedeutet, dass für alle die gleichen Rechte und Bedingungen gelten. Das klingt doch schon mal gut, oder?

Gerechtigkeit jedoch bedeutet, dass jeder die gleichen Möglichkeiten erhält, seinen individuellen Bedürfnissen angepasst.

Also was nutzt es uns, wenn wir vor einer zwei Meter hohen Mauer stehen und gleichberechtigt wie alle anderen darüberschauen dürfen, wir aber nur 1,80 m groß sind? Vielleicht erzählen uns dann die Großen, was zu tun ist, was sich dahinter verbirgt, aber selbst erfahren können wir es so nicht.

Gerecht wäre es doch, wenn wir alle auf der gleichen Höhe wären, oder? So erhält der Kleinste die gleichen Voraussetzungen wie der Größte, um über die Mauer zu blicken und dann zu entscheiden, ob das, was hinter der Mauer ist, erstrebenswert ist oder nicht. Dann liegt es an jedem selbst, ob er die Möglichkeiten dahinter wahrnimmt oder nicht.

Schau dich in der Welt um: Herrscht Gerechtigkeit oder Gleichberechtigung? Glaubst du noch, was dir andere erzählen, oder blickst du schon selbst über die Mauer?

Glauben heißt nicht wissen

Das ist ein alter Spruch, und da ist viel Wahres dran. Denn wenn wir etwas glauben, ist das, rein energetisch betrachtet, keine besonders hohe Schwingung. Wer glaubt, hält etwas für wahr, es ist eine Vermutung ohne eigene Erfahrung. Wissen ist Sicherheit, man hat tiefgehende Kenntnis erworben, zum Beispiel durch Berichte von anderen.

Gewissheit ist ein absolutes Gefühl der Sicherheit, das auf persönlichen Erfahrungen basiert. Hat man Gewissheit über etwas erlangt, sind absolute gefühlte Klarheit und Wahrheit spürbar, an denen sich nicht rütteln lässt.

Weisheit entsteht, wenn Gewissheit sowohl im Verstand als auch im Herzen verankert ist. Weisheit basiert auf tiefen persönlichen Einsichten und Erkenntnissen, die Kopf und Herz miteinander in Einklang bringen.

Glauben und Wissen kann angezweifelt werden.

Glauben und Wissen sind die Hoffnung, dass die anderen, die es bereits erfahren haben, Recht haben, doch niemand kann uns die eigene Erfahrung nehmen.

Gewissheit hat die Liebe zur Basis.
Hoffnung hat die Angst als Basis.

Hoffnung und Gewissheit sind also leicht zu unterscheiden, denn du kannst fühlen, ob du in der Angst oder in der Liebe bist. So können nicht nur Glauben und Wissen angezweifelt werden, sondern auch die Hoffnung, die ja bekanntlich zuletzt stirbt.

Zweifel bedeutet nichts anderes als zwei Fälle.
Im Zweifel spiegelt sich die Polarität, und Zweifel löst sich durch die Erfahrung beider Seiten.

Wie wir mit unserer Weisheit in Kontakt kommen können, erzählt uns jetzt Erzengel Jophiel.

♥♥

Erzengel Jophiel: Kontakt zur höheren Weisheit

„Liebe Freude des Lichts und der Liebe, der Wahrheit und der Weisheit. Es gibt eine Zeit des Lernens und des Lehrens, und es gibt eine Zeit, das Gelernte zu erfahren, um zur Weisheit zu gelangen.

Werdet euer eigener Lehrer, gelangt zu eurer eigenen Wahrheit und Weisheit, dann werdet ihr wahrhaftig SEIN.

Ihr braucht keinen Guru oder Meister, dem ihr folgt. Lernt wieder, eurer Herzensführung zu vertrauen. Ja, ihr könnt Wegbegleitung von geistiger und menschlicher Seite erhalten, doch sie können euch euren Weg nicht abnehmen. Stellt niemanden auf einen Sockel, denn kein Mensch hat die Weisheit für sich gepachtet. Begegnet euch immer auf Augenhöhe, schaut euch verschiedene Lehren und Lehrer an, und dann findet euren eigenen Weg der Weisheit, sonst seid ihr nur Konsumenten ohne tiefgehende Selbsterfahrung.

So nehmt Kontakt mit eurem Höheren Selbst auf, um eure selbst erfahrene Weisheit auf Erden zu manifestieren. Die Lösung entsteht in euch, wenn ihr nicht mehr festhaltet. Der Schlüssel zur wahren Weisheit liegt in der Verbindung zwischen eurem Höheren Selbst, eurem Herzen und eurem Verstand.

Wir wollen euch nun eine Übung an die Hand geben, um euch auf euer Höheres Selbst einzuschwingen, die Weisheit von Herz und Verstand zusammenzuführen und euch mit ihm zu synchronisieren. Stellt es euch vor wie eine Standleitung, die von Übung zu Übung konstanter wird. Die Synchronisation ist notwendig, damit ihr und euer Höheres Selbst, euer Herz und euer Verstand auf der gleichen Frequenz seid, denn wenn die Radiostation auf einem anderen Kanal sendet als auf dem, den ihr eingestellt habt, werdet ihr nicht zueinander finden. So vollzieht täglich in den nächsten 21 Tagen diese Synchronisation, denn 21 Tage braucht es, damit sich Neues vollständig in euren Energie-körpern einschwingen kann.

Zunächst ist es wichtig, euch mit Mutter Erde zu verbinden, denn ohne tiefe Wurzeln könnt ihr nicht hoch hinauswachsen. Gleich darauf verbindet eure Gehirnhälften miteinander, indem ihr es euch vorstellt, wie sie miteinander verschmelzen. Bleibt dann mit eurer Aufmerksamkeit im Kronenchakra, spürt, wie es sich öffnet und sich ein Lichtkanal vom Höheren Selbst durch euer Kronenchakra bis zu eurem Herzen bildet, und spürt den Energie-fluss. Nehmt nun wahr, wie sich ein goldenes Dreieck bildet.

Ein breiter goldener Lichtstrahl des Dreiecks führt von

- *eurem Höheren Selbst,*
- *durch euer Gehirn, euren Verstand,*
- *durch eure Hirnanhangdrüse und eure Zirbeldrüse (der Lichtstrahl ist so breit, dass er beide in einer Linie er-fasst),*
- *durch eure Schilddrüse,*
- *durch eure Thymusdrüse,*
- *direkt zu eurem Herzen.*

Hierzu müsst ihr nicht genau wissen, wo sich die einzelnen Bereiche befinden, es reicht, den Lichtstrahl zu visualisieren und durch eure Atmung zu verstärken.
Dann sprecht: „Ich synchronisiere mich jetzt mit meinem Höheren Selbst, meinem Herzen und meinem Verstand, um die allumfassende Weisheit meines Seins zu erfassen. Ich bitte heu-

te um göttliche Führung und bin bereit, alle Impulse wahrzunehmen. So ist es, im Namen der Liebe. Danke."

Wählt die Worte so, wie sie für euch stimmig sind, es kommt auf das Gefühl und die Absicht an, nicht auf den genauen Wortlaut.

Nun beginnen sich die anderen Seiten des goldenen Licht-Dreiecks zu zeigen. Das ist bei jedem von euch anderes, denn ihr seid individuell, deshalb drückt sich eure Weisheit auch unterschiedlich aus, je nachdem, welcher Kanal für euch passend ist. Die beiden Schenkel des Dreiecks gehen von eurem Herzen und eurem Höheren Selbst aus und treffen sich dann dort, wo ihr am Leichtesten die Weisheit wahrnehmen könnt.

Die Schenkel des goldenen Dreiecks können sich auf Höhe des Herzens, auf Höhe des Kehlkopfchakras oder auf Höhe des Dritten Auges treffen. So zeigt sich euch, wie ihr die Weisheit wahrnehmen könnt – durch Fühlen, Sprechen oder Sehen.

Ihr erkennt, dass mit dieser Übung viele Kanäle vereint sind zu einem großen Kanal, der sich unterschiedlich ausdrückt. Wenn für einige von euch die Vorstellung schwierig ist und euer Verstand diese Übung nicht erfassen kann, so bittet um Unterstützung, und wir werden gemeinsam diese Übung mit euch vollziehen.

So ist es, Erzengel Jophiel."

♥

Wo du dich nun schon so intensiv und bewusst mit deiner Weisheit verbunden hast, frage doch einmal nach der Bedeutung unseres Daseins. Oder hast du dich noch nie gefragt, was du eigentlich hier machst und wo du herkommst?

Hierzu hat die Geistige Welt eine Botschaft, und vielleicht magst du im Zustand der Verbundenheit mit deinem Höheren Selbst, deinem Herzen und deinem Verstand diese wahrnehmen.

❤❤

Die Elohim: Die kosmische Heimat der Menschenseele

„Wir lassen unser Licht in euch erstrahlen, sodass ihr euer wahres Sein zu fühlen vermögt. Wir sind die Elohim, die Schöpferengel, und wirken aus der Einheit der Schöpferebene als Energieformen und Anteile eures wahren Schöpferselbst.

Existenzielle Fragen wurden an uns herangetragen, und mit Freuden wollen wir für Klarheit sorgen.

Die Fragen beziehen sich auf die Herkunft des Menschen, und so wollen wir die einzelnen Fragen in unserer Botschaft aufschlüsseln.

Eine existenzielle Frage in dieser Zeit ist, warum so viele von euch sich auf Erden nicht zu Hause fühlen, sondern eine starke Sehnsucht nach den Sternen in sich tragen. Auf diese Frage werdet ihr heute eine Antwort erhalten. Wir wollen eine ganze Reihe Fragen zu eurer Herkunft beantworten, damit endlich Klarheit herrschen kann.

Doch Obacht, ihr werdet die Antworten nicht mit eurem Verstand erfassen können. Es gibt unterschiedliche Erfahrungs-

ebenen, und je nach Erfahrungsebene fallen auch die Antworten unterschiedlich aus.

Ihr fragt:
Woher stammt der Mensch? Stammen wir vom Affen ab?

Auf der Erfahrungsebene der niederen 3D-Welt wird die Abstammung vom Affen als Wahrheit angesehen, auf dieser Erfahrungsebene ist das die Wirklichkeit, und es werden dank der unbewussten Schöpfungen entsprechende Beweise kreiert. Auf einer mittleren 3D-Ebene wird die Schöpfungsgeschichte der Bibel zur Wirklichkeit, nicht beweisbar, weil dieses das kreierte Mysterium zerstören würde.

Gehen wir in noch höhere Erfahrungsebenen, könnt ihr anhand des Reinkarnationszyklus sehen, dass ihr niemals Affen wart und Tiere nicht zu Menschen wurden und umgekehrt.

Gehen wir noch eine Stufe höher, könnt ihr eure Herkunft in verschiedenen Frequenzen der Galaxien bis hin zu den Engelfrequenzen ausfindig machen. Ihr tragt viele verschiedene Anteile in euch, die in seltenen Fällen von Tieren stammen, doch vermehrt tragt ihr Anteile von Aufgestiegenen Meistern oder Engeln in euch. Ihr alle tragt Bewusstseinsanteile von anderen Planeten in euch, denn kein Mensch ist direkt von der Quelle gekommen und auf der Erde inkarniert, doch dazu gleich mehr.

Auf einer weiteren Erfahrungsebene tragt ihr den Gottesfunken in euch, seid Teil der Quelle. Und auf der höchsten Erfahrungsebene seid ihr die Quelle selbst. So wollen wir euch eure Fragen von der Schwingungsfrequenz der 5D-Erfahrungsebene beantworten, da die meisten Leser sich gerade vorbereiten, sich auf diese einzuschwingen.

Ihr fragt:
Wer oder was hat den Menschen erschaffen, und warum ist der Mensch auf der Erde?

Die Quelle wollte sich selbst erfahren, denn wo nur Liebe herrscht, kann die Liebe nicht erfahren werden, und so erschuf sie Teile aus sich selbst heraus, damit diese sich so lange aufspalteten, bis sie in eine niedrigere Erdfrequenz inkarnieren konnten. Die Erde ist in ihrer Art die einzig existierende Erfahrungsebene der Dualität in der dreidimensionalen Schwingungsfrequenz, sie ist einzigartig, und deshalb seid ihr Seelen aus Gott hier und nennt euch auf dieser Ebene Menschen.

Ihr fragt:
Auf welche Weise ist der Mensch auf die Erde gekommen?

Viele von euch hatten vor ihren Erdinkarnationen Zeiten auf anderen Planeten. Spürt einmal die Resonanz, wenn ihr folgende Planetennamen aussprecht: Sirius A, Sirius B, Plejaden, Venus, Antares, Kassiopeia, Vega, Orion usw. Dieser seelengenetische Ursprung ist durch Kodes in eurer 12-Strang-DNS verankert, die gerade dabei ist, sich zu regenerieren.

Ihr müsst also nicht forschen, woher ihr kommt, wenn es an der Zeit ist, werdet ihr es wissen, spüren und leben.

Wenn ihr so wollt, seid ihr alle Außerirdische, denn die Erde hat euch zwar zu Menschen gemacht, doch ihr kommt alle aus der Quelle und habt Zwischenstationen in verschiedenen Planetensystemen gemacht, um dort vorbereitende Erfahrungen zu sammeln und die Seelenfrequenz so weit herunterzufahren, dass die Inkarnation auf Gaia überhaupt möglich war.

Da die Seele nicht wieder in exakt der gleichen Zusammensetzung auf die Erde kommt, sondern immer wieder mit verschiedenen Seelenanteilen inkarniert, um das größtmögliche Erfahrungspotenzial zu erreichen, inkarnieren auch nicht immer alle Anteile von außerirdischen Leben.

Die außerirdischen Anteile sind Bewusstseinsanteile, somit nicht Teile der Seele, sondern Teile des Seelenbewusstseins. Nun ist es an der Zeit, dass die Seelen sich wieder als Ganzes erkennen, die abgelösten Seelenanteile hinzugefügt, die Wunden geheilt und nun auch die außerirdischen Bewusstseinsanteile integriert werden.

Es vollzieht sich auf höherer Seelenebene, das könnt ihr nur bewusst erleben und das Wissen bewusst nutzen, wenn ihr tief verbunden seid mit eurer Seele, sonst bleiben diese Anteile unbewusst, aber dennoch vorhanden und wirksam.

Versteht ihr nun, warum so viele von euch Sehnsucht nach den Sternen haben?

Wir wollen eure Sehnsucht ein wenig stillen und euch, sofern ihr bereit seid, mit euren kosmischen Wurzeln zu verbinden.

Lasst euch darauf ein, wenn es sich richtig anfühlt. Ist jetzt nicht die richtige Zeit dafür, bleibt diese Energieübertragung zu eurem eigenen Schutz wirkungslos. In dem Fall fragt eure Seele, was vorab zu tun ist.

♥

Energieübertragung zur Erfahrung eurer kosmischen Wurzeln

Schließt die Augen und spürt in euer Herz.
Wir senden nun ein kristallines Licht in euer Herz. Ein Licht, das direkt eure Ursprungskodes in eurer 12-Strang-DNS anspricht.
Es fließt JETZT.
Fühlt.
Fühlt die Verbindung zu eurem kosmischen Ursprung.
Fühlt die Verbindung zu eurem Heimatplaneten.
Spürt, dass die Trennung eine Illusion ist.
Ihr seid zu Hause, denn ihr tragt es in euch.
Nur die unterschiedliche Schwingungsfrequenz will euch glauben machen, dass ihr getrennt seid.
Bittet eure Seele, sich der Frequenz eurer kosmischen Wurzeln anzugleichen. JETZT.
Lasst es fließen und spürt.

Es mögen nun bei einigen Tränen fließen, seltsame Körperempfindungen und plötzliches Wissen auftreten, das die kosmische Weisheit widerspiegelt.
Wisset: Alles ist in euch, ihr müsst nicht analysieren. Verbunden mit dem Sternenbewusstsein eurer kosmischen Wurzeln, ist das tiefe Wissen eurer wahren Herkunft in euch verankert.
Möge das Licht eurer kosmischen Wurzeln in euch einfließen.
DU bist EINZIGARTIG.
DU wirst genauso gebraucht, wie du JETZT bist.
DU bist.

Adonai. Elohim aus dem Schöpferbewusstsein des EINEN."

Was ist ein erwachter Mensch?

- Erwachte Menschen blicken selbst über die Mauer und hinterfragen, was ihnen erzählt wird.
- Erwachte Menschen geben keine Angstenergie mehr in die Geschehnisse hinein, denn sie wissen, dass sie damit das Spiel weiter nähren.
- Erwachte Menschen schauen sich ihre Themen an, fühlen und transformieren sie.
- Erwachte Menschen zeigen sich jetzt überall auf den Straßen, denn es ist so weit. JETZT ist die Zeit.
- Erwachte Menschen suchen keinen Schuldigen, sondern erkennen ihren Anteil am Spiel.
- Erwachte Menschen sind nicht steuerbar, weil sie ihre Emotionen geklärt haben.
- Erwachte Menschen können durch ihre reine Präsenz dem Spiel die Energie entziehen.

Schau dich in der Welt um, es läuft gerade vieles anders als geplant, denn die vielen erwachten Menschen spielen die Spiele nicht mehr mit.

Das ist das Kribbeln, das viele von euch nun spüren, die Aufbruchstimmung, das Fortschreiten der spirituellen Entwicklung, bewusst oder unbewusst.

Zur Ent-Wicklung hat Erzengel Jophiel noch etwas zu sagen:

Erzengel Jophiel und Meister Djwal Khul: Ent-Wicklung

„Ihr Lieben, es grüßen euch Jophiel und Djwal Khul. Wir möchten euch eure Ent-Wicklung näherbringen, denn je mehr ihr euch entwickelt, desto näher kommt ihr eurem wahren Sein.

Wie das Wort schon sagt:

ENT-wicklung – herausdrehen, entwirren, denn das, wonach ihr sucht, ist bereits da. Und so habt ihr euch seinerzeit ver-wickelt, habt den Pfad der Liebe und des Lichts verlassen, um euch ent-wickeln zu können.

Aus der Verwirrung kommt ihr heraus, wenn ihr die Verwirrtheit erkennt und sie beobachten könnt, denn dann werdet ihr euch gewahr, dass ihr nicht selbst die Verwirrung seid, sonst könntet ihr sie nicht beobachten. Und genau hier setzt euer persönliches Entwicklungspotenzial an:

Ihr könnt euch in jede Richtung entwickeln, die ihr euch vorstellen könnt, ihr braucht es euch nur zuzutrauen und offen für die Impulse zu sein, die wir euch senden. Es gibt keine Vorgaben, keine Richtlinien.

Es gibt Dinge, die in euch angelegt sind, zu denen ihr einen leichteren Zugang habt als zu anderen Dingen. Doch letztlich ist alles in euch, was ihr für möglich haltet.

Ihr seid frei und grenzenlos, die Grenzen, die ihr wahrnehmt, befinden sich in euren Köpfen.

Werdet euch dessen bewusst.

Wir wollen euch helfen, eure Begrenzungen loszulassen. Grenzen, die ihr einst aus guten Gründen gesetzt habt, sind nun nicht mehr notwendig und hindern euch am Vorankommen. Die

Grenzen, die euch zuvor Sicherheiten gegeben haben, engen nun eure Freiheit und damit eure Weiterentwicklung ein.

Je mehr Vertrauen ihr in Alles-was-ist erhaltet, desto weniger nutzen euch die alten Grenzen. Das Vertrauen in Alles-was-ist ist eine tiefe Gewissheit, die ausschließlich in eurem Herzen gefühlt werden kann.

Bei vielen herrscht klares Wissen in den Köpfen, doch solange ihr diese Gewissheit, das Vertrauen und die Herzensqualität der Weisheit nicht erlangt habt, werdet ihr Grenzen brauchen, die euch eine Sicherheit vorgaukeln, die nur existent ist, weil ihr sie mit aller Macht und Energie aufrechterhaltet. Und so geht euch Energie verloren, die ihr weitaus effektiver nutzen könntet.

Werdet ihr euch bewusst, dass die einzige Sicherheit, die je existiert hat und die je existieren wird, eure innere Weisheit ist, werden eure Grenzen wie Kartenhäuser in sich zusammenfallen.

Das ist eine große Herausforderung für euch, für eure Herzenskraft und Seelenstärke, die ihr bisher schon in euch habt wachsen lassen.

Grenzen sind Sicherheit, und diese wird von der Angst genährt.
Freiheit ist Weisheit, die von der göttlichen Liebe versorgt wird.

In Liebe und Weisheit,
Erzengel Jophiel und Meister Djwal Khul."

2025

Herzensqualität FREUDE

Erzengel Perpetiel und Maitreya

Qualitäten

Die Energiequalität des Jahres 2025 entspricht in etwa dem 11. göttlichen Strahl.

Ausgelassenheit, Anerkennung, Ausgewogenheit, Berufung, Begeisterung, Enthusiasmus, Erfüllung, Entfaltung, Entzückung, Erleuchtung, Ernte, Freiheit, Fröhlichkeit, Frohsinn, Freude, Freundschaft, Freundlichkeit, Familie, Großzügigkeit, göttlicher Auftrag, Genuss, Glück, Geselligkeit, Güte, Gemeinschaft, Gruppenarbeit, Hochstimmung, Humor, Individualität, Inneres Kind, Jubel, Kreativität, Lachen, Leichtigkeit, Lebensaufgabe, Mitgefühl, Neugierde, Offenheit, Selbstausdruck, Staunen, Spaß, Spielen, Träume, Treue, universelle Liebe, Vollkommenheit, Vollendung, Vergnügen, Wertfreiheit, Wunder.

Engel und Meister dieser Energiequalität

Erzengel Perpetiel – Engel der Lebensfreude
Meister Maitreya – Meister der Freundlichkeit
Der heilige Joseph (Vater von Jesus/Aspekt von St. Germain) – Beschützer der Familie
Erzengel Gabriel

Farbe

Pfirsich (blass-orange), Orange, Aprikot

Erzengel Perpetiel: Die Integration der göttlichen Herzensqualität Freude

„Freudvolle Grüße aus den Reichen des Lichts. Ja, Freude, das ist es, was euer wahrer Lebenssinn ist. Diese möchte ich, Erzengel Perpetiel, euch in diesem Jahr 2025 wahrhaft ans Herz legen.

Freude sei immer euer Weg.
Freude ist die Sprache eurer Seele.
Seid ihr in der Freude, seid ihr auf eurem Seelenweg.
Seid ihr in der Freude, drückt ihr wahrhaft das Göttliche auf Erden aus.
Seid ihr in der Freude, erfüllt ihr eure höchste Aufgabe hier auf Erden.
Seid ihr in der Freude, strahlt ihr diese nach außen aus und zieht noch mehr Freude in euer Leben.
Seid ihr in der Freude, ist euer Inneres Kind glücklich.

So staunt über die Dinge auf dieser Welt wie ein Kind. Entdeckt in diesem Jahr 2025 mit der Herzensqualität der Freude die ganze Welt neu. Betrachtet alles, als ob ihr es das erste Mal seht. Erkennt das Spiel in allem, und spielt dieses Spiel des Lebens. Seid wieder Kinder, neugierig auf Entdeckungstour, wertungsfrei und offenen Herzens, denn so öffnet sich das Himmelreich für euch ganz von allein.

Lebt es, ihr Lieben, lebt es aus vollem Herzen.

Viele von euch haben die wahre Freude verlernt, weil sie immer den nächsten Stolperstein erwarten, anstatt diesen als

Geschenk zu nehmen und etwas Neues daraus zu bauen.

Es wird euch in diesem Jahr 2025 noch einmal sehr bewusst werden, ob ihr eure Häuser auf Angst oder auf Liebe gebaut habt. Denn nur das, was wahrhaft auf Liebe basiert, hat Bestand in der Neuen Zeit.

So ist es auch das Jahr der Selbstliebe und der Freundschaft mit euch selbst. Und hier gilt es, an die Basis heranzugehen, an die Basis von Allem-was-ist. Betrachtet, wie es um eure Verbindung zur Schöpfung bestellt ist, denn es ist ein gutes Jahr, um in den Tiefen zu forschen, voller Freude und Bewusstheit, dass Heilung nun mit Leichtigkeit geschehen kann, wenn ihr nur bereit seid, das, was auf Angst basiert, in Liebe zu transformieren.

So werden viele von euch nicht umhin kommen, mit dem Urtrennungsschmerz in Kontakt zu treten. Es geht um die Überprüfung und die Wiederherstellung des Urvertrauens, denn dieses ist auch die Basis für die Herzensqualität der göttlichen Freude.

Sucht ihr nicht alle nach Freude? Doch verrennen sich viele von euch in Freuden, die nur Ersatzbefriedigungen sind und nicht wahrer göttlicher Lebensfreude entspringen.

So dürft ihr euch wieder an die Quelle der göttliche Liebe in euch selbst erinnern und sie bewusst IN euch verankern.

Freude ist eine Maßeinheit für spirituelle Entwicklung, denn je mehr Freude ihr am Erdendasein habt, desto mehr drückt ihr die Quelle der Schöpfung auf Erden aus, und desto mehr seid ihr verbunden mit Allem-was-ist.

Ja, der Ausdruck der Schöpfung, der auch mit eurem Selbstausdruck zu tun hat. Ihr seid auf Erden, um in Freude und auf eure ganz individuelle Art und Weise die Quelle der Schöpfung auszudrücken. Und so ist euer Selbstausdruck der Ausdruck der Quelle selbst. Doch bei vielen von euch ist der Selbstausdruck *blockiert. Das zeigt sich zum Beispiel in der Sprache, wenn ihr zu vielem Ja sagt, was ihr gar nicht wollt, oder ihr findet nicht die rechten Worte, seid sprachlos oder kommt nicht auf den Punkt.*

Es ist euer Kehlkopfchakra, das hier nicht mit der göttlichen Quelle verbunden ist. So nehmt Kontakt mit eurem kreativen Kehlzentrum auf, kommuniziert mit ihm wie mit einem Wesen und beginnt mit ihm euer Selbst auszudrücken. Kreativität ist gefragt, und diese liegt in jedem von euch. Wenn ihr euer kreatives Zentrum im Kehlkopfchakra von der Leine genommen und es endlich freigelassen habt, kann es sich auch endlich entfalten.

Es lag so lange in Ketten, also gebt ihm jetzt Farben und Formen und macht es mit eurem Inneren Kind bekannt, damit sie gemeinsam eine neue Art der Kreativität in die Welt bringen können. Diese Kreativität heißt göttlicher Selbstausdruck.

Malt Bilder, schnitzt Holz, gestaltet eure Gärten, was auch immer ihr tun wollt: Tut es! Es geht nicht um Schönheit, sondern um Selbstausdruck, und wenn ihr erst einmal eure Kreativität sprudeln lasst und wieder Kontakt zu ihr habt, könnt ihr euer Leben ganz anders genießen und wahrnehmen, denn Leben ist Freude und Genuss. Ja, Genuss. Genießt die Farbe an euren Händen, genießt die Erde, auf der ihr kniet, genießt das Essen, die Sonne und das ganze Sein auf Erden, denn ihr werdet nicht einfach in ein Raumschiff steigen und von dieser Erde verschwinden. Also liebt das Leben auf der Erde, liebt es von Herzen, das ist der Weg in die Neue Zeit.

Genießt, wie das Kind in euch erblüht, und freut euch des Lebens. Macht es für niemanden, bemüht euch nicht darum, andere Menschen zu beeindrucken oder ihnen zu gefallen. Versucht auch nicht, die Schöpfung zu beeindrucken, denn das ist Sehnsucht nach Bestätigung und nicht Ausdruck der Freude am Leben. Braucht ihr Bestätigung, seid ihr nicht in der Selbstliebe, sondern das zeugt von Zweifel, und diese liegen immer im Inneren Kind verborgen. Ihr könnt nicht besser sein als andere, denn ihr seid einzigartig, deshalb vergleicht euch nicht, jede/r hat seinen/ihren ganz eigenen Wert. Erkennt ihn. Macht euch weder kleiner noch größer als andere, ihr braucht niemandem etwas zu beweisen, denn wenn ihr euren Wert erkannt habt, ruht ihr in euch, seid in euer Mitte und könnt mit Freude euer göttliches Selbst ausdrücken. Seid frei und entfaltet euch. Erkennt, was euch noch keine Freude bereitet und was es braucht, damit euer Inneres Kind in Freude und Leichtigkeit baden kann.

Denn zunächst muss der Krug sich leeren, bevor er mit frischem, reinem, nahrhaftem Wasser gefüllt werden kann.

So werdet in dieser Zeit zu einem Krug, der sich zunächst leert. Spürt diese innere Leere, nehmt sie wahr und genießt sie.

Einige von euch sind schlechter Stimmung, denn die innere Leere ist manchmal schwer auszuhalten, doch wisst: Es kann nichts Neues hinein, solange das Alte noch darin ist.

Also leert euch, um euch mit der Herzensqualität der Freude zu erfüllen. Und erkennt wie eine kleines Kind die großen und kleinen Momente des Glücks. Ihr findet sie in jeder Pflanze, in jedem Atemzug. Erkennt die Schätze, die das wahre Glück und die wahre Freude in euch entfachen. Entfachen, denn ihr werdet in diesem Jahr 2025 vor Freude lodern. Das lodernde Freudenfeuer des Einen, das alles liebend und sanft verwandelt, was nicht Freude und Glück ist, ist in jedem von euch. Wir zeigen euch die kleinen Funken, die ein immer größeres Feuer der Freude und des Glücks in und um euch herum entfachen werden. Ihr braucht es nur zuzulassen. Wie ein Funkenregen voller strahlender Sternschnuppen kommen die Funken des Glücks zu euch. Sie werden viele von euch in den Fluss des Lebens geleiten, wo sich alles fügt, was zuvor noch hart erkämpft werden wollte. Die Zeit des Kampfes ist vorüber, seid im Fluss und fließt mit ihm, und es werden Dinge geschehen, die manche unter euch Wunder nennen werden.

Öffnet euer Herz und ladet die Freude in euer Leben ein. Erzengel Perpetiel."

♥♥

Dein Inneres Kind und die Freude

Wir waren alle mal Kinder, und diese Kinder leben immer noch in uns. Die meisten dieser Kinder erfuhren keine Bedingungslosigkeit – die meisten? Ich glaube, wahre Bedingungslosigkeit erfuhr niemand hier, denn das ist auf der Erde in der Dualität gar nicht möglich. Das heißt, wir lernten früh, dass Liebe an Bedingungen geknüpft ist und wir anderen nur dann eine Freude machten, wenn wir taten, was sie wollten. Verhielten wir uns anders, als die Erwachsenen es von uns erwarteten, machten wir nicht nur ihnen keine Freude, sondern waren auch selbst nicht in der Freude, weil die Konsequenzen meistens auf dem Fuße folgten. Das erlebte jeder in irgendeiner Form.

BITTE – es geht hier nicht darum, irgendjemanden anzuprangern, sondern zu erkennen, woher es kommt, wenn wir uns so unzulänglich, wertlos, unsichtbar oder ungeliebt fühlen. Kennen wir die Ursache, führt das zur Erkenntnis und zur Heilung. Außerdem hatte alles seinen Sinn, unsere Eltern handelten immer nach bestem Wissen und Gewissen, sie konnten damals nicht anders, denn auch sie hatten nichtgeheilte, hungrige Innere Kinder. Wenn wir die absolute Bedingungslosigkeit erfahren hätten, hätten wir sie nicht erkennen können, da wir für die Erkenntnis immer den Gegenpol benötigen. Du kannst Licht nicht im Licht erkennen.

Ich denke, dass es für mich persönlich wichtig war, als Kind genau diese Erfahrungen gemacht zu haben, denn nur dadurch bin ich heute die, die ich bin.

Eine Frage an dich:

Könnte es sein, dass es möglicherweise gar kein Ego gibt? Könnte es sein, dass das nur das verletzte Innere Kind in uns ist? Nun, ich überlasse es dir, die Antwort für dich herauszufinden. Jedenfalls ist es deutlich zu erkennen, dass wir in unserer Kindheit durch unser gesamtes Umfeld programmiert werden, was sich sowohl auf den Charakter, aufs Verhalten und auf die Weltanschauung auswirkt.

Nach der Kindheit beginnen wir uns im wahrsten Sinne des Wortes zu ENTwickeln, wir werden mit unseren Glaubensmustern und Emotionen konfrontiert, und das so lange, bis wir sie heilen. Deshalb ist es praktisch, wenn wir bewusst da herangehen, wir können dann noch viel Lebenszeit mit anderen Dingen verbringen, anstatt uns mit unseren unbewussten Mustern herumzuschlagen.

Und hier kommen wir zum Inneren Kind.

Das kleine Kind von damals wohnt immer noch in dir, sucht nach Anerkennung und will geliebt werden. In Konfliktsituationen zum Beispiel streiten sich fast nie zwei Erwachsene, sondern es sind Kinder. Beobachte das einmal, und du wirst erkennen, was ich meine. Es sind unerfüllte Grundbedürfnisse des Inneren Kindes, die sich in emotionalen Ausbrüchen zeigen, wie zum Beispiel Wut, Angst usw.

Welche Bedürfnisse ein Kind hat, will ich hier nicht aufzählen, denn es ist gut, wenn du mit deinem Inneren Kind Kontakt aufnimmst und es selbst befragst.

In der Kindheit entstehen häufig folgende Empfindungen: sich abgelehnt, nicht gewollt, nicht willkommen, fehl am Platz und nicht zugehörig fühlen. Sich ungeliebt, unwichtig, wertlos fühlen und nicht wertgeschätzt werden. Nicht gesehen werden und immer um Anerkennung kämpfen müssen. Grenzen werden überschritten, eigene Grenzen können nicht wahrgenommen werden, man kann nicht Nein sagen.

Sicher fallen dir noch mehr ein.

Jeder kompensiert das anders, der eine wird wütend, wenn er keine Anerkennung bekommt, der andere wird traurig oder ängstlich, zieht sich zurück usw.

Schau also bitte immer, welche Emotion hinter dem Gefühl steckt: Wut, Angst, Trauer, Ohnmacht usw. Und dann schau, wie deine Gefühle dir selbst gegenüber sind. Wenn du dich zum Beispiel ablehnst, dann wundere dich nicht, wenn du im Außen auch Ablehnung erfährst. Deine Außenwelt spiegelt dich. Hast du das Thema geheilt, wird auch die Spiegelung anders aussehen, so habe ich es selbst erlebt.

Ich hatte eine Lernaufgabe mit der Anerkennung, ich reagierte wütend auf einen Menschen, fühlte mich ungesehen usw. Es handelte sich um einen Mann, der für meinen Vater stand, und erst als ich auf die Idee kam, mit meinem Inneren Kind zu sprechen, es in den Arm zu nehmen um ihm die Anerkennung zu geben, die es sich wünschte, platzte der Knoten. Seitdem war ich nicht mehr wütend auf diesen Mann, und wir wurden gute Freunde.

Immer wenn wir so etwas bewusst erkennen, kann ein Stück in uns heilen, und wir können wieder mehr Freude wahrnehmen, gemeinsam mit unserem Inneren Kind. Denn Kinder wollen lachen, spielen, Spaß haben, und das können sie nur völlig unbeschwert, wenn die Großen die Lasten von ihnen nehmen – und WIR sind die Großen.

Ich möchte noch allen Eltern etwas Wichtiges sagen:
Kinder übernehmen Emotionen und Konflikte von ihren Eltern. Haben Eltern zum Beispiel Streit und bleiben vielleicht nur wegen der Kinder zusammen, merken diese das ganz genau. So kann sich in einem Armbruch bei einem Kind auch der Bruch zwischen den Eltern ausdrücken. Die Kinder tragen die Emotionen, die die Eltern nicht tragen können, für diese mit. Aber bitte, liebe Eltern, auch hier geht es nur um Bewusstwerdung und nicht um Schuld. Wir dürfen unsere Themen selbst ansehen, anstatt sie auf unsere Kinder zu projizieren. Ich empfehle dir, in jedem Fall Kontakt mit deinem Inneren Kind aufzunehmen, schau wenigstens einmal, wie es ihm geht. Das kannst du über eine Meditation, über ein Foto oder einen Gegenstand aus deiner Kindheit tun. Finde hier deine eigene Methode.

Vielleicht siehst du in der Meditation, dass dein Inneres Kind aus zwei Hälften besteht, ein helles und ein dunkles Kind, ein Lichtkind voller Freude und ein Kellerkind voller Angst, und vielleicht erkennst du dann, dass diese beiden gegeneinander kämpfen. Wir leben in der Polarität, und diese macht auch beim Inneren Kind nicht halt. Auch hier geht es wie bei allen Polen darum, beide Seiten anzunehmen und zu integrieren.

Und vielleicht sitzen in der nächsten Meditation beide Kinder zusammengekuschelt beieinander, und dein inneres dunkles Kellerkind verschmilzt mit dem hellen Kind – wie das Yin-

Yang Zeichen –, vereint, vollständig und doch unterschiedlich. Und dann kommt vielleicht dein goldenes göttliches Kind aus der Quelle herab, um mit den beiden zu verschmelzen... Vielleicht läuft dein Prozess aber auch ganz anders ab. Und dann wirst du immer mehr die Herzensqualität der wahren göttlichen Freude leben können.

♥♥

Meditationsempfehlung: Begegnung im Zauberwald

Auf CD oder als Download erhältlich.

Deine Mutter / Dein Vater / Dein Inneres Kind / Deine Ahnen

Ja, der Zauberwald existiert tatsächlich, dank der wundervollen Erlebnisse dort durfte ich diese einzigartigen Meditationen kreieren. *Begegnung im Zauberwald* ist eine Serie, bestehend aus vier Meditationen, die die Grundlage für den Frieden in uns bilden – sind wir im Frieden mit Eltern, Ahnen und Innerem Kind, können wir im Jetzt ein bewusstes und erfülltes Leben leben.

Mit diesen Meditationen können wir nicht nur die Beziehungen zu unseren Eltern heilen, sondern auch Energien zurückerhalten, die über viele Jahre an Emotionen, Situationen oder Personen gebunden waren, was uns im Jetzt hilft, vollkommen in unsere Kraft zu kommen und unser Leben zu meistern.

Erzengel Gabriel: Euer Inneres Kind

„Weißes Licht durchflutet euren Raum, ich bin das Licht von Erzengel Gabriel. Gegrüßt seid ihr, für die diese Botschaft gesandt wird. Ich spreche zu euch in der Reinheit und der Klarheit, wie es nur noch Erdenbewohner in sich tragen, die kürzlich geboren sind. Säuglinge tragen die Unschuld, die Reinheit und den klaren Geist Gottes in sich.

Ihr alle strebt danach, diese Reinheit der Gedanken, die Klarheit für euer Leben, die Göttlichkeit in euch zu erfahren. Einigen unter euch gelingt das schon sehr gut, sie üben sich in Demut und urteilen nicht, sondern nehmen an und schauen bei sich. Sie sind es, die nicht ohne Prüfung Wissen von anderen Erdenbewohnern annehmen und alles in sich aufsaugen, ungefragt, unkontrolliert, ohne es durch den eigenen Filter fließen zu lassen.

Es sei euch gesagt, dass nicht alles, was euch vermittelt wird, auch eurer Wahrheit und eurem Weg entsprechen muss. Geht euren eigenen Weg, erkennt an, was eure Lehrer euch vermitteln, aber wägt selbst ab, was eurer Wahrheit entspricht.

Auch Säuglinge nehmen alles erst einmal an und spüren dann in sich, ob es wahrhaft göttlich ist oder nicht.

Es ist auf Erden so vorgesehen, dass die Fähigkeit mit dem Wachstum verlorengeht. Aber ihr könnt sie mit Hilfe eures Inneren Kindes wiedergewinnen.

Hier eine Anleitung, die ein Weg für euch sein kann, aber ihr könnt genauso gut euren eigenen Weg gehen. Dieses ist lediglich ein Wegweiser, wie ein Straßenschild bei euch auf Erden, das euch zu eurem wahren Sein zu führen vermag.

Um zu erkennen, wie es eurem Inneren Kind geht, schaut in euch, wenn ihr Kindern begegnet. Sie zeigen euch eine Projektion eures Inneren Kindes und Aspekte von euch selbst.

Beantwortet euch die folgenden Fragen. Wenn ihr mögt, macht es schriftlich, denn die schriftliche Manifestation bewirkt bei vielen von euch ein tieferes Eindringen.

- *Welches Verhältnis habt ihr zu Kindern?*
- *Findet ihr sie süß oder anstrengend?*
- *Möchtet ihr unbedingt ein Baby haben oder reicht es euch, ab und zu eins „ausleihen" zu können?*
- *Seht ihr ihre Schönheit, ihre Unschuld, ihre Vollkommenheit, ihre Anmut?*
- *Machen euch Kinder wütend?*
- *Glaubt ihr, sie sind verwöhnt, egoistisch, unkontrollierbar?*
- *Machen sie euch traurig?*
- *Bekommt ihr Sehnsucht? Wonach sehnt ihr euch, wenn ihr ein Kind seht? Nach der Freiheit, die es hat?*
- *Hättet ihr auch gerne eins?*

Wie ihr auf Kinder reagiert, ist eine Projektion eures Inneren Kindes. Habt ihr also Sehnsucht nach einem Kind, fragt euch, welche Sehnsucht euer Inneres Kind hat. Wonach sucht es?

Fühlt in euer Herz und sprecht mit ihm, als ob ihr es in den Armen halten würdet. Vielleicht sehnt es sich nach Liebe und Geborgenheit, dann nehmt es in den Arm. Erkennt euer Inneres Kind an, nehmt seine Gefühle wahr und schenkt ihm das, was es sich wünscht, denn es ist das, was auch euch fehlt.

Fragt euch:
„Was kann ich heute für mein Inneres Kind tun, wie kann es sich geliebt und genährt fühlen?"

Mit diesen Gedanken beende ich meine Worte an euch.
Mein Segen sei mit euch.
Amen."

♥♥

Maitreya: Die Ursache der (Sehn-)SUCHT

„Meine lieben Lichter, ich grüße euch. Ich BIN Meister Maitreya vom pfirsichfarbenen göttlichen Strahl der Freude.
Vielen von euch bleibt die wahrhaftige Freude verwehrt, es ist eine tiefe innere Sehnsucht in euch, die euch nicht zur Ruhe kommen lässt, sie treibt euch immer weiter voran, doch ihr findet nichts. Denn Alles-was-ist ist nichts und alles, und um das zu erkennen, seid ihr auf der Erde, denn dort, wo alles eins ist, ist keine Bewegung, und wo keine Bewegung ist, ist die Erkenntnis der Quelle des eigenen Daseins nicht möglich.
Alles-was-ist ist immer im Gleichgewicht, doch viele von euch sind aus dieser Balance herausgefallen aufgrund ihres Daseins in der Dualität und ihrer Suche nach dem Weg dort hinaus.
Alle sucht ihr, doch ihr wisst nicht wonach, ihr fühlt euch zum Teil wie getrieben, ausgebrannt, wie unter Druck, immer auf der Suche nach neuen Ersatzbefriedigungen, die den Hunger nur selten für längere Zeit stillen.

Hunger?

Ja, denn es befindet sich ein großer Hunger in euch, und dieser ist nicht zu besänftigen mit Ersatzstoffen wie Alkohol, Zigaretten, Schokolade, Einkaufstouren oder gar Joints, welche euch glauben machen, dass ihr so euren Bewusstseinszustand erhöhen könnt.

Nun, ihr Lieben, ihr müsst selbst wissen, was ihr tut, das fällt in eure Eigenverantwortung, in eure Zuständigkeit, doch das Kiffen, das bei vielen sehr hoch im Kurs steht, ist wie alle anderen Ersatzstoffe, eine große Lüge, eine Flucht vor der Wahrheit.

Alle Substanzen, die das Bewusstsein beeinflussen, die euch in andere Zustände gelangen lassen, halten euch von eurer spirituellen Entwicklung ab, ja, sie verhindern sie sogar. Menschen, die diese Dinge nutzen, wollen den leichten Weg gehen, lassen sich lieber treiben, anstatt ihren Themen ins Auge zu sehen und sie zu heilen.

Doch eines Tages werdet ihr eingeholt von der Wahrheit, ihr werdet erkennen, dass eure Probleme beginnen, euch bis in eure Träume zu verfolgen, so lange, bis ihr sie angesehen habt.

Doch es gibt noch viele andere Arten von Sucht. Wir aus der Geistigen Welt sehen, dass fast jeder Mensch ein Suchtverhalten in sich trägt, und das so lange, bis er die göttliche Quelle, das wahre Zuhause, gefunden hat.

Viele von euch verfallen auch einer Konsumsucht, das ist nichts anderes als ein Joint, der bestimmte Zentren im Gehirn aktiviert, aufgrund dessen ihr euch besser fühlt. Konsumiert ihr, kauft Kleidung oder Technik, obwohl es nicht dringend gebraucht wird, werdet ihr für kurze Zeit auch eine Art Rauschzustand erleben, der euch eure Sorgen vergessen lässt.

Ja, ihr Lieben, natürlich könnt ihr auch mit Freuden konsumieren, doch das ist dann Genuss, und Genuss kann wertschät-

zen, dankbar sein und sich von Herzen erfreuen, wohingegen dieser Rausch nur etwas anderes überdeckt. Das Suchtmittel eurer Wahl ist nur Mittel zum Zweck, um euch besser zu fühlen.

Doch es gibt noch weitere Varianten, zum Beispiel Menschen, die ihre innere Leere, ihre Sehnsucht mit Nahrungsmittel auffüllen, vorzugsweise mit Süßem, denn dieses gibt euch für einen Moment das Gefühl, geliebt zu werden.

Eure Suche bringt euch aus dem Gleichgewicht, und die Balance wird durch äußere Mittel am Leben erhalten. Doch diese Dinge lösen sich nun verstärkt auf – die Illusionen werden sichtbar.

Also möchten wir euch die Illusionen zeigen, die euch täuschen, die euch vorgaukeln, verbunden zu sein und euch doch vom eigentlichen Sein fernhalten.

Seit Anbeginn der Zeit besteht ein Grundkonflikt in euch Menschen: der Konflikt der Trennung. Ihr fühlt euch getrennt, und das über viele Inkarnationen.

Der Glauben an die Schöpfung war immer da, er ist tief in euch. Und doch ist es etwas Entscheidendes, was den meisten von euch immer fehlte: die Erfahrung dessen. Die Erfahrung der Schöpfung, die aus einem bloßen Glauben ein Wissen macht, das durch immer tiefergehende Erfahrung zur GEWISSHEIT wird. Die Gewissheit um die Schöpfung, die Gewissheit, dass ihr ein Teil der Schöpfung seid und dieser Teil IN euch zu finden ist. Spürt tief in euch hinein, und wenn ihr ehrlich zu euch seid, dann ist es genau das, was euch fehlt.

In guten Zeiten ist ein Wissen da, doch Wissen ist immer noch nicht die Gewissheit, denn dazu bedarf es eigener Anbindung und Erfahrung mit der Quelle der bedingungslosen Liebe. Spiritualität will gelebt werden, sonst werdet ihr ewig theoretische Esoteriker sein.

Das ist der Grundkonflikt – die Suche nach Zugehörigkeit und der Mangel an der Erfahrung dessen. So geht tief in euch und beobachtet in den nächsten Tagen: Wonach seid ihr süchtig?

Es ist wichtig und wertvoll, das zu beobachten, denn wenn ihr das Muster erkennt, ist die Lösung nur einen Schritt weit entfernt. Und wenn ihr euer Suchtmittel erkannt habt, beobachtet eure Emotionen. Das heißt nicht, dass ihr aufhören sollt, das Suchtmittel zu nutzen, ihr braucht nur zu beobachten, was es mit euch macht. Macht bitte weiter mit dem, was ihr immer tut, nur tut es ganz bewusst, mit eurer vollen Aufmerksamkeit. Und dann erkennt, was euer Motiv ist.

Warum esst, trinkt, raucht oder konsumiert ihr (oder was auch immer ihr sonst noch tut)?
Braucht ihr Trost?
Wünscht ihr euch eine Belohnung, eine Anerkennung?
Bestraft ihr euch?
Wollt ihr die Leere füllen?

Sagt euch:

„Ich kaufe das jetzt, weil..."
„Ich esse das jetzt und noch viel mehr davon, weil..."
„Ich nehme jetzt noch einen Zug, weil..."
„Ich lenke mich ab von..."

All das steht wiederum mit eurem Inneren Kind in Zusammenhang, denn das Kind ist es, das sich nach Zuhause sehnt, das Kind ist es, das im Laufe des Heranwachsens geglaubt hat, die Anbindung verloren zu haben, das Angst hat, verloren zu sein und nicht wieder zurück nach Hause zu finden.

Es ist einsam, verlassen, allein in einer fremden Welt, nicht dazugehörig.

Oder fühlt ihr euch nicht manches Mal fremd in dieser Welt?

Ihr werdet erkennen, dass sich die Qualität durch eure bewusste Aufmerksamkeit verändert.

Vollkommene Wahrnehmung bedeutet, dass Unbewusstes keinen Bestand mehr hat, und dadurch geschieht die Veränderung von ganz allein.

Schaut ihr weiterhin weg, wird sich nichts verändern, euer Leben wird zum Teil von dieser Sucht bestimmt, ihr seid abhängig. Dabei gilt es, sich aus der Materie zu lösen, doch so lange ihr Suchtmittel zu euch nehmt, seid ihr abhängig, und da ist es weniger wichtig, um welches Mittel es sich handelt, ob ihr in Kaufrausch verfallt und euer Konto leer ist, oder ob ihr nur noch im Drogenrausch seid und euer Leben euch aus den Händen gleitet. Körper, Geist und Seele sind in jedem Fall aus dem Gleichgewicht, und ihr macht euch abhängig von Materie, doch die einzig wahre Abhängigkeit, die besteht, ist die zur Schöpfung, denn ohne sie könntet ihr nicht existieren.

Wollt ihr also weiterhin wegsehen und nicht genau beobachten, dann werdet ihr immer gefangen sein. Seid ihr jedoch bereit hinzusehen, erfolgen das Loslassen und die Befreiung automatisch.

Es ist an der Zeit, wieder auf eure wahren Bedürfnisse zu lauschen. Wenn euer Körper beispielsweise nach Schokolade hungert, was möchte er dann wirklich? Richtig, es ist gar nicht euer Körper, es ist eure Seele, die diese Nahrung möchte. Und möchte sie wirklich diese Schokolade?

Spürt in euer Herz, was dort ist: Trauer, Angst, Wut, Leere?

Und fühlt ihr euch besser, wenn ihr dieses Suchtmittel, welches es auch immer sein mag, zu euch genommen habt?

266

Ja, für kurze Zeit, ist die Leere, die Sehnsucht, die Suche überdeckt durch das, was ihr euch zugeführt habt, doch irgendwann braucht ihr immer mehr davon, eine Tafel Schokolade reicht nicht mehr aus, es braucht mindestens zwei Tafeln, um das Gefühl der Leere zu überdecken.

Ihr raucht schnell danach den nächsten Joint, damit ihr nicht wieder herausfallt aus dem Entspannungszustand, in dem alle Probleme bedeutungslos erscheinen.

Ihr Lieben, wir wollen euch hier mitteilen, was ihr wahrscheinlich bereits selbst erkannt habt:

Ihr belügt euch damit selbst.
Die Ursache von euren Süchten, wie auch immer sie geartet sind, ist die Suche,
die SEHNSUCHT nach Zuhause,
die Sehnsucht nach Liebe,
die Sehnsucht nach Geborgenheit,
sich angenommen fühlen usw.
So erkennt: Wonach sucht ihr?
Sucht ihr vielleicht nach euch selbst?
Sucht ihr vielleicht nach Liebe? Erfüllung? Glück? Freude? Zugehörigkeit?
Oder sucht ihr GOTT?
Und WO sucht ihr?

Genau...
Ihr seid begierig auf Liebe, nahezu besessen danach. Ihr seid so versessen auf Liebe und habt gleichzeitig Angst davor.
Ihr habt Hunger nach Leben und Liebe und gleichzeitig Angst davor. Angst vor Liebe.

Angst vor der Schöpfung, denn sie ist Liebe. Angst vor euch selbst, denn ihr seid Liebe.

So sucht ihr im Außen, fühlt euch getrennt, weil ihr Angst habt, das zu finden, was ihr sucht, denn was wäre dann?

Was wäre, wenn ihr gefunden hättet?

Euer Suchtverhalten ist Lebens- und Liebesersatz und gaukelt euch die Illusion vor, damit Liebe zu erhalten. In der Sekunde des Suchtmittelkonsums ist es auch so, zumindest fühlt es sich für euch so an, doch letztlich ist es Selbstbestrafung.

Doch wofür bestraft ihr euch? Vielleicht dafür, dass ihr die Liebe des EINEN nicht verdient habt, es nicht wert seid, dass ihr Angst habt, euer Ziel zu erreichen, weil dort auch tiefer Schmerz ist? Ihr sucht und lauft gleichzeitig davon, weil ihr Angst habt, zu finden. Denn die geistige Suche könnte Schmerz und Enttäuschung beinhalten, und das glaubt ihr, nicht ertragen zu können, und so habt ihr euch unbewusst für die FLUCHT, für die SUCHT entscheiden.

Ihr könnt noch Jahre damit verbringen zu flüchten, doch die Neue Zeit wird euch lehren, dass ihr nicht davonlaufen könnt. Wir sagen euch: Diese Angst zeigt euch den Weg, denn dahinter befindet sich die Verbundenheit mit Allem-was-ist.

Das, was euch fehlt, ist das Anerkennen – anerkennen, dass eure Suche bisher erfolglos war. Anerkennen, dass es alte Glaubenssätze des nichtgeheilten Inneren Kindes gibt, die das Vertrauen boykottieren.

Was euch fehlt, ist die Freude des Kindes, das in euch wohnt. Die Freude am Leben, denn Freude vertraut und löst Ängste auf, so müsst ihr nichts mehr kompensieren, euch keinen Ersatz mehr suchen, denn das, was ihr sucht, habt ihr gefunden.

Die Quelle allen Seins ist FREUDE.

Und die Freude liegt in eurem Inneren Kind verborgen, und dieses findet ihr in euch.

Liebe und Freude sind die Lösungsmittel.

Um die Liebe wahrhaft in euer Leben integrieren zu können, bedarf es zuvor der Integration der Selbstliebe. Und auch hier ist wieder euer Inneres Kind gefragt, denn hier liegen die Ursprünge. Selbstliebe ist der Weg zu Gott und zu eurer wahrhaftigen Anbindung – das Ziel eurer Suche.

Ihr könnt euch auch auf dem Weg hinaus aus der Sucht und zur Anerkennung der tiefen inneren Sehnsucht Hilfe suchen, von der Geistigen Welt oder von einem Menschen, doch niemand wird es euch abnehmen können.

Kein Mensch und kein Engel können euch etwas wegzaubern. Das könnt ihr nur selbst, indem ihr hinschaut.

Und das geht nur durch FÜHLEN.

Diese Aufgabe ist für jede/n von euch zu schaffen, sonst hättet ihr sie nicht erhalten. Ihr seid nicht allein, ihr könnt jederzeit mich, Meister Maitreya, rufen, und wir weisen euch auch den Weg, wenn ihr weitere Unterstützung braucht.

Ihr könnt noch Jahre so weitermachen wie bisher, oder ihr entscheidet euch für ein Leben in Freude und Liebe mit der Quelle in euch.

In Liebe,
Meister Maitreya."

♥♥

Die Leere mit Essen füllen

Ich möchte einige Worte zur Sucht sagen, denn dieses Thema ist nicht mir nicht unbekannt. Ich habe lange Zeit Schokolade in mich hineingestopft, obwohl ich wusste, dass ich damit nur etwas überdecke/unterdrücke. Ja, die Leere füllen – Erfüllung suchen. Aber wenn der Hype nach Schokolade kam, setzte irgendwas in meinem Gehirn aus, und ich war nicht mehr in der Lage, bewusst in die Emotionen hineinzuspüren.

Ich haderte lange mit diesem Thema und bat die Geistige Welt oft, mir doch den letzten Kick zu geben, damit ich endlich umsetzen konnte, was ich schon lange wusste. Aber so ist das eben, wirklich Fühlen ist etwas anderes, als es nur mit dem Verstand zu erfassen. Und so erschuf meine Seele eine Gelegenheit, in der mir schmerzlich bewusst wurde, was mir fehlte, was ich genau mit der Schokolade kompensierte. Manchmal braucht man es eben live und in Farbe – autsch.

Ja, wie gesagt, mein Kopf wusste das vorher auch, aber ich konnte/wollte es nicht fühlen. Und nun durfte ich es in seinem ganzen gewaltigen Ausmaß fühlen, und was geschah? Ich hatte keinen Appetit mehr auf Schokolade. Ich kann heute Schokolade kaufen, sie zu Hause in der Schublade haben, ohne sie zu vernichten, sie stapelt sich inzwischen eher, als dass ich sie esse. Denn seit dem besagten Erlebnis war es vollkommen anders. Immer wenn diese Sehnsucht kam, die sich zuvor in Lust auf Schokolade gezeigt hatte, hätte ich sie ja essen können, aber ich tat es nicht, weil ich nun in meinem ganzen Sein angekommen war. Stück für Stück konnte ich dieses Thema heilen und fand den Weg zu meiner inneren Quelle.

Ich glaube, jeder Mensch hat eine kleine Sucht, ob nun Kaffee, Zigaretten, Alkohol oder Putzen. Alles lenkt uns letztlich von unserer eigentlichen Sehnsucht ab, doch das dürfen wir erst einmal erkennen, und das können wir nur durch Fühlen. Man kann sich auch erst die Beziehung zum eigenen Körper ansehen, denn „Süchtige" haben die geistige Suche auf die körperliche Ebene verlagert.

Wenn es ums Essen geht, dann schau dir an, welche Beziehung du zur Nahrung hast:

Nimmst du überhaupt wahr, was du isst?
Ist es dir egal oder wichtig, was zu dir nimmst (= Selbstwertschätzung)?
Welches Verhältnis hattest du als Kind zum Essen?
Durftest du mit dem Essen spielen, musstest du essen, was auf den Tisch kam, gab es Essen, zum Beispiel Süßes, als Belohnung?
Wurdest du als Baby gut versorgt, oder wurdest du auch schon mal vergessen?
Kannst du Essen genießen?
Gibt es Essen, das dir richtig Freude macht?
Hast du schon einmal bewusst mit allen Sinnen gekocht und gegessen?
Wie fühlst du dich vor und wie nach dem Essen?
Kannst du Essen (= Emotionen) gut verdauen?

Beobachte einmal, was Essen mit dir macht, baue eine Beziehung zum Essen auf. Siehe jedes Lebensmittel als Wesen, das dir etwas schenken möchte, nimm Kontakt auf, nimm es wahr.

Wie du siehst, kann es hier sehr hilfreich sein, zusammen mit dem Inneren Kind dieses Thema anzusehen.

Gerade beim Essen ist es so, dass unser Körper uns alle möglichen Gelüste suggeriert, doch erkennen wir erst die Emotionen, die dahinterstecken, bevor wir das, worauf wir Appetit haben, zu uns nehmen, dann heilen wir auch immer ein Stück unseres Inneren Kindes. Haben wir irgendwann alle Emotionen transformiert und ist die Suche beendet, kann uns unser Körper nämlich wichtige Botschaften zukommen lassen, denn mit seinen Gelüsten auf bestimmte Lebensmittel kann er uns auch zeigen, was er gerade an Nährstoffen benötigt, aber das geht erst, wenn das Thema Sucht und Suche beendet ist.

Die Geistige Welt sagte einmal zu mir:

„Eure Seelen haben sich die Rahmenbedingungen der Inkarnation ausgesucht, eure Lebensumstände, die Menschen die euch begegnen, usw., und alles nur, damit ihr den Weg nach Hause findet. Wäre alles perfekt, dann würdest ihr nicht suchen, oder?"

♥♥

Erzengel Perpetiel und Heiliger Joseph: Die Heilung des Urtrennungsschmerzes

„Geliebte Kinder, vieles habt ihr nun bereits erfahren, und wir wollen nun den Bogen spannen, der euch die Ursache und die Heilung des Urtrennungsschmerzes in den Tiefen eures Seins bewusst macht.

Das, was euch fast zu zerreißen scheint, ist ein Urschmerz, der das gesamte Kollektivbewusstsein betrifft.

Ihr seid also nicht allein – und doch, denn ihr seid ALL-EIN. Alle eins, und deshalb bedingt eins das andere, und alles hängt zusammen.

Sobald ihr die Anbindung wieder integriert habt, heilt ihr auch ein Stück des Urtrennungsschmerzes des Kollektivbewusstseins, denn was im Kleinen geschieht, geschieht auch im Großen. Ihr tut das nicht nur für euch, sondern auch für die vielen Menschen, die noch unbewusst sind und die Ursache ihres Schmerzes nicht erkennen können.

Je stärker ihr die eine Seite des Pols wahrnehmen könnt, desto intensiver werdet ihr nach der Transformation des Schmerzes die Befreiung erleben. In diesem Jahr 2025 wird der Urtrennungsschmerz so heftig angestoßen, dass ihr ihm nicht mehr ausweichen könnt. Dieser Schmerz war immer da, doch nie war er so präsent und nie war es leichter, den Weg zur Quelle zu finden.

Es ist der Verlust der Quelle, es ist die gefühlte Trennung von der Quelle, die natürlich nie vollzogen wurde, sondern es ist nur die Wahrnehmung aus Sicht des Menschen.

Dieser tiefe Schmerz schlummert seit Anbeginn der Zeit in jedem Menschen. In den kleinen Seelen, deren Körper noch in der Mutter heranwachsen, ist das Bewusstsein der allumfassenden Verbundenheit vorhanden. Sobald die Nabelschnur durchtrennt ist, manifestiert sich ein tiefer Trennungsschmerz.

Wenngleich kleine Kinder noch das Bewusstsein der allumfassenden Verbundenheit in sich tragen, ist jedoch die gefühlte Trennung von der Quelle vollzogen worden, und der Abstand zu Quelle wird von Lebensjahr zu Lebensjahr größer. Je älter sie werden, desto größer wird der Spalt.

Es gibt mit den Kindern der Neuen Zeit heute einige Ausnahmen, doch auch viele von ihnen tragen den Urtrennungs-

schmerz tief in sich verborgen. Der Schmerz zeigt euch ganz klar den Weg, denn dort, wo der Schmerz ist, ist der Weg. Der Weg in die Freiheit. Der Weg zur Integration der Herzensqualität Freude. Der Weg zurück in die Einheit.

Nun, meine Lieben, möchten wir euch mitteilen, was ihr tun könnt, um den Urtrennungsschmerz zu heilen. Es gibt viele Wege, ihn zu lösen, doch das Wichtigste ist eure Bereitschaft dazu. Die Bereitschaft, den Schmerz zu durchfühlen, zu durchleben und damit zu transformieren. Das bedeutet, ganz bewusst in dem Schmerz zu bleiben und ihn als ein Wesen wahrzunehmen, mit dem ihr kommunizieren könnt.

Dieses Wesen des Schmerzes will angenommen und gefühlt werden, damit es Stück für Stück gehen kann. Das ist ein Prozess, und es ist nicht wichtig, wie lange er dauert, es wird so geschehen, wie es richtig ist.

Es gibt in diesem Sinne nichts zu tun, sondern zu fühlen, anzunehmen und loszulassen, und das in eurem eigenen Tempo. Seid gewiss, alles geschieht zur richtigen Zeit, es kann gar nicht anders geschehen.

Wir wollen euch sogleich eine Anleitung geben, mit der ihr die göttliche Quelle der göttlichen Liebe wieder ganz bewusst in euch verankern könnt.

Mit dem Bewusstsein der Quelle in euch könnt ihr den Urtrennungsschmerz und eure ewige Sehnsucht heilen und ein Leben in Freude führen, verbunden mit Allem-was-ist.

In grenzenloser Liebe,
Erzengel Perpetiel und der Heilige Joseph."

Finde die Quelle IN dir und beende die Suche

Im Außen kann nichts existieren, was nicht auch in dir ist. Wäre es in deinem Herzen bereits tief verankert, würdest du diesen Text nicht lesen. Hast du wirklich diese innere Quelle in dir gefunden, dann kannst du dich mit einem kurzen Gedanken sofort mit ihr verbinden.

Du hast sicher schon eine Ahnung und es mit großer Wahrscheinlichkeit auch schon gespürt, wie es ist, mit der Quelle verbunden zu sein. Doch zwischen Glauben, Wissen und Fühlen liegt ein großer Unterschied.

Ordne dich kurz – ganz wertfrei – ein:

Glaubst du, dass die Quelle in dir liegt?
Weißt du, dass die Quelle in dir liegt?
Oder fühlst du, dass die Quelle in dir liegt?
Und kannst du die Quelle auch in dir spüren und mit ihr kommunizieren?

Um die Quelle der Liebe in dir entdecken zu können, darf dir bewusst werden, was es alles an Blockaden, Glaubenssätzen und Mustern in dir gibt, die das verhindern. Löse auf, was nicht zu dir gehört, damit du wieder an deinen wahren Kern gelangst. Der Weg führt von der Liebe mit Bedingungen – die wir alle in unserer Kindheit erfahren haben und die uns hat abhängig werden lassen von der Gunst der anderen, weil wir nur geliebt worden sind, wenn wir den Erwartungen der anderen entsprochen haben – zur bedingungslosen Liebe. Tue dir selbst einen Gefallen und erinnere dich täglich an deine innere göttliche Quelle.

Hilfreich kann es sein, wenn du es dir auf dein Wasserglas schreibst, das du sicher mehrmals am Tag in die Hand nimmst, oder ein kleiner Aufkleber auf dem PC. So kannst du immer kurz nachspüren, ob du gerade wieder in deinem menschlichen Drama verstrickt bist, oder ob du dir der göttlichen Quelle in dir bewusst bist, denn hier gibt es kein Drama, hier ist immer Frieden. Der bewusste Gedanke an die Quelle in dir führt dich immer wieder zurück nach Hause. Es funktioniert immer.

Zur Integration der Quelle in dir habe ich von der Geistigen Welt eine wundervolle Meditation erhalten, die ich gerne mit dir teilen möchte. Ich empfehle, diese Meditation mindestens 21 Tage täglich zu machen, denn so lange braucht es, bis etwas ins Unterbewusstsein übergegangen ist. Es sollte aber niemals ein Zwang sein, nur darf dir bewusst sein, dass du dein Leben lang ohne das Bewusstsein dieser Quelle in dir gelebt hast und du dementsprechend eventuell etwas Zeit brauchst, um sie wieder verlässlich wahrzunehmen.

♥♥

Meditation: Verankerung der Quelle der göttlichen Liebe in dir (Kurzanleitung)

Diese Meditation ist als geführte Meditation mit Energie-übertragung auf CD und als Download erhältlich.

Warum suchst du noch im Außen nach etwas, das du seit Anbeginn der Zeit IN dir trägst? Kann es sein, dass du seit langem nach der unerschöpflichen Quelle suchst, die dich mit deinem Ursprung, deinem Urvertrauen und deinem wahren Sein verbindet? Ist es möglich, dass du die ganze Zeit an der falschen Stelle gesucht hast? Obgleich das Wissen, dass sie einen göttlichen Teil in sich tragen, bei vielen Menschen ganz bewusst vorhanden ist, suchen sie dennoch nach einer äußeren Quelle. Mit dieser Meditation kannst du deine innere göttliche Quelle entdecken, und es ist auch die Quelle der Herzensqualität Freude.

Kurzanleitung

- Komme zur Ruhe und folge deinem Atem. Richte deine Aufmerksamkeit auf dein Herz und atme dort hinein.
- Du stehst im Garten deines Herzens. Du stehst vor deinem Herzenstor.
- Du schaust nach oben, siehst und fühlst die Quelle im Universum am Sternenhimmel. Es fällt eine Sternschnuppe aus der Quelle zu dir herunter. Sie landet im Garten kurz vor der Herzenstür, breitet ihr Licht aus und lässt den Garten in einem besonderen Glanz erstrahlen. Die Sternschnuppe wirft ihren sternförmigen Anker aus und verbindet sich fest mit dem Garten. Nun ist deine eigene Göttlichkeit tief in dir verankert.
- Ein Kristall ist aus der Sternschnuppe entstanden, und aus ihm fließt wie aus einer Quelle das göttliche Licht. Du weißt und fühlst, dass es deine göttliche Quelle ist, die sich nun hier auf Erden im Garten deines Herzens verankert hat.
- Die Tore deines Herzens sind weit geöffnet, und alles, was darin gespeichert ist, fließt nun in deine innere göttliche Quelle der Liebe und verschmilzt dort mit deinem göttlichen Selbst.

- Du siehst, wie dein Herz und deine innere göttliche Quelle der Liebe verschmelzen.
- Du sprichst: „Ich trage die Quelle der göttlichen Liebe in mir. Ich bin die göttliche Liebe. Ich bin zu Hause."
- Dein Herz ist weit geöffnet und verschmolzen mit der Quelle der göttlichen Liebe. Spüre die Energie in deinem Herzen.
- Durch dein geöffnetes Herzenstor schwebt nun ein Geschenk heraus, und was du darin siehst, ist das Symbol, das dich immer an deine innere göttliche Quelle erinnert. Von nun an brauchst du nur an das Symbol zu denken, und du bist sofort mit deiner inneren göttlichen Quelle der Liebe in deinem Herzen verbunden.
- Gehe mit offenen Händen und offenem Herzen durch dein Leben, denn so wirst du die Geschenke des Lebens mit Freude annehmen können. Bleibe in diesem wundervollen Zustand und nimm ihn mit in dein Tagesbewusstsein. Du bist die göttliche Quelle der Liebe. Ja, du bist es.

Ich empfehle dir, das Symbol, das du in der Meditation erhalten hast, für dich aufzumalen und an einem Ort aufzuhängen, wo du es oft siehst. Es kommt nicht darauf an, dass es besonders schön ist, sondern es soll dich an die Liebe, die Freude und die wundervolle Energie erinnern.

2026

Herzensqualität FRIEDEN

Erzengel Valeoel und Meister Kuthumi

Qualitäten

Die Energiequalität entspricht in etwa dem 10. göttlichen Strahl.

Annahme, Ankommen, bewusstes SEIN, bedingungslose Liebe, Dankbarkeit, Einklang, Einverstanden sein mit Allem-was-ist, Frieden, Freiheit, Fülle, Gelassenheit, Gleichmut, Geduld, Gleichgewicht, Geborgenheit, heiliges Wissen, Harmonie, innere Ruhe, innere Führung, kosmische Weisheit, Kommunikation, Konzentration, Lebensplan, Lebensfreude, Multidimensionalität, Meisterschaft, Perspektivenwechsel, Reichtum, Prioritäten, Stille, Schönheit, Strahlkraft, Sinn des Lebens, Sicherheit, Selbsterkenntnis, übergeordnete Sicht, Ursprung, Vollkommenheit, Vertrauen, Vielfalt, Wertschätzung, Wachstum, Wissen, Weisheit, Zuversicht, Zuhause, Zentrierung, Zufriedenheit.

Engel und Meister dieser Energiequalität

Erzengel Valeol – Engel der Zufriedenheit
Meister Kuthumi – Meister der goldenen Mitte
Jesus

Farbe

Gold

Erzengel Valeol und Meister Kuthumi: Frieden SEIN im Jahr 2026

„Liebe Lichtfreunde, wir grüßen euch aus tiefstem Herzen.

Nehmt unsere Schwingung in euer Herz auf, lasst euch damit ganz ausfüllen und gebt alles mit vollen Händen und von Herzen weiter, damit auch andere erfüllt werden.

Wir sind Meister Kuthumi und Erzengel Valeol.

Das Jahr 2016 schließt den Kreis der zwölf Herzensqualitäten und damit auch den heiligen Zyklus für den Weg in das neue Bewusstsein. Wisst, dass ihr auch noch zu späteren Zeitpunkten alle diese Qualitäten integrieren könnt. Macht euch also nicht von den Jahreszahlen abhängig, sie sind nur energetisch besonders gut geeignet, da die jeweilige Qualität im jeweiligen Jahr besonders zum Tragen kommt. Jede/r integriert die Herzensqualitäten zu seiner Zeit. Beginnt bitte bei der Qualität, die euch am Leichtesten fällt, denn, ihr Lieben, es darf leicht sein.

Doch nun zum Jahr des Friedens, zum Jahr 2026.

Frieden ist die Herzensqualität, die am höchsten schwingt, denn sie beinhaltet alle anderen, wie auch die anderen immer ein Stück Frieden enthalten.

Habt ihr eine der Qualitäten integriert, so habt ihr immer auch ein Stück mehr Frieden in euch. Seid ihr im Frieden, könnt ihr gar nicht anders, als alle zwölf göttlichen Herzensqualitäten zu einem großen Teil bereits in euch vereint zu haben.

Der Weg führt also über Mitgefühl, Mut, Freiheit, Geduld, Fülle, Hingabe, Wahrheit, Vertrauen, Dankbarkeit, Weisheit und Freude hin zur göttlichen Herzensqualität Frieden. Wo ihr beginnt, ist gleichgültig, es hat die gleiche Gültigkeit, denn der Kreis wird sich am Ende schließen.

Die Zeit des Friedens ist gekommen.

Legt den Fokus hier auf euer Inneres und erkennt, dass euch das Außen nur zeigt, was in eurem Inneren nicht in Frieden ist.

Doch blickt auch bewusst auf die Welt. Es gibt Wesen, die sich von Kriegen ernähren. Von ihnen ist nicht gewollt, dass diese Kriege jemals aufhören, denn dann könnten sie in dieser Form nicht mehr existieren. Bedenkt jedoch immer: Auch das ist Gott, denn sie zeigen den anderen Pol, ohne den ihr den wahren Frieden nicht wahrnehmen könntet. Der Unfrieden, die Kriege und Konflikte auf der Welt werden so lange gebraucht, bis die Menschen ihren inneren Frieden gefunden haben.

Jeder, der noch „offene Rechnungen" mit diesen Wesen hat, nährt sie. Jeder, der noch Emotionen von Wut oder Machtlosigkeit ihnen gegenüber verspürt, nährt sie. So werdet euch absolut bewusst, welche Themen ihr mit dem System habt und heilt diese, sodass ihr in Frieden sein könnt – denn all dies wird nur durch die Energie eurer Gedanken und Emotionen aufrechterhalten. Ihr könnt es jederzeit transformieren, wenn ihr euch transformiert.

Es ist wichtig, dass ihr mit eurem Erdenleben Frieden schafft, denn so lange ihr die Erde beziehungsweise die Dimension verlassen wollt, wird das nicht geschehen, denn ihr habt noch nicht gelernt, dieses Leben und diese Dimension vollkommen zu durchblicken, die Schöpfung in allem zu erkennen und sie wahrhaft zu lieben. Erst wenn es keinen Grund mehr gibt, gehen zu wollen, werdet ihr wahrhaft gehen.

Die großen Kriege auf eurer Erde hören dann auf, wenn 51 Prozent der Menschen zu 51 Prozent in der Selbstliebe leben, absolute Freude an ihrem Erdendasein haben und die Herzensqualität des göttlichen Friedens zu 51 Prozent integriert haben. Vielleicht seid ihr ja das eine Prozent, das noch fehlt?

Deshalb nehmt euch in diesem Jahr 2026 die Zeit, um zu bereinigen, was zu bereinigen ist.

Seid ihr mit jemandem in Unfrieden?
Habt ihr das Bedürfnis, etwas zu klären?
Seid ihr bereit, loszulassen?
Seid ihr in Frieden mit euch?
Bedenkt immer:
Frieden kann man nicht TUN, Frieden kann man nur SEIN.
SEIN und beobachten – das ist der Schlüssel.

Alte Überzeugungen, Rollenverständnisse und Glaubenssätze sind tief in eurem Zellbewusstsein verankert und dürfen gehen, wenn ihr sie erkannt habt. Sobald das geschehen ist, kann ein neues Bewusstsein anstelle des vorherigen Musters diesen Platz einnehmen. Und so seid ihr fortwährend in der Wandlung Richtung Frieden, wenn ihr es zulasst.

Wahren Frieden im Außen werdet ihr erst erfahren, wenn ihr mit Allem-was-ist in euch im Frieden seid.

Zum inneren Frieden gehören die Stille des Geistes und das bewusste Sein. Frieden war und ist immer da, es geht nur darum, ihn IN euch wahrzunehmen. So erkennt, was euch aus dem Frieden herausgebracht hat. Tut das, ohne zu urteilen, denn wenn ihr urteilt und wertet, könnt ihr unmöglich im Frieden sein. Urteilen ist Trennung, und damit trennt ihr euch selbst vom Frieden ab.

Seid ihr im inneren Frieden, dann seid ihr mit eurer Seele im Einklang, ihr könnt die Ruhe spüren und den Stimmen der Engel lauschen.

So seid Frieden – Jetzt!
Erzengel Valeol und Meister Kuthumi."

Frieden im Geist

Wer kennt es nicht, das Gedankenkarussell? Es kann uns ganz schön auf die Nerven gehen, uns wütend, traurig, glücklich werden lassen und uns den Schlaf rauben.

Wenn wir dieses Karussell drehen, halten wir die, die in diesem Karussell sitzen, mit unseren Gedanken fest. Das, was wir gefangen halten, kann sich nicht weiterentwickeln beziehungsweise wir verzögern die Entwicklung, indem wir vertrauensvoll festhalten, denn warum sollte man auch der Schöpfung alles überlassen?

Egal, worum es sich handelt, ob um eine neue Liebe, einen Arbeitsplatz oder die eigene Genesung, so lange es in unserem Gedankenkarussell seine Runden dreht und wir immer schön Treibstoff nachfüllen, wird keine Er-Lösung stattfinden können.

Wir müssen nicht jede Situation analysieren. Wenn du zum Beispiel ein bestimmtes Krankheitssymptom bei dir wahrnimmst, dann bleibe bei der Wahrnehmung, interpretiere nicht, urteile nicht, sondern nimm es an. Wenn man etwas annimmt, dann macht man den Weg zur Veränderung frei, denn man verschwendet seine Energie nicht mehr in der Lösungssuche, sondern ist offen für die Geschenke des Lebens. Du gibst der Situation, dem Symptom die Bedeutung, niemand sonst. Bedeutet es für dich, dass es bedrohlich ist, wirst du das in dein Leben ziehen. Also macht es Sinn, nicht alles vorschnell in Schubladen zu verpacken, sondern erst einmal zu beobachten, anstatt sich in etwas hineinzusteigern. Denn wenn wir uns in ein Thema hineinsteigern, in eine Herausforderung, dann sind wir ziemlich weit vom inneren Frieden entfernt.

Ziemlich weit?

Nein, denn alles ist immer nur eine bewusste Entscheidung weit entfernt. Der Frieden ist immer da, wir können ihn in solchen Situationen nur nicht wahrnehmen. Entscheiden wir uns doch einfach und sagen: „Stopp, ich bin hier der Chef, ich bin der/die Herr/in meiner Gedanken, und ich richte mich jetzt auf etwas anderes aus."

Das darf man am Anfang recht häufig machen, denn so schnell gibt das Gedankenkarussell nicht auf, es hat großen Schwung drauf, du hast es ja die ganze Zeit gut auf Trab gehalten, und es braucht ein bisschen Ausdauer, bis der Treibstoff verbraucht ist. Urteile aber nicht über dich, wenn du wieder im Karussell sitzt, sondern beglückwünsche dich dafür, erkannt zu haben, dass du im Karussell sitzt. Dann kannst du mit einem Gedanken aussteigen.

Wichtig ist, dass wir in dieses Thema keinen Treibstoff mehr hineingeben, denn Gedanken sind Energie, und Gedanken in Kombination mit Emotionen sind noch viel mehr Energie.

Das heißt nicht, dass wir uns das Thema nicht mehr angucken, sondern uns gezielt ansehen, womit wir da in Resonanz gehen, welche Emotionen damit zusammenhängen, diese transformieren und dann unsere Energie bewusst dort herausziehen. Kommen neue Emotionen zu dem Thema hoch, durchfühlen wir sie wieder, aber geben keinen neuen Treibstoff hinein. Sobald wir damit durch sind, richten wir uns immer wieder auf etwas anderes aus.

Willst du, dass sich ein bestimmter Mensch endlich bei dir meldet, blockierst du es mit deinem Gedanken, außerdem ist es eine Form von Manipulation, denn wir mischen uns in das Leben eines anderen Menschen ein. Das würdest du auch nicht witzig finden, wenn dich jemand energetisch so unter Druck setzen und versuchen würde, dich zu beeinflussen. Wir dürfen uns in diesem Fall immer wieder sagen, dass das geschehen wird, was geschehen soll, und ihn bewusst frei lassen. Dann richten wir uns auf etwas anderes aus, am besten auf ein Thema aus einem anderen Lebensbereich, damit wir etwas Abstand bekommen.

Kannst du dir vorstellen, dass die gleiche schöpferische Energie, mit der du dieses Thema in dein Leben befördert hast, auch die Lösung mitgeliefert hat? Wohmöglich brauchst du dich nur zu öffnen und darauf zu vertrauen, dass es sich enthüllt. Könnte es sein, dass die Impulse und Lösungen genau dann kommen, wenn du nicht mehr nach ihnen suchst?

Wir erbauen uns ein Gefängnis in unseren Köpfen, das allein aus Gedanken besteht. Hierzu ein Auszug aus einem Channeling von Erzengel Metatron, das ich einmal für eine Klientin erhalten habe:

„...Es ist dein eigens erbautes Gefängnis, in dem du da sitzt. Ein Gefängnis aus deinen Emotionen und Gedanken. Du selbst hast dich dort eingesperrt und nährst die Gitterstäbe täglich neu. Sicher gibt es Energien, die an dir zerren, doch diese haben nur Zugriff, solange du es zulässt. Schlüpfe doch nicht in Schuhe, die dir gar nicht passen. Du lässt dich wie ein kleines Boot auf dem großen Ozean ohne eigenes Zutun hin und herbewegen. Das Boot sieht sich als Opfer, und das ist es auch, wenn der Kapitän über Bord gegangen ist.

Sei ehrlich zu dir: Du geht immer mal wieder über Bord, anstatt die Ruder in der Hand zu halten und deine Wahrheit zu leben. Du lässt dich von den Wellen in verschiedene Richtungen drängen, du lässt mit dir geschehen. Setze dich in dein Boot, nimm die Ruder in die Hand und folge deiner Wahrheit und deinem Weg, egal, was rechts und links an dir zerrt. Das ist der

Grund, warum du keine Kraft mehr hast, das ist der Grund, warum du dich so blockiert fühlst. Ändere deine Emotionen und Gedanken, und das Gefängnis wird sich auflösen, die Gitterstäbe werden biegsam, und die Tür öffnet sich. Dann wirst du wieder deine Energie zurückgewinnen und in deine Kraft kommen.

Du gehst auf dem Weg immer wieder Schritte zurück, weil du glaubst, dass dir von außen Stolpersteine in den Weg gelegt werden. Doch was ist, wenn wir dir sagen, dass es keine Stolpersteine sind, sondern Bausteine? Bausteine für dein weiteres Leben. Bausteine, mit denen du die Treppe Stufe für Stufe bauen kannst, die dich auf deinem Seelenweg immer weiter voranführt? Da ist keine Blockade im Außen, es sind nur innere Blockaden, die sich im Außen manifestieren und sich mit Leichtigkeit von alleine lösen, wenn du dich vertrauensvoll hingibst..."

Ja, Metatron kann manchmal recht deutlich werden...

Da ich einige Erfahrungen mit dem Gedankenkarussell gemacht habe, weiß ich auch, was mir hilft, dort wieder auszusteigen. Bevorzugt läuft es ja abends, wenn man im Bett liegt und schlafen will, auf Hochtouren. Ich gehe immer sofort ins Fühlen, denn wenn ich das mit voller Aufmerksamkeit mache, sind meine Gedanken zumindest für eine gewisse Zeit still. Habe ich das getan, dann lasse ich Licht durch meinen Körper fließen, je nachdem, welche Farbe sich gerade zeigt, und darauf konzentriere ich mich. Natürlich wird man immer mal wieder rausgerissen, aber man kann ja auch immer wieder zu seiner eigentlichen Übung zurückkehren.

Letztlich geht es darum, aus dem Denken wieder ins Sein zu gelangen. Sehr gut funktioniert es bei mir auch mit einem Mantra, ich bevorzuge „ICH BIN", und es ist wirklich schwierig für den Kopf, ein Mantra zu sprechen/zu denken und gleichzeitig in einem anderen Bereich das Karussell am Laufen zu halten. Du wirst sicher einen Weg für dich finden. Allein das Bewusstsein, dass du NICHT deine Gedanken bist, weil du sie beobachten kannst, nimmt dem Karussell schon die Macht.

♥♥

Erzengel Valeol und Gabriel:
Die Stufen zum inneren Frieden

„Ich grüße euch, ich bin Erzengel Valeol, der Engel der Zufriedenheit, und ich bin Erzengel Gabriel. Wir möchten euch einen Weg zum inneren Frieden zeigen. Seid ihr bereit, die Treppe zum inneren Frieden zu betreten?

Inzwischen seid ihr euch sehr bewusst geworden, dass sich die Dinge, die über dem inneren Frieden auf euren Herzen liegen, nicht von alleine auflösen. Ihr dürft sie Stück für Stück in eure Hände nehmen und sie selbst erlösen. So nehmt euch einen Moment Zeit und spürt in euer Herz.

Stellt euch eine Treppe vor, die direkt in euer Herz hinunterführt. Bittet nun eure innere Führung, euch durch das Treppenhaus zur Tür des inneren Friedens zu führen. Vielleicht wird sich diese Tür weit entfernt befinden und davor sind andere Stockwerke, die ihr durchwandern dürft. Erlaubt euch, gemeinsam mit eurer Führung hindurchzugehen und beobachtet, was euch dort begegnet.

Vielleicht durchschreitet ihr das Stockwerk der Angst, der Wut oder der Trauer. Was auch immer es ist, geht nicht weiter, sondern betrachtet alle Türen und Fenster des obersten Stockwerks, in dem ihr euch befindet, schaut hindurch und lasst euch die Ursprünge zeigen. Und das Wichtigste: Fühlt es. Vollzieht das nach und nach, Stufe für Stufe, nicht auf einmal. Immer nur ein Stockwerk auf jeder eurer Reisen.

Ihr werdet vielen Schatten begegnen, die über dem Frieden wohnen, vielen inneren Kriegen und Konflikten, und diese könnt ihr nur lösen, indem ihr sie beleuchtet. Lasst Luft und Licht heran, im Licht verlieren die Schatten ihren Schrecken. Beleuchtet mit liebevoller, friedlicher Aufmerksamkeit, erhebt nicht das Schwert, sperrt sie nicht ein, sondern erkennt, dass sehr kleine Dinge manchmal große Schatten werfen können, die sich bei anderer Beleuchtung auflösen. Durch diese Erkenntnisse lösen sich die inneren Themen auf, die den Weg zum Frieden versperren, denn sie werden nicht weiter mit Energie versorgt, weil ihr sie ins rechte Licht gerückt und erkannt habt, dass ihr dem Schatten nicht wehrlos und ohnmächtig ausgeliefert seid.

Irgendwann werdet ihr ganz nahe am Frieden sein, tief in eurem Herzen, und dort werdet ihr sie finden, die Liebe, das Mitgefühl, die Freude und euren inneren Frieden. Diese haben sich so weit unten aufgehalten, weil sich über die vielen Jahre und Leben so vieles abgelagert hat. Wären sie weiter oben gewesen, hättet ihr die anderen nicht angesehen, und die große Entwicklung, die ihr nun vollzogen habt, wäre nicht möglich gewesen.

Schließt jede dieser Reisen ab, indem ihr bewusst eure Energien zu euch zurückzieht und die Erfahrung loslasst.

Frieden wird in euch sein, wenn ihr nach dem Hinsehen fühlt, zurücktretet und euch nicht mehr identifiziert.

Ja, so werdet ihr euren inneren Frieden entdecken, und wir begleiten euch auf dieser Reise, das versprechen wir euch.

Erzengel Valeol und Gabriel."

Meister Kuthumi: Die Heilung von Konflikten

„Meine lieben Freunde des lichtvollen Seins, ich grüße euch im Namen des Einen. Mein Name ist Meister Kuthumi, und ich möchte euch über die menschlichen Konflikte unterrichten, die euer Leben aus dem Gleichgewicht bringen, denn ich bin der Meister der goldenen Mitte.

Konflikte sind Zusammenstöße, zwei Seiten treffen aufeinander, und das geht nicht ohne Knall vonstatten. Diese Zusammenstöße wird es geben, solange ihr euch in der Dualität aufhaltet. Solange sich die Pole in eurem Sein nicht vereint haben, wird euch das im Außen gespiegelt werden, und es wird immer wieder dazu kommen, dass Wetterfronten aufeinanderstoßen und es zum heftigen Gewitter kommt. Doch ihr wisst auch, dass Gewitter die Luft reinigen. Beide Seiten haben aus ihrer Sicht Recht, und es geht nun darum, Wege zu finden, die allen Beteiligten Freude bereiten.

Es geht nicht darum, Kompromisse einzugehen, denn Kompromisse lassen immer mindestens eine Partei unbefriedigt zurück. Ein Kompromiss ist nichts anders als ein Aufgeben der eigenen Wahrheit, damit es zu einer Entscheidung kommen kann. Doch wenn ihr euch einmal erinnert: Wie lange hat euer letzter Kompromiss gehalten, und wie habt ihr euch dabei gefühlt?

Ihr verkauft einen Teil eurer Wahrheit, gebt euch ein Stück selbst auf, wenn ihr Kompromisse eingeht. Bei der Kompromisslosigkeit geht es nicht darum, auf Biegen und Brechen euren Kopf durchzusetzen, denn dann wärt ihr im Ego gefangen. In der Neuen Zeit geht es darum, einen gemeinsamen Weg zu gehen und den anderen so sein zu lassen, wie er ist. Dieser Weg ist immer herzensgeführt.

Glaubt ihr nicht auch, dass die höchste Schöpfung sich etwas dabei gedacht hat, als sie für euch diese Konfliktsituation
erschaffen hat? Könnt ihr annehmen und fühlen, dass die Schöpfung keine Fehler macht?

Indem ihr mit der Konfliktsituation hadert, hadert ihr auch
mit der Schöpfung. Tief in euch spürt eure Seele die tiefe Wahrheit darin. In der menschlichen Rolle, die ihr in diesem Menschenspiel zurzeit spielt, habt ihr die freie Wahl, und euer Denken und
Fühlen kreieren eure äußeren Umstände. Und so habt ihr auch
in eurer Rolle alle Freiheit, die ihr euch selbst zugestehen könnt.
Bedenkt in jeder Situation, die euch widerstrebt, dass ihr diese
mit eurem Denken und Fühlen selbst herbeigerufen habt. So ist
es angezeigt, die Emotionen, die dieser Konflikt in euch auslöst,
zu heilen, denn diese liegen sowohl in alten Seelenerinnerungen
als auch im Kollektivbewusstsein begründet.

Hier geht es vor allem um die Emotionen, die dem tiefen
Vertrauen, der Hingabe und damit eurem inneren Frieden ent-
gegenstehen. Sind diese gelöst, geht ihr mit vielen Dingen nicht
mehr in Resonanz, und es wird um ein vielfaches leichter werden für euch.

Auf höchster Ebene – und das dürfte sich für euch beruhigend und entspannend anfühlen – IST bereits alles da, IST alles
entstanden, IST alles fertig und IST alles gelöst. Denn Alles-was-
ist IST, es entsteht nicht erst, es ist alles da, alle Möglichkeiten,
alle Wege sind für euch bereits geebnet, so, wie für jeden anderen Menschen.

Ihr könnt die Konfliktsituation verändern, indem ihr euch
einverstanden erklärt, indem ihr die Situation mit tiefem innerem Frieden und Vertrauen annehmt, mit dem Wissen, dass die
Schöpfung alles bereits geregelt hat – ihr müsst nichts tun.

Die Schöpfung ist unfehlbar. Ihr braucht nur zu SEIN, und zwar bewusst. Indem ihr bewusst seid, sprecht, handelt und den Impulsen eurer Seele folgt, kann nichts Unbewusstes oder Schlechtes entstehen. Alles, was ihr bewusst tut, trägt keine schädlichen Energien in sich, Unwahres, Unbewusstes kann nicht haften, wenn ihr bewusst seid.

Wie könnt ihr das nun auf einen Konflikt mit einem anderen Menschen übertragen?

Erfahrt jede Begegnung ganz bewusst. Seid immer im JETZT. Das ist zu Beginn sehr anstrengend, deshalb sollten die Begegnungen nur kurze Zeiträume in Anspruch nehmen.

Richtet eure volle Aufmerksamkeit auf die Begegnung und nehmt bewusst wahr, ohne zu urteilen und in Schubladen zu stecken. Einfach nur wahrnehmen und annehmen. So, und nur so, geschieht wahre Veränderung. Durch diese Beobachtung werdet ihr in den Spiegel schauen können und erfahren, welche unbewussten, ungesehenen Anteil eurer selbst dieser Konflikt euch spiegelt.

Auch wenn wir uns wiederholen, alle Konflikte im Außen sind in Wahrheit innere Konflikte und zeigen euch nur, was in euch nicht im Frieden ist. So könnt ihr die Herzensqualität der Dankbarkeit in euch aufleuchten lassen, denn dieser Konflikt im Außen hat euch ein großes Geschenk gemacht. Nur durch die Wahrnehmung im Außen konntet ihr darauf stoßen und den inneren Konflikt beilegen.

Innere Konflikte, die ungesehen bleiben, äußern sich häufig auch körperlich, also tut ihr gut daran, eure Außenwelt bewusst zu beobachten, denn damit erspart ihr eurer Seele, über euren Körper Botschaften senden zu müssen.

Die Zeit des inneren und äußeren Kampfes ist vorbei – es ist, wie es ist. Alle Konflikte, die sich jetzt noch im Außen zeigen, sind so von der Schöpfung gewollt, sie sind da, damit ihr eure inneren Konflikte heilen könnt. Kritisiert ihr andere Menschen, übt ihr auch Kritik an euch und an der Schöpfung. Verurteilt euch nicht, wenn ihr unbewusst gehandelt habt, werdet euch nur im Nachhinein über diese unbewusste Handlung bewusst, das ist vollkommen ausreichend. Habt Mitgefühl mit euch selbst, so, wie ihr es auch mit anderen Geschöpfen habt.

Jeder Mensch sieht die Welt von seinem persönlichen Standpunkt aus, niemand wird sie mit euren Augen sehen können. Doch alle dienen der Schöpfung, und jedes Wort und jede Tat ist sinnvoll, auch wenn ihr es nicht verstehen könnt. Wenn ihr eurem Herzen folgt und im Einklang mit euer Seele seid, dann bedarf es keinerlei Kompromisse mehr, denn ihr habt alle Pole in euch vereint, und es gibt keinen Grund mehr, warum sich das Aufeinanderprallen der Pole in eurer direkten Außenwelt zeigen sollte. Ihr habt die eine wie auch die andere Seite integriert und seid damit im Frieden, ihr hört auf zu kämpfen und könnt gemeinsam im Einklang der Herzen einen Weg kreieren, der beide Pole vereint.

Am Ende möchten wir euch den silbernen Strahl der Gnade und den goldenen göttlichen Strahl des Friedens senden und euch darin einhüllen. Ruft diese Energie immer wieder für euch ab, indem ihr diese Botschaft lest.

In Liebe,
Meister Kuthumi.“

Jesus: Der innere und äußere Weg ins Friedensreich

„Ich grüße euch in diesem segensreichen Jahr des Friedens. Ich bin da, der Messias, auf den ihr so lange gewartet habt – Jesus, Sananda, Yeshua, wie auch immer ihr mich nennen mögt. Es sind nur Schwingungsnamen, die Ausdruck der verschiedenen Ebenen des Christusbewusstseins sind.

Ja, es ist eine besondere Zeit, zu der ihr auf Erden inkarniert seid, denn es ist mein Erbe, das ihr nun weiterführen könnt. Eine Vielzahl von Zeichen lässt das sichtbar werden. Es werden sich euch immer mehr Energien offenbaren, und viele davon werden nicht mehr nur fühlbar, sondern auch sichtbar sein. Eure Wahrnehmung verschiebt und erweitert sich. So erfreut euch daran: Je mehr sichtbar wird, desto intensiver könnt ihr den Jesus, auf den ihr alle seit langem wartet, wahrnehmen.

Ich bin mitten unter euch, schon seit langer Zeit. Genauer gesagt, bin ich IN euch.

Das Christusbewusstsein wird in jedem Einzelnen von euch auferstehen. In einigen bin ich bereits erwacht, und es werden täglich mehr. Ich komme nicht als Mensch zu euch, ICH BIN in den Herzen der Wesen, die alle Herzensqualitäten des Christusbewusstseins in sich aktiviert haben. Das Christusbewusstsein, die Neue Zeit, die Fünfte Dimension entsteht IN euch, und ihr führt nun das weiter, was ich vor mehr als 2000 Jahren begonnen habe.

Im Außen zeigt es sich zum Beispiel in Friedens- und Bewusstwerdungsbewegungen aller Art, die wahrhaft aus dem liebenden Herzen heraus geschehen und niemanden ausschlie-

ßen oder verurteilen. Solche Bewegungen sind es, die die Samen des Christusbewusstseins in die Herzen der Menschen pflanzen, auf dass sie wachsen, gedeihen und neue Samen hervorbringen. Findet euch zusammen, das ist der Weg in die Neue Zeit, die Erweckung des Christus in jedem/r von euch.

Die vermeintlich Mächtigen spüren, wie ihre Kräfte schwinden. So geht nun nach Außen und zeigt euch, nicht nur unter euresgleichen und im stillen Kämmerlein. Die in sich gekehrte Licht- und Liebe-Gesellschaft gehört zu alten Überzeugungen, die in Wahrheit fast immer Überzeugungen aus Angst sind. Aus Angst, der Angst Raum zu geben, wird der innere Raum zu einem Gefängnis. Wenn ihr trennt, verweigert ihr euch in Wirklichkeit der Schöpfung und seid im Mangel gefangen. Wahrer Frieden kann erst entstehen, wenn der Krieg durchlebt wurde. Integriert ihr nicht alle Pole, werdet ihr nicht vorankommen, sondern in der Dualität steckenbleiben und euch im Kreis drehen.

Die Trennung in Gut und Schlecht, Licht und Schatten ist eine Illusion, denn in Wahrheit ist die Quelle ALLES-WAS-IST.

Der Frieden kann nicht erkannt werden, wenn der innere oder äußere Krieg nicht stattgefunden hat, und so hat es einen Sinn, dass auf eurer Erde immer noch so viele Kriege ausgefochten werden. Geht ihr damit in Resonanz, so rate ich euch, eure inneren Kriege anzuschauen, denn hättet ihr keine Themen damit, wäre da nicht das Bedürfnis, dort alles in Licht und Liebe zu hüllen.

Ich, der Jesus, bitte euch, bevor ihr in ein Kriegsgebiet Liebe sendet: Schenkt euch selbst diese Liebe und erkennt, dass ihr in Wahrheit gegen euch selbst kämpft. Erst wenn ihr ALLES zulasst, kann ich mit dem Christuslicht bei euch einziehen.

So ist die Verbundenheit zwischen Menschen, die den äußeren Bewusstwerdungsweg gehen, und denen, die den inneren Weg beschreiten, eine große Machtwelle, denn es braucht beides, um dem System die Energien zu entziehen und eure goldene Zeit zu manifestieren. Durch das verstärkte Aufeinandertreffen könnt ihr, vereint mit Wissen und Weisheit, Verstand und Herz, eine Welle in Bewegung setzen, die sowohl nach innen als auch nach außen dringt und eine Flut der Veränderung mit sich bringt – die einen im Tun, die anderen im Sein, um gemeinsam den Weg ins Friedensreich zu beschreiten.

Es entsteht Verbindung – Verbindlichkeit durch das gemeinsame Ziel des Friedens im Innen und Außen. Herzensgeführte Verbindlichkeit anderen Menschen und eurer Seele gegenüber. Verbindlichkeit aus dem Motiv Liebe, und nicht aus den Motiven Angst oder Schuld. Diese Verbindlichkeit ist die größte Macht, die das System von innen heraus zu öffnen vermag, um es neu zu gestalten, denn verbunden mit den Wellenbewegungen der Neuen Zeit könnt ihr dies machtvoll nach außen tragen.

So möchte ich euch ermutigen: Geht wieder Verbindungen ein mit Menschen, die dem Friedensweg auf andere Weise Ausdruck verleihen, als ihr es tut, denn ihr habt das gleiche Ziel. Hier entstehen die wahren Herzensverbindungen, die einander ergänzen und wertschätzen. Der innere und der äußere Weg führen durch die Verbindung dieser beiden ins Friedensreich. Die, die den äußeren Weg gehen, können für euch genauso gute Lehrmeister sein wie ihr für sie, denn gemeinsam kann jeder von euch die goldene Mitte entdecken, denn diese ist es, die euch die Freiheit schenkt.

So lange ihr euch im Kämmerlein nur mit euresgleichen verbindet, wird die Veränderung keine großen Wellen schlagen. Ihr seid so weit, es ist an der Zeit, euch zu zeigen. Ihr haltet euch selbst gefangen, solange ihr im Kämmerlein sitzt, ohne Selbst-verantwortung zu übernehmen – sowohl im Innen als auch im Außen. Ihr wartet auf eine Sicherheit, die nicht kommen wird, so lange ihr erwartet und konsumiert, statt wertschätzt und ver-traut, denn diese Einstellung basiert auf Mangel.

Zunächst dürfen bewusste Wahrnehmungen, zum Beispiel auch von energetischen Bewegungen, aber auch von politischen und wirtschaftlichen Lügen, dem bloßen Konsumieren weichen und Dankbarkeit und Wertschätzung Einzug halten.

Befindet ihr euch auf eurem Seelenweg, wird euch klar durch die Seelenimpulse gezeigt, wann es Zeit zum Tun und Zeit zum Sein ist. Viele glauben, den Impulsen nicht folgen zu können und verstecken sich hinter Kindern, Arbeit usw. Doch erkennt, das ist nur eine Ausrede, um euer wahres Selbst, euer inne-res Christuslicht nicht zu leben. Diese Menschen befinden sich noch immer im Opferbewusstsein und haben Angst vor ihrem eigenen Licht. Doch was ihr da führt, ist ein Kampf gegen euch selbst. Die Angst, die euch gefangen hält, ist eure eigene, und je mehr ihr gegen sie kämpft, desto mehr zerstört ihr euch selbst, denn sie ist ein Teil von euch. Solange ihr euer Selbst nicht SEIN lasst, werdet ihr das Christuslicht in euch nicht finden und auch nicht den Segen wahrnehmen können, dem Seelenweg bewusst zu folgen.

Das Christuslicht, den Jesus in euch, nehmt ihr dann in eu-rem Herzen wahr, wenn ihr sowohl den inneren als auch den äußeren Friedensweg vereint.

Ein segensreiches Jahr für euch.
In Liebe, Jesus."

Meditation: Frieden mit (dem) System (Kurzanleitung)

Diese Meditation ist als geführte Meditation mit Energie-übertragung auf CD und als Download erhältlich.

Themen

- Kampf/Krieg (sowohl innen, als auch außen),
- Abgrenzung,
- den eigenen Raum einnehmen,
- Allergien und andere körperliche Konflikte/Symptome,
- Transformation von Aggression/Wut/Hass/Angst/Trauer,
- innerer/äußerer Frieden mit Systemen, zum Beispiel: Abwehrsystem, andere Menschen, eigenes Körpersystem, Finanz-, Berufs-, Wirtschaftssystem usw.

Das Gegenteil von Frieden ist Krieg. Wünschen wir uns Frieden im Außen, dann dürfen wir zunächst unsere eigenen inneren Kriege beenden. Wer IN sich Frieden schafft, trägt einen großen Teil zum Weltfrieden bei, denn unsere Außenwelt spiegelt nur unsere Innenwelt, das ist das Gesetz der Resonanz.

Das, was in uns ist, zeigt sich im Außen. Wenn kein Frieden in uns herrscht, dann ist irgendwo ein Kampf in uns. Das zeigt sich zum Beispiel im Außen bei Konflikten mit anderen Menschen, körperlich als Allergien oder andere Symptome oder bei Kriegen auf der Welt. Meistens sind die inneren Kämpfe unbewusst. Ein Kampf basiert auf einem Konflikt.

Bei einem inneren Konflikt kämpfen zwei oder mehrere Parteien gegeneinander, das können unsere Inneren Kinder sein (das helle und das dunkle Innere Kind), widersprüchliche Emotionen, Wünsche usw.

Mit dieser Meditation kannst du dir deinen inneren Kampf, deine Abwehr ansehen und Frieden schaffen.

Kämpfen wir gegen ein System, was immer mit energiereichen Emotionen verbunden ist, dann geben wir dem System, das wir ablehnen, Energie und Macht, denn bekanntlich folgt ja Energie der Aufmerksamkeit, und von Emotionen ernährt sich jedes System gerne. Damit stärken wir all das, was wir weghaben wollen, und das System wird seinerseits mit Kampf reagieren, sich wehren usw., so stecken wir in einem ewigen Kreislauf. Solange wir gegen etwas kämpfen, tappen wir auf der Stelle. Wir stecken in unserer Entwicklung fest und können uns nicht weiterentwickeln.

Um aus dem Kreislauf von Kampf und Verteidigung (Täter/ Opfer) auszubrechen, dürfen wir erst einmal erkennen, gegen wen oder was wir da kämpfen und welche Emotionen damit zusammenhängen. Wenn wir diese dann durch tiefes FÜHLEN heilen/transformieren, haben wir unser Resonanzfeld geheilt und können die Situation annehmen, sie loslassen, uns abgrenzen und neu ausrichten.

Es gilt zu erkennen, wogegen sich die inneren Aggressionen, die Wut, der Hass, die Angst, die Trauer usw. richten – vielleicht richten sie sich in Wahrheit gegen uns selbst... Der Spiegel, der uns vorgehalten wird, ist meistens ein ungeliebter/ ungesehener Aspekt von uns.

Hier geht es auch um Abgrenzung. Wo ist die Grenze, inwiefern sperren wir uns vielleicht selbst ein? Können wir uns nicht ausreichend abgrenzen und erkennen, was zu uns und was zum anderen gehört, kann es sich zum Beispiel um die Ursache einer Allergie handeln. Bei einer Allergie wehrt sich der Körper gegen den Fremdkörper. Um das zu lösen, geht es darum zu erkennen, wogegen man wirklich ankämpft, denn es geht selten um irgendwelche Blütenpollen, sondern um viel tiefere Themen. Haben wir erkannt, wogegen sich unsere Aggression wirklich richtet, können wir in Kontakt mit dem „Feind" treten, mit ihm kommunizieren, ihn annehmen, wie er ist, und wenn man schon so weit ist, auch Frieden mit ihm schließen.

Denn wie viel Sinn macht es, gegen etwas zu kämpfen, was schon da ist? Das ist doch reine Energieverschwendung, es wird nicht verschwinden, nur weil wir es nicht haben wollen. Der Weg führt über die Annahme dessen, was in Richtung Neuausrichtung geht.

Und dann ist an der Zeit, den eigenen Raum wieder einzunehmen und dort Grenzen zu setzen, wo es sinnvoll ist. Auch wenn wir letztlich alle eins sind, sind doch unsere menschlichen Körper voneinander getrennt, wir sind hier auf der Erde als Individuen und dürfen unseren Raum einnehmen, und dazu gehört auch eine gesunde Abgrenzung. Zur Abgrenzung gehört es auch zu unterscheiden, wo wir Verantwortung für andere übernehmen, weil wir uns verpflichtet fühlen, weil wir glauben, dass andere etwas erwarten usw. Dabei darf uns noch einmal bewusst werden, dass jeder Mensch für sich selbst verantwortlich ist und nur dann alle Beteiligten davon profitieren, wenn das, was wir tun, in Liebe und Freude geschieht.

Um sich neu ausrichten zu können, ist es wichtig zu erkennen, zu fühlen, was wir wollen. Das muss kein konkretes Bild sein, denn Gefühle sind hier oft viel wirkungsvoller. Wie willst du dich fühlen? Darauf richte dich aus.

Wenn du nun Lust hast, mit dem einen oder anderen Frieden zu schließen, dann lade ich dich herzlich ein, die folgende Meditation dafür zu nutzen.

Kurzanleitung

- Gegen wen/was kämpfst du?
- Wer kämpft da? Dein Inneres Kind oder etwas anderes?
- Mit den Kämpfenden in Kontakt treten. Mit dem „Gegner" kommunizieren.
- Erkenne: Welcher Teil deines Selbst ist es, gegen den du kämpfst (Spiegel)?
- Welche Emotionen hängen damit zusammen? Die Emotionen durchfühlen = transformieren.
- Warum gegen etwas kämpfen, was schon da ist? Das ist Energieverschwendung. Annehmen, Einverstanden-Sein mit dem, was ist, Hingabe, Frieden schließen. Das Geschenk darin erkennen.
- Loslassen, gesundes Abgrenzen.
- Neu ausrichten und den Raum einnehmen, sich ausdehnen, fühlen.
- Frieden spüren, Symbol für Frieden empfangen.

Ein Geschenk für DICH ♥

Meditation „Die Integration der 12 Herzensqualitäten" von den Engeln der 12 göttlichen Strahlen als kostenloser Download

Ich möchte dir gerne eine Meditation schenken, die dich dabei unterstützt, die 12 Herzensqualitäten wahrzunehmen, zu fühlen und zu integrieren.

Du erhältst den kostenlosen Downloadlink per E-Mail, dazu schreibe mir eine Nachricht über das Anfrageformular meiner Website www.die-seeleninsel.de.

Bitte habe Verständnis, dass es nur per E-Mail möglich ist. Möchtest du ohne gesprochene Mediation arbeiten, denn habe ich hier die Kurzzusammenfassung für dich:

- Ins Sein gehen (siehe Übung in der Einleitung).
- Ins Herz spüren und dir von dort die Treppe mit den 12 Stufen zum eigenen höchsten Bewusstsein vorstellen.
- Dann betrittst du Stufe für Stufe. Bitte beachten, dass keine Stufe besser oder schlechter ist als die andere. Die Stufen stehen nicht für eine Wertung, sondern für einen Weg, der zum „Himmel" führt.
- Bei jeder Stufe, die du betrittst, spüre in dein Herz und sprich: „ICH BIN" (Name der Herzensqualität). Dann nimm das Gefühl wahr und bitte darum, ein Symbol für diese Herzensqualität empfangen zu dürfen.
  - 1. Stufe: „ICH BIN Mitgefühl" sprechen, dann das Symbol für diese Qualität erhalten.
  - 2. Stufe: Mut
  - 3. Stufe: Freiheit

- 4. Stufe: Geduld
- 5. Stufe: Fülle
- 6. Stufe: Hingabe
- 7. Stufe: Klarheit
- 8. Stufe: Vertrauen
- 9. Stufe: Dankbarkeit
- 10. Stufe: Weisheit
- 11. Stufe: Freude
- 12. Stufe: Frieden

Zu Beginn wirst du nicht alles wahrnehmen und fühlen können, das ist völlig normal. Je häufiger du diese Meditation machst, desto intensiver wirst du diese Herzensqualitäten wahrnehmen können. Es ist gut, die Symbole zu malen, denn so kannst du sie nutzen wie die Energiebilder, die die Schwingung der jeweiligen Herzensqualität in sich tragen.

Die Herzensqualitäten der Monate Januar bis Dezember

Nach der Beschreibung der zwölf Herzensqualitäten folgen nun die energetischen Qualitäten der einzelnen Monate. Kombiniere die Herzensqualität des Jahres mit der Qualität des jeweiligen Monats, und schon weißt du, was energetisch auf dich zukommt.

Januar

„Willkommen in neuen Jahr, meine Lieben, und willkommen im Monat der reinen Klarheit. Ich bin Erzengel Aquariel und euer Begleiter in diesem Monat, so ihr es erlaubt und wünscht.

Der Januar trägt die Energie der Herzensqualität der göttlichen Klarheit in sich. Und so ist es immer wieder ein guter Start in das neue Jahr, in den letzten Tagen der Raunächte und darüber hinaus anzuerkennen, was ihr bereits erkannt habt. Anzuerkennen, was in euch Wahrheit ist und diese zu überprüfen. Denn Wahrheit ist beweglich, flexibel, wandelbar. Wahrheit ist immer im Fluss, denn ihr könnt immer nur diesen einen Ausschnitt von eurem Standpunkt aus sehen, auf dem ihr gerade steht, und mit jedem Entwicklungsschritt erkennt ihr eine neue Wahrheit.

So ist das Erkennen und Leben der eigenen Wahrheit als Ausdruck eures wahren Seins auf Erden von großer Wichtigkeit in diesem Monat. Das Leben der eigenen Wahrheit führt zur Wahrhaftigkeit, und diese lädt euch ein, die Herzensqualität der Klarheit in euer Sein zu integrieren.

Klarheit setzt wiederum schonungslose Ehrlichkeit euch selbst und anderen gegenüber voraus. Um Klarheit auszustrah-

len, darf sie zunächst in eurem Inneren leuchten, und dabei kön-
nen euch folgende Fragen helfen:

Welche Ziele möchtet ihr in eurem Leben erreichen?
Benötigt ihr überhaupt Ziele, oder könnt ihr euch dem Fluss
des Lebens hingeben?
Welche Spuren möchtet ihr hinterlassen?
Was bringt euer Herz zum Leuchten?
Spürt hinein, wie fühlt sich Klarheit an?

Klar zu sein in euch bedeutet, vollkommen bei und in euch
zu sein, euch eurer selbst bewusst zu sein, klar wie ein Glas Was-
ser aus der reinsten Quelle, die ihr euch vorstellen könnt.
Klar wie ein ruhiger See und doch voller Tiefe.
So möge mein Segen der Klarheit auf euch übergehen und
euer Bewusstsein für diese Qualität öffnen.

Erzengel Aquariel."

Februar

„Gegrüßt seid ihr von Erzengel Zadkiel und Meister St. Ger-
main. Der zweite Monat des Jahres, den ihr Februar nennt, will
euch erkennen lassen, was nach Befreiung verlangt. Es gilt, mit
unserer Unterstützung die selbst erschaffenen Grenzen zu er-
kennen und zu transformieren.

Die Masken fallen, erkennt ihr, wer ihr seid? Wie könnt ihr
wissen, wer ihr seid, wenn ihr immer wieder eine neue Maske
tragt?

Und so ist im Februar auch die Fastenzeit, die euch lehrt zu erkennen, was ihr nicht benötigt und was ihr nicht seid.

Worauf möchtest ihr in den nächsten 40 Tagen verzichten, und warum?

Macht euch eure Abhängigkeiten bewusst. Was braucht ihr wirklich? Habt ihr euch diese Fragen schon einmal gestellt? Nehmt euch einige Minuten Zeit und spürt nach, was ihr wirklich braucht in eurem Leben.

Dann nutzt diesen Monat dazu, alle Handlungen, Gegenstände, die ihr benutzt, alles, was ihr esst und trinkt, was ihr konsumiert und die Menschen, mit denen ihr zu tun habt, ganz genau zu beobachten. Ihr müsst nichts tun – einfach nur beobachten, das lässt euch bewusst werden, und ihr braucht euch nicht mit Enthaltung zu quälen. In der Fastenzeit geht es darum, Bewusst von Unbewusst zu unterscheiden, sich freizumachen von materiellen Abhängigkeiten, bewusst zu genießen, Freude zu leben und den Kampf aufzugeben und loszulassen.

So überlegt euch, warum ihr etwas nutzt. Weil ihr einfach konsumieren möchtet, ohne nachzudenken, oder um eine Emotion zu überdecken? Weil ihr bewusst etwas genießt? Oder konsumiert ihr, weil ihr MÜSST? Seid ihr mit einem Menschen zusammen, weil er es will, weil ihr es wollt, weil ihr beide es wollt, aus Höflichkeit, oder weil ihr euch nicht getraut habt, Nein zu sagen? Macht es euch einfach nur bewusst.

Durch Bewusstsein geschieht Veränderung.

Ihr braucht nichts zu tun. Wenn ihr eure Abhängigkeiten erkannt habt, werden diese sich automatisch verändern, indem ihr den Wandel zulasst. Abhängigkeiten machen unfrei und binden euch an die niedrigeren Schwingungsebenen. Wenn ihr eine

Abhängigkeit erkannt habt, dann gratulieren wir euch, denn ihr habt eure Schwingungen damit erhöht und euch ein Stück weiter Richtung Goldenes Zeitalter bewegt. Es geht dann nicht mehr um Verzicht und Enthaltung, wie es euch in der Kirche erzählt wird, sondern es ist euer Weg in die Freiheit und die Unabhängigkeit.

So geht JETZT den ersten Schritt.
In Liebe,
Erzengel Zadkiel und Meister St. Germain."

März

„Erzengel Uriel und Erzengel Ariel werden wir genannt, und wir grüßen euch mit Hingabe an euer Sein.

Im März erhaltet ihr die besondere Möglichkeit, die Hingabe in euch erblühen zu lassen. Nehmt euch ein Beispiel an der Natur, denn sie gibt sich dem Fluss des Lebens hin. Folgt ihr diesem Beispiel, werdet ihr eure Wahrnehmung verstärken, was sich zum Beispiel in Träumen zeigt.

Ja, es ist wahrhaft die Zeit der Hingabe und des Neuanfangs. Der März ist der Beginn einer neuen Zeit. Der Frühling beginnt, und damit ein neues Jahr. Im März erhaltet ihr die Möglichkeit, die Hingabe in euch im wahrsten Sinne des Wortes erblühen zu lassen. Die Tage werden wieder länger, es gelangt immer mehr Licht in die unbeleuchteten Bereiche eures Seins, und das Beleuchtete wünscht sich nichts sehnlicher, als gesehen zu werden. Gesehen werden als ein Teil, der auch zu euch gehört – egal, wie hässlich, schrecklich oder dunkel dieser ist.

Es ist die Zeit der Hingabe an das, was IST, denn es ist alles Teil der Schöpfung, Teil eurer selbst.

Macht es euch nicht unnötig schwer, indem ihr dagegen ankämpft. Eure Entwicklung lässt sich ebenso wenig aufhalten wie das Aufbrechen der ersten Knospen in der Natur.

Das göttliche Feuer der Lebenskraft wird entfacht in dieser Zeit, und wohl dem, der es zu nutzen weiß. So erforscht euer inneres Feuer, das unaufhörlich in euch lodert, und erkennt, wofür ihr wahrhaft brennt.

Wofür schlägt euer Herz?
Wem oder was wollt ihr euch hingeben?

In dieser Zeit kann euch das sehr bewusst werden.

Lasst euer inneres Feuer wachsen, legt die Samen aus, sodass ihr am Ende des Sommers eine wundervolle Ernte einbringen könnt.

So sei es und so ist es.
Erzengel Ariel und Erzengel Uriel."

April

„Meine Lieben, wir grüßen euch von Herz zu Herz, wir sind Erzengel Raphael und Meister Jesus.

Der April lehrt euch, die eigenen Interessen hintenan zu stellen und in Dankbarkeit, Demut und Wertschätzung umzuwandeln. Habt Obacht, ob ihr wahrhaftige Dankbarkeit und Wertschätzung leben könnt, die frei von Erwartungen sind, denn wer etwas zurückerwartet, der stellt einen Schuldschein aus und macht dem anderen kein Geschenk von Herzen. Erzengel Raphael des fünften Strahls wird euch hier das richtige Maß erkennen lassen.

Jesus hat noch einige besondere Worte für euch, damit ihr erkennt:

Ich bin die Energie, die ihr Jesus nennt, aus der Inkarnation, in der mein irdischer Leib ans Kreuz genagelt wurde. Doch, meine Lieben, was ist die Wahrheit? So bitte ich euch, einmal tief in euer Herz hineinzuspüren und euch mit mir, mit meiner Energie zu verbinden, um zu erfahren, was wirklich geschah. Viele Geschichten und Überlieferungen sind von mir in Umlauf, doch welche davon sind wahr? Das, was IST, findet ihr in eurem Herzen.

Wurde der Körper des Christus wahrhaft ans Kreuz genagelt?
Ja.

Erlitt mein Körper unsägliche Schmerzen?
Nein, denn tritt der Geist aus dem Körper heraus, ist kein Schmerz mehr wahrnehmbar.

Erlitt meine Seele Schmerzen?
Nein, es war eine Befreiung.

Starb der Körper des Jesus wahrhaft am Kreuz?
Mein Christusselbst ging an diesem Tag zurück zum Vater. Es nahm den Schmerz und die „Sünde" mit in das Reich des Vaters und ließ das kleine Pflänzchen Liebe bei euch auf

der Erde. *Seitdem wird es von Herz zu Herz getragen und wächst immer weiter – langsam, aber stetig.*

Christus starb am Kreuz.
Ja.

Und der Mensch Jesus?
Viel Illusion ist hier zu erkennen, doch es liegt an euch, den Schleier zu lüften. Der Christus in mir wusste immer, dass es kein Opfer ist, die dunklen Energien zur Transformation mit ins Reich des Lichts zu bringen. Lernt selbst zu unterscheiden.

Ich lausche gerne euren Diskussionen und Erkenntnissen darüber. Tauscht euch aus, ich werde dem beiwohnen und euch Impulse übermitteln. Der Christus in mir hat das Schöpferbewusstsein auf die Erde getragen, und der Beginn der Neuen Zeit wurde eingeläutet. Also tretet aus der Illusion von Opfer und Täter heraus und begebt euch ein Stück weiter auf den Weg der Wahrheit. So lade ich euch zu dieser Zeit ein, den Schleier ein wenig zu lüften.

Gegrüßt seid ihr und gesegnet.
In tiefer Liebe, Jesus.“

Mai

„Wir, Erzengel Gabriel und Meisterin Lady Nada, begleiten euch im Monat Mai, damit ihr die Qualität der Geduld aus einer neuen Perspektive betrachten könnt. Indem ihr loslasst, wird der Fluss des Lebens schneller fließen, als wenn ihr versucht, ihn zu lenken.

Der Mai wird auch Wonnemonat genannt, und das nicht ohne Grund. Es die Zeit der Freude, der Fruchtbarkeit, des Lichts, der Liebe und des Wachstums, die Vögel paaren sich und bringen neues Leben hervor. Doch bevor das Neue geboren werden kann, darf das Alte gehen, und so ist der Mai auch die Zeit der Reinigung, des Loslassen, des Zulassens und des Geschehen-Lassens.

Dieser Monat wird leicht und beschwingt, tanzend und lachend sein, wenn zuvor die alte Schwere angesehen, durchlebt und losgelassen wurde.

Es kann ein wundervoller Monat des Neuanfangs sein, wenn ihr euch dem Fluss des Lebens und dem Wachsen geduldig hingebt und anerkennt, wer, wie und was ihr seid – mit all euren Anteilen.

Die Herzensqualität der göttlichen Geduld spielt hier eine große Rolle, denn sie lässt euch die Geschehnisse aus einer neuen Perspektive betrachten, aus der Perspektive des Seins.

Nehmt wahr, was IST, und zerrt nicht an den Entwicklungen, auf die ihr keinen Einfluss habt.

So lasst euch treiben im Fluss des Lebens, es wird alles zur rechten Zeit da sein, wenn es gebraucht wird.

Lasst die Frühlingsgefühle in euer Leben, spürt das Aufbrechen der alten Muster und ladet das Licht ein, euch dabei zu unterstützen.

Alles geschieht so, wie es geschehen soll.
Vertraut.

Wir umhüllen euch mit dem Mantel des Lichts.
Erzengel Gabriel und Lady Nada."

Juni

„Meine Lieben, es grüßt euch Erzengel Chamuel.

Der Monat Juni, der der Göttin Juno geweiht ist, trägt die Herzensqualität des göttlichen Mitgefühls in sich. Der Juni ist energetisch sehr eng verknüpft mit der römischen Göttin Juno, und so ist es besonders um die Sommersonnenwende eine gute Zeit, mit der Göttin Juno in Kontakt zu treten. Juno steht für Fruchtbarkeit und unterstützt in Liebesangelegenheiten, also bittet sie aus der Liebe heraus und sprecht euren Wunsch aus, bedenkt aber dabei immer, dass alles nur zum höchsten Wohl aller geschieht und jegliche Art von Manipulation und Beeinflussung der Schöpfung euch das Leben nicht leichter machen wird. Diese Energiequalität möchte euch zeigen, wie weit ihr das Mitgefühl bereits in euch entwickelt habt. Seht es als Bilanz eurer empathischen Fähigkeiten an.

Ich bin der Erzengel der Liebe, Chamuel, und ich werde euch begleiten in diesen Zeiten des Umbruchs und des Wandels, denn deutliche Veränderungen werden sich zeigen. Betrachtet diese unter dem Aspekt des Mitgefühls. Mitgefühl sei euer höchster Wert in diesem Monat. Also begegnet anderen Menschen, aber vor allem immer zuerst euch selbst, mit Wohlwollen, Zuneigung und Innigkeit. Erkennt in der Liebessehnsucht des anderen immer auch eure eigene Suche, euren Wunsch, anerkannt, gesehen und bedingungslos geliebt zu werden.

Wie sehr könnt ihr das für euch nachempfinden? Wie für andere? Habt ihr ein echtes Interesse am Leben der anderen? Wie groß ist eure Anteilnahme, euer Mitgefühl in dieser Zeit? Hier ist Echtheit gefragt, seid achtsam im Umgang mit anderen und seid barmherzig – gerade euch selbst gegenüber. Schaut hin, ohne zu werten, und nehmt wahr, was noch nicht im Mit-

gefühl ist. Was ist abgestumpft und gefühllos, wie tot in euch? Was liegt brach? Nutzt diese Zeitqualität, um zu erkennen, ohne zu werten, wo ihr im Mitgefühl und Verständnis seid und in welchen Bereichen noch nicht. Seid ohne Gram, denn es wird sich entwickeln, von Jahr zu Jahr, wichtig ist nur, ehrlich hinzusehen und zu erkennen, damit es sich wandeln kann.

Ich, Erzengel Chamuel, begleite euch immer wieder gerne."

Juli

„Meine lieben Lichter, es grüßt euch Erzengel Jophiel vom göttlichen Strahl der Weisheit. Die Weisheit, die jedem von euch innewohnt und nun erweckt werden will, ist eine Qualität, die ihr findet, wenn ihr Herz und Verstand verbindet.

Weisheit entsteht, wenn der Glaube zum Wissen wird und in Gewissheit übergeht.

Der freie Vogel der sanften Weisheit ist euer Begleiter im Juli. Diese Herzensweisheit, die Achtsamkeit und Intuition beinhaltet, ist in diesem Monat besonders gefragt. So betrachtet alles, was euch begegnet, unter diesem Aspekt.

Ruft mich, Erzengel Jophiel, und auch Meister Konfuzius des zweiten Strahls, wenn ihr nach der euch innewohnenden Weisheit suchen wollt.

Die Weisheit des Seelenwissens, das tief aus der Quelle eures Seins kommt, wird euch tief in eurem Inneren berühren. So ist der Weg zu eurer Herzensweisheit über eure Seele zu gehen, also lernt, ihr zu lauschen. Widersteht nicht den Impulsen, die euch eure Seele sendet, denn euer Verstand wird euch anderes erzählen. Ja, es mutet so manches Mal seltsam an, wenn eure

Seele etwas anderes spricht als das, was ihr glaubt zu wissen oder gelernt zu haben beziehungsweise was alle anderen sagen.

Doch geht es hier um euren Weg und eure Weisheit, und diese können niemals die gleiche sein wie die der anderen. Es können keine zwei Seelen zur gleichen Zeit auf genau dem gleichen Standpunkt stehen. Und so werdet ihr aus eurer Perspektive immer etwas anders sehen als eine Seele, die neben euch steht.

Ihr könnt nur Experte für euch selbst sein, denn niemand anderes fühlt, was ihr fühlt. Denkt immer daran.

Die Quelle hätte sich nicht aufzuspalten brauchen, wenn sie einen Einheitsbrei aus ein und derselben Perspektive hätte erleben wollen. Deshalb ist es so wichtig für euch zu verstehen, dass die Seelenimpulse direkte Botschaften aus der Quelle sind.

Folgt ihnen in Weisheit, und euer Leben wird leicht und frei sein.

In Liebe, Erzengel Jophiel."

August

„Ich bin Erzengel Michael vom ersten göttlichen Strahl des Mutes, und ich werde euer Begleiter sein in diesem Monat August. Ich bin hier, um euch die Herzensqualität Mut noch einmal näherzubringen und euch Sicherheit zu schenken, damit ihr euch traut, eurem Weg zu folgen.

Im Monat August bedarf es großen Mutes, denn hier wird sich zeigen, wie weit ihr im Vertrauen und ob ihr bereit seid, eure Macht anzunehmen und die Verantwortung zu tragen.

So bitte ich euch: Stellt keine Vergleiche an, denn kein Mensch gleicht dem anderen. Ihr vergleicht manches Mal Äpfel mit Birnen, wie ihr selbst so treffend sagt. Welche Äpfel und wel-che Birnen wir meinen? Die, die ihr in eurer Inkarnation selbst darstellt. Die Rolle, den Körper, die Identifikation, in die ihr ge-schlüpft seid, um ein Gefährt auf der Erde zu haben.

Glaubt ihr wirklich, dass die Schöpfung sich nichts dabei ge-dacht hat, dass ihr genauso seid, wie ihr seid? Doch es bedarf großen Mutes, ganz ihr selbst zu sein, zumal ihr in euren Rollen euer wahres Sein meistens nur schemenhaft erahnen könnt.

Den einzigen Vergleich, den ihr wahrhaft anstellen könnt, ist der mit euch selbst. Ihr könnt vergleichen, wie ihr euch entwi-ckelt habt, innerlich und äußerlich, und wenn ihr mit dem Auge Gottes schaut, dann wisst ihr, dass sich alles so entwickelt hat, wie es nicht besser hätte sein können.

Auf höchster Ebene seid ihr alle eins, dennoch lebt ihr auf der Erde als Individuum, und genauso werdet ihr gebraucht.

So habt Mut und sprecht eure Wahrheit aus, zeigt euch so, wie ihr JETZT seid, denn im nächsten Moment seid ihr schon wieder anders. Alles ist Veränderung, und Veränderung und Ent-wicklung brauchen Mut.

In größter Hochachtung, Erzengel Michael."

September

„Als Meister Sanat Kumara, der ich BIN, will ich zu euch sprechen über den Monat der Fülle, den September, denn er zeigt euch, was ihr ausgesät habt. Seid ihr mit der Ernte nicht zufrieden, schaut hin, wo hier die Balance gefehlt und was dazu geführt hat, dass die Früchte bitter ausgefallen sind.

Hierzu wollen wir eine kleine Geschichte erzählen.
In Liebe, Sanat Kumara."

Die Geschichte von der Ernte

Es ist nun mal so, dass der Bauer auch nach einer ungünstigen Aussaat irgendwann einmal ernten muss, da sonst sein Feld brachliegt und er es irgendwann neu bestellen muss, damit er nicht verhungert.

Er kann aber nichts Neues aussäen, wenn die verdorbenen, vergifteten Fruchte dort noch herumliegen, und es wird im nichts anderes übrigbleiben, als sie einzusammeln und die Ursache für die verdorbene Ernte herauszufinden, bevor er neu aussät, denn er will ja nicht wieder solch eine Ernte hervorbringen.

So schaut er sich die Früchte und den Boden an und erkennt, dass der Boden von Grund auf gereinigt werden muss, bis auf den Urgrund, da sonst das Gift immer wieder nachwachsen wird.

Er leitet alle Schadstoffe aus, nicht ohne sie vorher noch einmal genau anzusehen, er verbindet sein Feld mit der Quelle, die das Fundament nun von Grund auf stabil halten wird.

Das Alte darf sterben, darf gehen, und das Neue wird geboren.

Das neue Feld ist um ein Vielfaches stabiler, weil es nun bewusst fest mit der Quelle verankert ist, und alles, was auf das Feld kommt, wird vorher genau angesehen.

Und so gräbt der Bauer tiefe Furchen, in die er die Samen legt, denn er weiß, dass seine Ernte dann vielleicht erst später reif ist, doch dafür umso kräftiger und nahrhafter sein wird. Der Samen findet immer den Weg zum Licht, doch muss dafür der Nährboden frei von Altlasten sein.

Und im Jahr darauf trägt sein Feld so viele Fruchte, dass er sie an viele Menschen weitergeben kann, nicht ohne ihnen seine Geschichte zu erzählen.

Wie ist es um deine Ernte bestellt?
Welche Früchte sind reif, welche unreif oder verfault? Sind es bittere oder süße Früchte?
Oder ist der Ertrag so groß und schwer, dass du nicht mehr ertragen kannst?
Man kann nicht Rosen ernten, wenn man Gras gesät hat, oder?

Oktober

„Es grüßt euch die Oktobersonne mit ihrem besonderen Zauber, also lasst euch erfüllen mit der Freude des Seins.
Wir sind Meister Maitreya und die Engel der zwölf göttlichen Strahlen, die euch durch diesen Monat der goldenen Sonne führen.
Im Oktober könnt ihr die Ernte noch einmal auf die Waage legen und die Essenz der Freude daraus in euer Leben gelangen lassen. Erkennt, was euch noch keine Freude bereitet und was es braucht, damit euer Inneres Kind in Freude und Leichtigkeit baden kann.

Zieht eine Bilanz und schaut:
Welche Früchte könnt ihr ernten? Welche sind reif, welche sind unreif oder verfault? Sind es bitteren oder süßen Früchte? Oder ist der Ertrag so groß und schwer, dass ihr nicht mehr ertragen könnt?

In diesem Monat Oktober seid einfach Beobachter, denn Beobachtung dessen, was IST, kann wahrhaft Freude in euer Leben bringen.

Beobachtet eure Ernte. Beobachtet Alles-was-ist. Beobachtet eurer Rollen, die ihr spielt und die euch nicht euch selbst sein lassen. Welche Früchte tragen die Rollen, die ihr gesät habt? Erkennt, was ihr bereits alles erfahren, gelernt und integriert habt.

Spürt in euer Herz, dort sind die Impulse eurer inneren Sonne der Freude besonders leicht wahrzunehmen.

Eure innere Sonne ist es, die eure Zellen nährt und neu kodiert, um mehr und mehr göttliches Licht in euren Zellen zu verankern.

Die goldene Sonne im Oktober lädt euch ein, eine goldene Sicht der Freude auf alles zu erhalten, und diese ist zugänglich über die Position der reinen, urteilsfreien Beobachtung.

So seid gesegnet und umhüllt mit der Herzensenergie der goldenen Oktobersonne.

In Liebe, Meister Maitreya und die Engel der zwölf göttlichen Strahlen. "

November

„Es grüßen und begleiten euch in diesem Monat des Friedens euer Meister Kuthumi und die Engel der Einkehr.

Die Zeit des Friedens ist im November gekommen. Legt den Fokus hier auf euer Inneres und erkennt, dass euch das Außen spiegelt, was in eurem Inneren nicht in Frieden ist. Ladet die Harmonie mit mir, Meister Kuthumi, in euer Herz ein und übt euch in Selbstvergebung.

Im November sind die Tage der Einkehr. Einkehr in euer Inneres. Aber auch die Zeit der Frage, wer bei euch einkehren darf. Besinnung ist angezeigt, Besinnung auf das, was euch wirklich wichtig ist. Was wollt ihr wirklich in der Tiefe eures Herzens, wonach sehnt ihr euch? Gesteht es euch ein, JETZT ist die Zeit dazu.

Und dann beginnt es in eurem Herzensraum zu fühlen, der sich immer mehr weitet und das, wonach ihr euch sehnt, in euer Leben lenkt. Wer oder was hat einen wahrhaft festen Platz in eurem Herzen? Ja, ihr strebt die bedingungslose Liebe an, doch diese werdet ihr nur erreichen, indem ihr beginnt, euer Herz zu nutzen und den Frieden in euch zu spüren.

In diesen Tagen werden Seelen bei euch einkehren, die mit euren derzeitig integrierten Herzensqualitäten in Resonanz gehen. Das kann wundervoll und auch schmerzvoll sein, jedoch immer heilsam.

Unter all den vielen Schichten des Schmerzes und der Trauer liegt das wahre Paradies der Bedingungslosigkeit verborgen – ihr kommt dorthin, indem ihr euch hindurchfühlt.

Versucht in diesen Tagen, die Menschen, die euch begegnen, in ihrer Herzensschwingung zu erfassen, geht in Resonanz mit ihrem Herzen, und ihr werdet der bedingungslosen Liebe und dem inneren Frieden wieder ein Stück näherkommen.

Auf dieser Ebene sind neue Herzensbegegnungen möglich, und diese Begegnungen werden eine neue Qualität mit sich bringen, die ihr so zuvor noch nicht erfahren konntet.

In Liebe, die Engel der Einkehr."

Dezember

„Meister Jesus und Erzengel Raziel sind in diesem Monat an eurer Seite. Wir grüßen euch aus tiefstem Herzen.

Dieser Monat wird geprägt von der Herzensqualität Vertrauen. So schaut in euch und fragt euch:
Wie sehr kontrolliert ihr noch? Hegt ihr noch Erwartungen? Kontrolle und Erwartung unterbinden das Vertrauen, und die Ursache ist immer die Angst. So heilt im Dezember eure Angst und bittet nicht, sondern vertraut, dass alles IST. So könnt ihr eure individuellen Wege der Bedingungslosigkeit betreten.
Auch ist dies die Zeit der Raunächte. Die Schwelle zur anderen Seite ist so durchlässig, dass ihr besondere Wahrnehmungen haben könnt, wenn ihr euch einlasst. So ist der Dezember gut geeignet, eure eigenen Schwellen zu erkennen und zu übertreten. Überschreitet die Schwelle der Komfortzone. Das wird bei einigen zunächst Schmerz und Angst verursachen, doch nur im ersten Moment, denn dahinter liegen die wahren Freuden eures Daseins. Wir wollen euch in diesen Tagen den Weg zeigen, wie ihr sanft über die Schwelle der Komfortzone steigen und in eurer Glücksenergie baden könnt. Jede/r in seinem/ihrem eigenen Tempo.
Es ist der persönliche Weg des Einzelnen, und so begleiten wir euch gerne persönlich zu dieser Schwelle und darüber hinaus. Kommt ihr der Schwelle nicht entgegen, wird eure Komfortzone immer enger werden. Es ist also um ein Vielfaches leichter für euch, mit offenem Herzen und ausgebreiteten Armen darauf zuzugehen. Ihr seid nicht allein, ihr habt unendlich viele geistige Begleiter. Scheut euch nicht, uns um Rat zu fragen, denn aus unserer Perspektive sind die Dinge meistens klar und

deutlich zu erkennen, weil wir mehr als nur einen kleinen Aus-
schnitt sehen können. Jederzeit haben wir Antworten auf eure
Fragen, ihr braucht sie nur zu stellen. Und solltet ihr uns noch
nicht wahrnehmen können, so nutzt die vielen Kanäle, die euch
zur Verfügung stehen. Das Leben muss nicht schwer sein, traut
euch zu fragen und Hilfe in Anspruch zu nehmen, doch vergesst
bitte nicht, den Wert darin anzuerkennen.

Hinter dieser Schwelle liegt auch euer wahres göttliches
Sein, eure innere Quelle. Sie ist zugewachsen und wartet auf
Befreiung. Niemand wird kommen, um euch zu befreien, denn
Alles-was-ist seid ihr selbst. Es ist an der Zeit, die Schwelle in
tiefem Vertrauen zu überschreiten und euch den Weg zu eurer
eigenen inneren Quelle zu bahnen, anstatt sie irgendwo im Au-
ßen zu vermuten.

Wir wollen euch zum Abschluss des Jahres noch eine Ge-
schichte schenken, bitte lasst sie tief in eurem Herzen wirken.

In Liebe, Meister Jesus und Erzengel Raziel."

Der Zirkuselefant und die Raupe
Eine Weihnachtsgeschichte

Es sollte die letzte Zirkusvorstellung für dieses Jahr wer-
den, damit alle in ihre wohlverdienten Weihnachtsferien gehen
konnten. Ein buntes Treiben war im Gange, doch der alte Zirkus-
elefant konnte immer nur einen kleinen Ausschnitt sehen, denn
er stand, an eine Eisenkette gebunden, in einem Unterstand und
konnte sich kaum bewegen, denn die Kette ließ ihm nicht viel
Freiraum.

Er konnte nur ahnen, was vor sich ging, welche Kunststücke sie wieder mit ihm planten, ohne dass er einmal gefragt wurde..., aber was blieb ihm anderes übrig, es war sein Schicksal, gefangen im Zirkus sein Leben zu fristen. Wie gerne würde er erfahren, wie es außerhalb aussah, wie sehr würde er sich wünschen, aus der Gefangenschaft befreit zu werden. Ach, würde doch jemand kommen und ihn von dieser schrecklichen Kette befreien, die ihn Jahr um Jahr in diesem Hamsterrad gefangen hielt.

Wenn die Kette doch nur nicht so fest und schwer wäre, dann könnte ich...

Ach wenn...

Ach wenn...

„Ach wenn was?" Plötzlich tauchte eine Stimme aus dem Nichts auf. Nun hörte er auch noch Stimmen, so weit war es also schon mit ihm gekommen.

„Ach wenn was?". Schon wieder die Stimme.

Der alte Zirkuselefant nahm seinen ganzen Mut zusammen und fragte nach. „Wer ist da?"

„Schau mal hier unten."

Da saß sie. Eine kleine grüne Raupe kroch auf seiner Eisenkette herum und sprach mit ihm.

Konnten denn Raupen sprechen? Wenn er es so recht bedachte, konnte er ja auch sprechen, doch die Menschen hörten ihn nicht, und was würden seine Widerworte nutzen, er war nun mal von ihnen abhängig. Abhängig von Futter, Zuneigung und vielem mehr.

„Wenn du glaubst, abhängig zu sein, dann bist du es auch. Sieh mich an, ich bin frei und habe trotzdem ein Dach über dem Kopf, denn ich baue es mir gerade selbst, und auch Nahrung und Zuneigung finde ich überall. Willst du mein Freund sein?", fragte die Raupe.

Der Elefant hatte noch nie einen Freund gehabt, und dazu einen so vorwitzigen, der ihm erzählen wollte, die Abhängigkeit würde von seinem Glauben abhängen.

Nachdenklich fragte der Elefant die Raupe: „Wie kommst du darauf? Du siehst doch, ich bin hier eingesperrt im Zirkus, gefesselt an diese schwere Eisenkette, ich habe doch keine Wahl."

Die Raupe sprach: „Du hast immer eine Wahl. Wer glaubt, keine Wahl zu haben, der hat sie auch nicht. Wer glaubt, bestimmte Dinge tun zu müssen, der muss sie tun. Wer glaubt, von bestimmten Dingen abhängig zu sein, der ist abhängig. Wer glaubt, gefangen im Zirkus zu sein, der ist gefangen. Du hast immer die Wahl, und dir geschieht nach deinem Glauben. So, und nun ist es an der Zeit, mich zurückzuziehen, denn ich gebe mich dem Wandel hin und werde mich weiterentwickeln. Wir sehen uns, doch ich komme in einer anderen Gestalt zurück."

Langsam zog sich die Raupe zurück in ein seltsames Gebilde.

„Ha", sagte der Elefant, „da haben wir es. Mir von freier Wahl erzählen, und du selbst quetscht dich in ein so enges Gebilde, du bist genauso gefangen wie ich."

„Warte es ab, ich weiß nicht, was geschieht, und doch vertraue ich, dass alles gut ist, ich folge meinem Weg", antwortete die Raupe und verschloss den engen Kokon, den sie sich gebaut hatte.

Noch lange dachte der Elefant über die Worte der Raupe nach. Was, wenn es wirklich so einfach wäre und er sich nur für die Freiheit zu entscheiden bräuchte?

Doch was wäre, wenn er dann wirklich frei wäre?

Der Gedanke machte ihm Angst.

Hier war er in Sicherheit, es war für ihn gesorgt, auch wenn er einsam und unglücklich war..., aber wie hoch wäre der Preis für die Freiheit? Nein, er hatte zu große Angst.

Die letzte Vorstellung des Jahres ging zu Ende, und das neue Jahr begann. Immer wieder dachte der Elefant an die kleine, freche, grüne Raupe. Was wohl aus ihr geworden war? Sie konnte doch unmöglich immer noch in diesem engen Gebilde sein. Bestimmt war sie tot. Der Elefant war traurig, sein einziger Freund war fort und würde nie mehr zurückkommen.

Langsam ging der Winter vorüber, und es wurde Frühling. Die Vögel zwitscherten und sangen von Freiheit... „Ach, hätte ich doch bloß Flügel", dachte der Elefant.

Huch... was war denn das, etwas schien sich zu regen in diesem seltsamen Gebilde, in das sich zur Weihnachtszeit die Raupe gehüllt hatte. Vielleicht war sie ja doch nicht tot?

Es ruckelte immer kräftiger, und plötzlich hatte das Gebilde ein kleines Loch.

„Hallo, Elefant, mein Freund, ich bin wieder da, doch anders als zuvor. Es war mir, als würde ich mich auflösen. Ich war alles und nichts, ich durchlitt Phasen des Schmerzes, der Trauer und der Angst, doch nun glaube ich, dass ich bald der sein werde, der ICH BIN."

„Warte, ich helfe dir heraus." Der Elefant wollte mit seinem Rüssel den Kokon weiter öffnen, damit sein Freund in die Freiheit konnte.

„Nein, nein, halt ein. Ich brauche noch eine Weile, um mich an meine neue Form zu gewöhnen. Hab Vertrauen in die Entwicklung, ich muss es aus eigener Kraft schaffen, denn nur so werde ich den Weg in die Freiheit gehen können", rief die Raupe.

„Na dann, Geduld habe ich ja hier in meiner Gefangenschaft gelernt. Du hast dich verändert, und doch erkenne ich dich als meinen Freund."

Einige Zeit später wurde das Loch im Kokon immer größer, und ein seltsames Wesen stieg erschöpft und dennoch gestärkter denn je heraus.

Interessiert beobachtet der Elefant das Geschehen. Er sah, dass sein Freund nun die Flügel hatte, die er sich immer für sich gewünscht hatte, und wurde ein wenig neidisch und ängstlich. Würde er nun fliegen können und ihn für immer verlassen?

Langsam richtete sich der Freund des Elefanten auf und sprach: „Nun habe ich den Wandel durchlaufen, ich bin ein Schmetterling und kann die wahre Freiheit leben. Ja, es war gut, mich dem Prozess hinzugeben. Auch wenn ich mit mir gehadert habe, am Ende ist alles gut." Er setzte zum ersten Flugversuch an und landete auf dem Rüssel des Elefanten.

„Was ist mit dir, lass uns losziehen, was hält dich hier noch?", fragte der Schmetterling.

„Mein guter Freund, ich habe keine Flügel, ich bin noch immer an diese schwere Eisenkette angebunden."

„Hast du es denn überhaupt versucht? Mein Freund, ich habe es aus eigener Kraft und mit der Begleitung deiner liebenden Worte geschafft, dann wirst du es auch können. Du brauchst keine Flügel, um frei zu sein. Das Einzige, was die fehlt, ist die klare Entscheidung, die bewusste Wahl für die Freiheit", sprach der Schmetterling.

„Dann hilf mir doch, die Kette zu lösen oder suche jemanden, der das für mich tun kann."

„Nein", meinte der Schmetterling, „es kann dich niemand befreien, nur du selbst kannst es tun. Du bist kein Opfer der Umstände. Entscheide dich, und dann lass uns gehen, wenn du den Mut dazu hast."

Plötzlich ging ein Ruck durch den Elefanten, und er ging los, mit großen Schritten, vorbei an staunenden Menschen, hinaus in die Freiheit. Er ging vorbei an den anderen Zirkustieren, die dort ihr trostloses Dasein fristeten, und sprach zu ihrem Oberhaupt, dem Löwen:

„Bist du ein Zirkuselefant oder ein Schmetterling?
Hast du die freie Wahl?
Bist du Opfer?
Bist du Täter?
Bist du Schöpfer?
Welchen Glauben trägst du in dir, der dich im Opferbewusstsein verharren lässt?
Sei gesegnet und erkenne die Wahlmöglichkeiten."

Und dann kam das nächste Weihnachtsfest...
Der Elefant, der Löwe, der Schmetterling und andere Zirkustiere hatten sich zusammengefunden, um das Fest der Freiheit, der Liebe und des Friedens zu feiern, denn im Jahr zuvor wurde zu dieser Zeit der Same der Freiheit im Bewusstsein des Elefanten gesät, und er hatte reife Früchte getragen, die sich mit Freude vermehrten.

So unterschiedlich sie auch waren, sie waren verbunden in ihrer Liebe und ihrem Vertrauen und halfen fortan anderen Wesen zu erkennen, dass die Freiheit und der Friede nur eine Entscheidung weit entfernt sind.

Über die Autorin

Wer ist die Seeleninsel – Heike Saviera Wagner?

 Nun möchte ich dir noch etwas über mich erzählen, denn ich finde, du solltest wissen, wer dir hier schreibt und was ich so mache.

Mein Name ist Heike Saviera Wagner und ich bin 1978 in Lübeck im Sternzeichen Wassermann geboren.

Saviera ist mein Ursprungsname, er bedeutet „Botin der heilenden Kristalle".

Schon seit meiner Kindheit beschäftigen mich Dinge, die mit dem bloßen Auge nicht zu erkennen sind. Dinge, die man erfahren muss, um ihre Existenz zu erleben.

Ich wusste schon immer, dass es mehr gibt, als wir Menschen sehen können, für mich war immer klar, dass es ein Leben nach dem Tod gibt.

Ich suchte beruflich eine ganze Weile und landete im Jahr 2006 bei Reiki. Dort fühlte ich mich das erste Mal angekommen und entwickelte mich sehr schnell weiter. Es war eigentlich nur eine großes Erinnern an all meine Fähigkeiten, denn ich war endlich auf meinem Seelenweg angekommen.

So begann ich, Energiebilder zu malen, Rückführungen, energetische Heilarbeit, spirituelle/psychologische Beratungen anzubieten und erhielt den Kontakt zu Geistigen Welt.

Seither lebe ich in meiner Wahrheit und bin unendlich glücklich, dass ich meine Berufung leben darf. Ich darf Menschen unterstützen, ihren Weg zu finden, was gibt es Erfüllenderes?

Die bisherige Krönung auf meinem Seelenweg ist das

Schreiben/Channeln von Büchern. Mittlerweile bin ich an einem Punkt angekommen, von dem aus ich über meine eigenen Erfahrungen aus der Perspektive meines Höheren Selbst berichten kann.

Ich schreibe nichts, was ich nicht selbst erfahren/ erkannt/ gefühlt habe. Wobei ich bei den Channelings, anders als bei meinen persönlichen Erfahrungen, immer nur der Kanal bin, somit entsprechen sie nicht immer zwingend meiner Sichtweise.

Viele der Botschaften aus der Geistigen Welt haben mich auch zum Teil in meinem persönlichen Prozess begleitet, denn auch ich befinde mich immer noch auf dem Weg, auch wenn ich mich bereits angekommen fühle – IN mir.

Deshalb freue ich mich auch schon sehr über DEIN Feedback zu diesem Buch. Schreibe mir gerne deine Meinung, deine Fragen und Anliegen

Übrigens kann jeder Mensch lernen, Botschaften der Geistigen Welt zu empfangen, auch DU. Ich biete dazu einen Fernkurs an. Gern fertige ich auch Channelings zu persönlichen Fragen oder persönlich gechannelte Seelen-, Engel-, und Energiebilder an.

Kontakt:
Website: www.die-seeleninsel.de
Blog: www.seeleninsel.blogspot.com

Ich bin sehr dankbar, dass ich diese Arbeit im Einklang mit meinem Herzen und meiner Seele tun darf.

Von Herz zu Herz, von Seele zu Seele,
Deine Heike Saviera